河出書房新社

hirakawa sukehiro

平川祐弘

# 昭和の大戦と
# あの東京裁判

# まえがき　誤解は解けたのか

昭和の戦争と東京裁判については多く説かれてきたが、種々の見方がいまなお相対立《あいたいりつ》し、論争に結着はつかず、歴史の決定的な判決が下されたとは言いがたい。

比較研究者の著者は、連合国側と日本側を見渡して、双方から異なる言語文化の資料を集め、それらを突き合わせて取り組ませた。この歴史のビデオ判定に似た検証によって、意想外な視野が開けるなら、望外の幸せである。かつて一面的な教科書記述で習った歴史とは異なる過去の姿が、読者の眼前に、具体的な文章資料を通して、浮かび上がるであろう。戦争と裁判を、表からも裏からも見、資料そのものに語らせるよう私はつとめた。真相はどこにあるのか。読者が、テクストに即して、自身の眼で判断を下されることを願っている。

昭和の大戦とあの東京裁判　目次

# 昭和の大戦とあの東京裁判

# 第一章　あらためて「あの戦争」と東京裁判について考える

## 黙々と殺されて行く

黙々と殺され行くや霜の夜

戦争が終わってすでに三年四ヵ月が経っていた。人々が日々の生活に追われていた一九四八(昭和二十三)年の歳末、実は連合国と日本との間の戦争はまだ続いていた。十二月二十三日、アメリカ兵の着古した軍服を着せられた東條英機元首相や廣田弘毅《ひろたこうき》元首相ら七名の死刑が、巣鴨拘置所で、米国兵士により執行された。米国陸軍長官ロイヤルは、枢軸《すうじく》国ドイツの指導者を裁いたニュルンベルク裁判で主要戦争犯罪人が絞首刑に処せられた際の先例にならい、その光景を連合国カメラマンが撮影することを許可するよう求めたが、マッカーサー元帥《げんすい》はその求めを斥《しりぞ》けた。獄中で、死刑が執行されていることを察した元外相重光葵《しげみつまもる》は、右の句を詠《よ》んだ。(2) A級戦争犯罪人として同じく極東国際軍事法廷に連なり禁固七年の宣告を受けた重光は、裁判は「米国流の共同謀議の論法を以て英国流の条約論を楯《たて》として……結果はソ連の政治的軍事裁判と酷似するもの」と評した。

敗戦国日本の多くの人も黙々としていた。昭和天皇は刑の執行の報《しら》せを聞いて、終日外出せず、蟄居《ちっきょ》された。

## 昭和というドラマ

昭和天皇の在位六十四年の時代は、ヴィクトリア女王の六十五年の時代に劣らぬ、世界史上の特筆すべき治世であった。私はそう感じている。昭和には軍国日本の壊滅《かいめつ》と経済大国の蘇生《そせい》とがあった。かつて降伏宣言を余儀なくされた君主で、その後もその地位にとどまり、国民の敬愛を受け続け、廃墟《はいきょ》の復興と繁栄を目《ま》のあたりにした君主はほかにない。

昭和の二重のドラマを私がこのように指摘すると、西洋の知人は、それが事実であるだけに、おおかた承認はする。好むと好まざるとにかかわらず、認めざるを得ないからだろう。だが日本人はどうか。

多くの日本人は、昭和を世界史上の特筆すべき時代と規定するのを躊躇《ちゆうちよ》する。というのも、自分たちの過去をすなおに承認できない心理的抑制《インヒビション》があるからだ。昭和の日本については、その過ちについて悔悟《かいご》せねばならぬ、と心のどこかで思うからだろう。そんな心理が妨げとなり、日本の過去をあるがままに正視できない。それで目をそらすのではあるまいか。

## 東京裁判の是非

そのような東京裁判とその判決を是《ぜ》とする人(3)の声は、判決が下った当時も、そしてその後も、国内外で声高である。東京裁判の判決を肯定し、それに従って、昭和日本の不義を認める人たちが内外にいる。わが国にも認めるのが当然と言わんばかりの人が少なくない。

一九四八（昭和二十三）年十一月十二日に判決は下ったが、翌日の『朝日新聞』は「平和決意の世界的表現……われわれは進んでこの制約に服するもの」と社説で述べた。『毎日新聞』は「世界の審判がついに下った」「国際法の革命」と東大国際法教授で後に最高裁長官となる横田喜三郎の言葉を載せた。

昭和が去り、平成が過ぎた今でも、その判決に示された歴史判断を肯定する人が日本国内にもかなりいる。積極的に肯定しないにせよ、その歴史判断や歴史認識を疑う人に対してはあくまで反対する――そんな人が、日本では知識層に限らず多い。むしろ一般的といおうか、いわゆる「良心的」な人たちの態度がそれである。外国では、北米やオーストラリアにも裁判の正義を言い立てる人はいる。だがそれらの国にも、裁判の公正を疑う人はいる。米国でも最高裁判所のウィリアム・ダグラス判事は一九四九年六月、意見書を発表し、「国際軍事裁判所は政治的権力の道具以外の何物でもなかった」と述べた。さらに進んで、あの裁判は「法律の仮面をかぶった人殺し」、judicial murder だと批判する人もいないわけではない。また中には主犯は死刑を免れたと不満を漏らす人もいる。

中国大陸にも東京裁判の正義を言い張る人はもちろんいる。その大陸にそれを否定する人が表立っていないのは、言論空間が制限されていて一定方向のみに開かれているからで、二〇一三年、上海で開かれた「東京裁判国際シンポジウム」では、華東政法大学の何勤華《かきんか》は「東京裁判は人類の正義の力が邪悪な勢力に打ち勝ったことに伴う重大な成果で正義の法律が日本の罪人を処罰した正当行為」と述べたと、ネット検索にも出てくる。韓国でもそれに類した発言はこれから増えるだろう。増えはせずとも、それ以外の国でも裁判肯定の論は出るだろう。

だが東京裁判は、それほど自明に、正義の判決を下したと言えるのだろうか。判決が出た当時の日本人の多くは、負けたのだから仕方がない、「勝てば官軍」と心中で呟《つぶや》いていたのではなかろうか。それが戦前派・戦中派のかなりの人の声なき声であったろう。

## 昭和の戦争の是非

このような問題提起をすると、東京裁判の正義を疑うのはけしからんという人が一方にいる。他方にあの勝者の裁判で示された東京裁判史観の正義を信ずることこそおかしいと主張する人もいる。さらには「大東亜戦争」を義戦のように言い立てる人もいる。高齢者にもいれば、若いネット世代にもいる。

しかし、今日の自己の政治的立場を前面に押し出して、それぞれ正義面《づら》をして、賛否を言い張るのは、いかがなものか。進歩派には進歩派の御用学者がいて、左翼御用の書店から新書など出すように、保守派には保守派の御用評論家がいて、そちら御用の雑誌に、きまった顔ぶれの人が、初めに結論ありきの論を書く。だがそのように左右両極に意見を収斂《しゅうれん》させるのは、間違いではないのか。

私がまず注意を喚起したいのは次の点である。多少でも丁寧に調べるとわかるように、東京裁判を批判する内外の人は、必ずしも日本の戦争の正義そのものを主張する人とは限らない、という点である。(4)

日本は、ウェッブ裁判長が判決で読み上げた、過去の戦争について責任はもっぱら日本側にありとする意味で悪かったのか。責任はあるいは日本側だけではないのかもしれない。

だがかりにそうだとしても、日本軍部が国を誤らせたのは、厳然たる史実である、そう考える日本人は少なくないはずだ。国が焦土《しょうど》と化し、軍事的に敗れたという事実が、あの戦争は間違いだった、と語り続けている。広島の原爆ドームは戦争の悲惨を永《なが》く語る証人である。だが、誰が原爆投下を命じたのか。そんな爆撃をしてよかったのか。

議論も突きつめていくと、あの戦争勃発《ぼっぱつ》の責任者が誰であったか、どちらの側であったか、という問題も生じる。真珠湾の米国艦隊に奇襲攻撃を加えた日本側が先に手を出したと皆が思ってきたが、それが意外に複雑で、戦争は当然のことながら、相互作用の結果勃発する。交渉も戦争もすべて相手のあることだから、双方の言い分も聞かねばならない。当然、複数の見解があり、そのいくつかは出されはしたが、いくつかは無視された。特に日本の弁護側の資料の大半は法廷に取り上げられず、ほったらかされた。(5)

そんな法廷指揮をした連合国側の判事や検事は、どこまで正確に日本事情を把握し得たのか。

# 第二章　敵国日本にまつわる誤解ははたして解けたか

## 裁判の目的は何にあったのか

アメリカ時間の一九四一年十二月七日に始まったあの戦争については、当時においても戦中においても、米日双方に多くの誤解を含む解釈があった。もともと誤解ないしは見解の相違によって勃発《ぼっぱつ》したとさえいえるあの戦争だが、それに引き続く戦後の、戦争原因を解明するはずの東京裁判でも、連合国側(6)の日本理解は、いろいろな証拠や情報が開示されたお蔭で、一見進んだかに見えた。だがそれでもなお驚くほど多くの誤解が残った。

裁判の被告というよりは、傍聴人の立場に立たされた日本の一般人側も、戦時中の情報統制が解かれ、裁判の場で行なわれた証言や提出された資料により、蒙《もう》を啓《ひら》かれ、日本軍部の正体を見届けたかに思った人もいた。だが占領下の日本国民が、戦時中の情報統制とは別種の、さらに厳密な、情報統制下に置かれていた。それもまた事実なのである。知られることは少ないが、米占領軍の情報コントロールは日本の軍部や内務省に劣らず徹底していたのである。

裁判関係者の主たる使命は、戦争原因の究明とその責任者の処罰のはずだが、ワシントンに命じられて裁判所憲章を定め、それに則って東京裁判を開くこととなったマッカーサー総司令官は、その任務と権限を授けられた以上、裁判の場で軍国日本が働いた悪事の数々を内外にさらす一方、日本人には罪の意識を植え付け、日本が二度と復讐戦争などをすることのないよう、宣伝教育効果を狙ったであろう。そうすることが自分の日本占領統治の役に立つと判断したに相違ない。それについては追って説明する。

この裁判に臨む判事や検事の心づもりは、人により違いはしただろう。しかし法廷が判決を下す上で、その人たちの意見が重きをなした多数派といわれるアングロ・サクソン系関係者の中には、日本人被告東條に対する侮蔑《ぶべつ》的な呼び方一つにも敵愾心《てきがいしん》を剝《む》き出しにした。日本の戦争指導者に対する敵意は法廷での彼らの発言に露骨に出た。相手を処罰することこそ自己の使命と感じていたのだろう。「東條大将！」と一旦《いったん》呼んでおいて「大将ではない、東條被告！」と呼び直すような演技めいた論告がそれである。

日本側の犯罪を立証するための検察側資料は、たとえ信憑性《しんぴょうせい》に問題があり「通例ならば伝聞証拠として却下されうる様な材料をもこの法廷は受理した」（パル判事）[7]。そしてそれと裏腹に、弁護側の反駁《はんばく》立証の資料は、大部分が却下された。そんなオーストラリア人ウェッブ裁判長の証拠採否に係わる訴訟指揮が、たとえ偏頗《へんぱ》であろうと、占領下の日本では批判することはできなかった。後述するように、新聞ラジオは極東国際軍事裁判に対する批判記事の掲載や放送は一切禁じられていたからである。

東京裁判を背後から管理した占領軍総司令部の意図は、後にふれる裁判報道にまつわる検閲にも如実に出ているが、「あらゆる層の日本人に、彼らの敗北と戦争犯罪、現在と将来の苦難と窮乏に対する軍国主義者の責任を周知徹底」(一九四五年十月二日総司令部一般命令第四号。また十一月三日米国政府より連合国最高総司令官に対する初期基本的指令も参照)させるという米国側の基本方針を、この裁判の場も用いて、徹底的に遂行することにあった。

極東国際軍事法廷は歴史の真実を探り出すための会合だったわけではない。しかしそんな狙いもありはしたから、裁判の過程で、多くの歴史的事実が明らかにされはしたけれども、しかし法廷は占領軍から独立した司法の場ではなく、その管轄下にあって、結果的には、マッカーサー総司令官にとり日本の占領統治を自己の思い通りに遂行するためのいわば道具となったのである。

そんなことは当り前だ、それが勝者の裁判だ、と裁判をけなし、その意義を否定する人ももちろんいるだろうが、しかしそれとは逆の人もいる。というか裁判進行中は日本の新聞ラジオは、東京裁判は将来の世界平和確立のためであり、日本の侵略戦争や、その不法残虐行為に対し、文明の名において裁判し、責任者を摘発処罰して、将来の戦争防止に資するのだという類の説明を流し続けていた(8)。そのようにしてできたタブーは東京裁判を研究する日本人学者を長年にわたって拘束した。一九八三年の東京でのシンポジウムで、裁判に不正な面があったことを認めながら、細谷千博が東京裁判の意義を肯定したのもその一例であろう。

## ぞっとしてはいけないのか

ある意味で初めに結論ありきの軍事法廷であった。そうであるならば、連合国側にも日本側にも、きわめて多くの誤解がそのまま残ったのは当然である。そんな誤解の上で死刑に値するとは思えぬ人でも死刑にされた人がいた。そのことを思うと、私は釈然としない。後味も悪い。ぞっとする人もいるだろうが、しかししない人もいる。それどころか、ぞっとしてはいけないのだ、とでも言いたげな人もいて、東京裁判の判決の正義を主張している。そんな人が、連合国側だけでなく、日本側にもいる。私の身辺の大学関係者にもいる。さまざまな人がいるから、誤解はますますこじれる。

それで私は、あの戦争と、あの戦争の継続といえるあの裁判についても、交戦国双方の、すなわち、戦勝国と敗戦国双方の、両方の側からする、比較文化的なアプローチを試みたい。なぜ複眼で見ることが必要なのか。それは戦争にせよ、それに続く裁判にせよ、いずれも異なる情報圏で生きた人々の、互いに異なる先入主の上で交わされた争いと感じられる節があまりに多いからである。その実例の数々を読者は、これから読まれるだろう。これほど誤解があったのかと驚かれるだろう。

しかしそんな異文化・異言語に発する誤解があったなどとおよそ考えもせぬ、英語本位の、言い換えると、米英本位の裁判官、検察官もいたのである。文明といえば西洋文明と頭から信じていた人が絶対多数の軍事法廷だったのだ。そんな戦争前後に生じた事件であっただけに、歴史に対するビデオ判定ともいうべき両面からするアプローチを試みたいのである。問題解明のためには、バイカルチュラル・アプローチこそが、単なる法律論より、はるかに有効と日本人読者はもとより外国人読者も必ずやお感じになるだろう。

比較文化的アプローチ bi-cultural approach などというと、難しく聞こえるが、問題を連合国側からだけでなく日本側からも見る、ということである。簡単な場合としては、問題を英語だけでなく日本語でも読むということである。英語の訳だけでなく日本語の原文も照らし合わせて見る、といった作業である。アメリカ人読者の多数と違って、日本人の読者の多くは、英語も日本語もある程度はわかるから、問題点がどこにあるか即座に理解できるはずである。

世にいう東京裁判史観の是非については、それを云々《うんぬん》する前に、不正確な事実認定や理解不足の由《よ》って来《きた》る点を、まず吟味《ぎんみ》すべきではないのか。東京裁判は、狭く法律問題の範囲内だけに限るべき事件ではない。そのような狭い立場で論ずるかぎり、肝心の歴史が逆にかすんで見えなくなってしまう。その霞《かすみ》がはれるか否かさだかでないが、以下さまざまな視角から比較考量させていただく。

## 誤訳例としての東條の辞世

真理は細部に宿る。初めに日本語と英語訳とでいかに違うか、例として東條英機の辞世とその英訳を掲げておきたい。

我ゆくもまたこの土地にかへり来ん
国に酬《むく》ゆることの足らねば

Farewell to all,
For today I cross the earthly mountains
And gladly go
To the folds of Buddha.

この辞世と英訳をリチャード・フィン『マッカーサーと吉田茂』とその原書（り）で私は見た。英訳では東條は「皆様さようなら、今日私は現世の山を横切って喜んで仏様の懐に抱かれに参ります」という心境を述べている。内容のあまりの違いに、同時に処刑された他の六人の誰かの辞世と取り違えた訳《やく》か、と思って私は他の辞世も調べたほどである。東條は生まれかわってまたこの国に報いたい、不肖の自分は足らぬ男であり、その生涯はあまりにも足りないことが多過ぎた、と遺言の歌に記した。だがこの七生報国を願う人の気持は英訳では消えて、恩讐をこえた穏やかな心境の歌となっている。この英訳では死に行く東條のなまなましい気持が伝わらなかったことだけは確かだろう。

## わかったつもりでわかっていない

東條英機の最期の思いをどこまで信じてよいかわからない、という人もいるだろうが、いずれにせよ最期の思いすら伝わらなかった。この英訳では後世に遺したいとして東條が処刑直前に教《きょう》誨師《かいし》花山信勝に述べた辞世の気持が英語圏の人に正しく伝わらなかったということは、今日の日本の高校生で英語のできる生徒にもわかることである。

　しかし東京裁判に関係した判事や検察官で、そんな違いがわかった人は一人もいなかった。連合国側は死刑判決の下った後の東條の辞世など、もうどうでもよかったのだろう。そして日本人でも連合国側に与《くみ》する人はトージョーの歌などどうでもいいことかもしれない。実はフィンが辞世として引いた歌は、東條が辞世よりも前に詠《よ》んで獄中にかつ子夫人差し入れの『意訳聖典』の余白に書き留めておいた別の歌の一つ「さらばいざ有為の奥山今日越えて弥陀の御許に往くぞうれしき」の英訳なのだった[10]。

　この喰《く》い違いはなにか象徴的である。先方は公人東條が辞世として最期に述べた気持に特に留意せず、また別にそれをわかろうともしなかった。しかし問題は、それなのに先方は敵国日本やその指導者が悪いことはわかっている、と思っていたことだ。

　戦前・戦中の日本の実体についてさほど知識があるとも思えぬ連合国側法廷関係者に、一体どこまで日本のことが正確に摑《つか》めたのか。

　摑めたはずがないのに、ではなぜ判事や検事はあれほど自信ありげに、強気に、法廷に臨むことができたのか。

　いや知識はあったというだろう。だがそれは無知識よりもさらに問題のある、偏った知識や確信だったのではあるまいか[11]。いずれにせよ、憎むべき日本の戦争指導者を裁いてやろうと意気込んで、その種の使命感をもって、敗戦国に乗り込んできた人たちであることは確かだった。

## 法廷を支配した一方的な見方

誰にもわかりやすい誤解発生源からまず話を始めよう。

戦後四分の三世紀が経った今日、旧敵国側で日本語を解する人の数はいちじるしくふえた。しかし第二次世界大戦当時は、米国にも日本専門家と言われる人は指折り数えるほどしかいなかった。大学にも高校にも日本語を教える学校は、パリの東洋語学校とコロンビア大学以外は、連合国側の西洋諸国にほとんど存在しなかった。それは当時のいわゆる文明社会では日本はまだ文明国として認められていなかったからである。(12) 東京裁判に関係した判事や検察官で、日本語が読めた人は一人もいなかった。この基本的事実を忘れるべきではない。彼を知り己を知ることは、日本人にも必要だが、旧敵国人にも必要だった。私は複眼で異なる情報文化圏の過去を眺める比較文化史家としてその点をまず強調したい。

ただしその点を指摘するのは、東京裁判に関係した通訳者や翻訳者の能力が低く設備も不完全だったという面からのことだけではない。通訳者も翻訳者も実はよく仕事をしている。しかしそれだけでは限界があった。

戦前戦中の日本の軍関係者の外国知識や外国理解に問題があったとするなら――後述するが対米英戦を戦った東條首相には、東條の口となり耳となる英語通訳が昭和十八(一九四三)年、大東亜会議開催になってはじめてついた――東京裁判当時の外国人関係者の日本知識や日本理解には日本側以上にさらに問題があった。というのは、日本側の被告は、英和辞書を借りれば英文をまがりなりにも読める人たち[13]だったが、判事も検事もJapanese-English dictionaryを使える人は一人もいなかった。そもそも当時の連合国側のどの国にも日英辞書は出まわっていなかったのである。

アーサー・ウェイリーが独学で日本語を学んで『源氏物語』を訳したと称賛されるが、戦前の西洋で日本研究が最も進んでいた英国においても、日本語を教える学校はなかった。だからこそウェイリーは独習したのである。そのような状態であってみれば、連合国側が開いた法廷では、日本帝国については、戦争中のプロパガンダによる偏った知識や見方が支配的となるのは不可避だった。情報源は一方的だった。それらの先入主[14]を通して歴史を見る人々が、東京の法廷に集まったのである。

## 「世界破滅を防ぐ文明の戦ひ」

それは当り前だ、それは先入主と呼ぶべきでない。それが勝者の見方で、それが勝者の裁判だ。支配者の法廷では支配者《ルーラー》の見方がルールとなる。そういう人もいるだろう。

しかし東京裁判は「世界破滅を防ぐ文明の戦ひ」という触れ込みだった。その言葉を大上段に振りかざしたキーナン首席検察官の冒頭陳述で始まった。そして日本の新聞ラジオもその見方を支持するごとく、それに一斉に呼応し、それを繰返し放送した。キーナンの写真とともに「狂気の侵略戦争」「被告に重罪の烙印《らくいん》」、そんな大きな見出しが、一九四六（昭和二十一）年六月四日の冒頭陳述を報ずる翌日の日本の大新聞に躍ったのである。裁判の途中、昭和二十三年四月に二十五被告の表情を伝えた読売新聞法廷記者団も「国際正義と世界平和の確立という金文字塔を打立てんとする東京裁判」[15]と報じた（開廷期を通じなぜ日本の新聞が日本人被告を貶《おとし》め裁判を称揚したのか、また読売記者が本気で東京裁判は金文字塔を打ち立てたと思っていたのか、どうか、記者たちが用いざるを得なかった奴隷の言葉については、その裏の事情を含め第六章で述べる）。

それにしてもキーナンが口にした「文明」とは何だったのか。西洋文明なのか。西洋文明が普遍文明なのか。そうであるから、日本文明は考えなくてよいのか。それとも日本は文明の敵である野蛮と最初から決まっていたのか。

比較文化史家の私には異議を申し立てたい気持が次々に湧いてくる。東京裁判について従来書かれた名著は（英訳もある）牛村圭『「文明の裁き」をこえて――対日戦犯裁判読解の試み』（中公叢書、二〇〇一年、山本七平賞受賞）であるかと私は思うが、その本の帯に「東京裁判は異文化対決の場であった」とあるのは意味深長である。[16]

## 類推による日本把握

そもそも戦争中や戦争直後、アメリカ側の日本理解[17]はどのようにして行なわれたか。敵国日本は、敵国ドイツや敵国イタリアとの類推で、もっぱら解釈された。それというのも、独伊のような西洋の国なら、米国人にはわかりやすかった。当時の米国でスペイン語フランス語についで学ばれていた外国語はドイツ語イタリア語だったのである。

そんな戦時中のアナロジカル・アプローチ analogical approach による日本把握は、およそ次のように図式化された。――第二次世界大戦とは、独・伊・日などの全体主義国が企てた世界制覇の試みであり、自由主義・民主主義を国是とする連合国が、この挑戦を受けて起《た》った防衛戦である。ドイツがヒトラーのナチス党に率いられ、イタリアがファシスト党に率いられるように日本は軍部によって率いられた。

そのような図式的見取り図に従って、一九四六（昭和二十一）年の春、東京裁判では、日本帝国は検察側の起訴状(18)で次のように記述されたのである。それは典型的な類推的理解であった。以下引用には西暦のみならず日本暦も加えて読者の便に供する。

（一九二八（昭和三）年より一九四五（昭和二十）年にいたる期間の）日本の対内対外政策は犯罪的軍閥(19)により支配せられ且《か》つ指導せられたり。かかる政策は重大なる世界的紛争及び侵略戦争の原因たると共に平和愛好諸国民の利益並《ならび》に日本国民自身の利益の大なる毀損《きそん》の原因をなせり。

日本国民の精神はアジア否《いな》全世界の他の諸民族に対する日本の民族的優越性を主張する有害なる思想により組織的に蠹毒《とどく》せられたり。日本に存したる議会制度は広汎なる侵略の道具として使用せられ且つ当時ドイツに於《お》いてヒットラー及びナチ党により、イタリアに於てファシスト党により確立せられたると同様の組織が導入せられたり。日本の経済的及び財政的資源は大部分戦争目的に動員せられ、為めに日本国民の福祉は阻害せらるるに至れり。

被告間における共同謀議《ぼうぎ》は他の侵略国即ちナチ・ドイツ並にファシスト・イタリアの統治者の参加を得て約定せられたり。本共同謀議の主たる目的は侵略国家に依《よ》る世界の他の部分の支配と搾取《さくしゅ》との獲得及び本目的の為め本裁判所条例中に定義せられたるが如き平和に対する罪を犯し又は犯すことを奨励《しょうれい》するにありたり。かくて自由の基本原則と人格に対する尊敬を脅威し毀損したり。

戦前の米英では、日本のことも日本語も、中等教育でも高等教育でも教えられなかった。フランスでは歴史には日本は登場せず、わずかに地理の授業に登場した。その際、北海道は「エゾ」と教えられた。

その程度の一般知識だったこともあって、検察団を構成する米国の秀才たちは、日本をよく知らないが、しかし秀才であればあるほど、日本はドイツ・イタリアとの類推で判断できる、とanalogical approachに信を置いた。そして類推によって理解できる面が多くあったのもまた事実であったから、判断できると考えた。それというのも当時は、人間の成長発達には法則性があるように、国家の成長発達にも世界各国に共通する歴史発展の法則性があると漠然と信じられていたからでもあった。だがそのような図式的理解で日本についてどこまで公平な見方ができたのか。問題点はその図式からはこぼれてしまう細部に宿ると私は考えるが、それは追って紹介する。

## 歴史発展の法則性

当時の「科学的」な歴史学には、マルクス主義に限らず、発展段階説を主張するものが内外に多かった。日本でもいちはやく西洋の歴史家に学んだ福沢諭吉が『文明論之概略』で、野蛮の国、半開の国、文明の国、と三段階に分けて歴史の進歩を単線的に考えたことは知られている。「西洋の文明を目的とする事」が福沢の主張で、日本の国家目標として西洋化が説かれた所以《ゆえん》である。西洋の国で英米仏が「文明の国」の中でも、近代的な先発産業国で成熟した民主主義国であるとすれば、独伊は英仏に追いつき追い抜こうとやっきになる「文明の国」の中でも後発産業国であり、全体主義国である。日本もその独伊と同じような国ないしは「半開の国」と目されていた。そのことは右の起訴状からもわかる。敗戦後、日本の歴史的位置について私たちもそのように習った。唯物史観の発展段階の法則は、生物学の成長の法則と同じような科学性があるかに信じられていた。確かにその辺までは枢軸《すうじく》国といわれた独伊日の共通性はなるほど認められるかのようである。敗戦後の旧制高等学校の寮に入って十六歳の私は日本の「前近代性」という言葉を耳にした。日本は欧米先進国に比べてまだ近代以前と言われていたのである。私が一緒に暮らした駒場寮で「前近代性」をしきりと口にしたのは後に『新日本文学』の編集長となる小野二郎だった。

## ファシズムという把握

ドイツにはヒトラーのナチス党がいて政権・軍を掌握し世界制覇を企てた。イタリアにはムッソリーニのファシスト党がいた。日本も同様なファシズム国家だった、などと言われると、私などもそうかと思った。徹底した実証主義の歴史学者秦郁彦《はたいくひこ》の初期の書物に『軍ファシズム運動史』とあるのは、秦もその大枠で昭和前期の日本を把握したということだろう。

一九世紀の半ばに、カール・マルクスは「共産主義という名の妖怪がヨーロッパを徘徊している」と宣言したが、二〇世紀前半の世界は、代わってファシズムという名の新たな妖怪に引きまわされたとみることができよう。一九一九（大正八）年、北イタリーでムッソリーニのひきいる戦闘者ファッショとして誕生したこのおそるべき病源体は、またたくまに大恐慌の波にのって全世界へ伝播《でんぱ》され、人類に悪魔的な災厄をまき散らしたのち、一九四五（昭和二〇）年第二次大戦の終了とともに姿を消したのである。[20]

秦もこのように共通現象から論じ始め、ついで日本ファシズムの特質に触れ、軍関係者を年代的に列挙することで、その運動を実証的に追跡することになる。旧制高校の寮ではスノビズムがあり隠語が使われたが、戦中からゾルがわが国を牛耳《ぎゅうじ》る、ということが言われた。ゾルとはドイツ語のゾルダートSoldatに由来する旧制高校生の隠語で、軍を意味した。それは戦中に用いられていた譏誚語《きしょうご》だが、戦後もそんな言葉を用いて私たちは議論していたのである。それは旧制高校風の自由主義的伝統と異なる軍部支配への違和感の表明でもあった。

ではは日本はどの程度ファシズムの国であったか。帝国議会は一九四〇（昭和十五）年、大政翼賛会《たいせいよくさんかい》を発会させた。それが新体制運動の結果結成された新組織で、発想に独伊のような唯一政党を思い浮かべたことは間違いない。だがはたしてそれが「同様の組織」と言えるか。独伊では、平和の時代からイデオロギーによる一国一党があり、その首領が独裁者となっていた。それに反し日本では一九二八（昭和三）年から一九四五（昭和二十）年の間に十五人の人が総理大臣になった。そんな国に遅ればせにできた大政翼賛会は、ナチス党やファシスト党から刺戟《しげき》を受けて発足したとはいえ、親衛隊のSSや黒シャツ党など自前の武力装置まである強力な指導政党とはおよそ言えなかった（ほとんどの人の記憶にも残っているまいが、大政翼賛会は終戦の年の六月には解散した）。

そんな日本だったから一高教授竹山道雄が「日本にはファシストはいた。しかし国はファッショではなかった」と『昭和の精神史』（一九五六年）で述べたとき、当時の読者はその指摘に頷《うなず》いたのである。どうも日本帝国をナチス・ドイツとの類推で、部分的にはともかく、全面的に捉えることには無理があった。

そんな日本とドイツとの微妙な違いが、実はこれから先、問題となる。

# 第三章　知日派の見方は通らず

## 知日派サンソムの日本の戦後処理案

それではそんな紋切型《もんきりがた》の日本解釈とは違う日本理解をした知日派は英米にいなかったのか、といえば日本の正体を見通していた人は連合国側にもいたのである。

戦争が酣《たけなわ》の頃も、連合国側には、日本を「憎むべきジャップ」という色眼鏡のみで見るべきではない、という何人かの日本知識の持ち主がいた。その人たちは戦後の日本のことを考えていた。連合国側が勝利を収めた後の日本処理についての案は、戦争がまだ太平洋の赤道付近で戦われていた一九四三（昭和十八）年の半ばごろから、すでに練られ始めていた。ヨーロッパでは連合軍がシチリア島に上陸し、ムッソリーニは失脚した頃だが、米国側は戦争は峠《とうげ》を越したと観察したのである。

日本駐在三十年の経験を有し、『日本文化小史』を一九三一年に著わした英国の学者外交官ジョージ・サンソムは、対日政策の緊密な連携のために戦時中は駐米英国公使としてワシントンに派遣された。当時の西側諸国で日本についての最高の知識であったから、米国国務省の中堅官僚のブレイクスリーとボートンは七月二十八日の昼食にサンソム公使を招いて、戦後処理について見解を拝聴した。非公式会見を記録したメモにはこう出ている。

> 太平洋地域の平和を構築するには二つの条件が必要である。第一に、できるだけ早い時期に国際社会における平等な地位を日本に与えること、第二に、日本に安定した経済発展の機会を与えることである。連合国は日本に憲法改正を強《し》いるべきではない。とりわけ天皇制の廃止を強いることは避けるべきである。戦闘の結果として不可避な場合を除き、日本の軍事占領も必要でなく賢明でもない。
>
> 　といって、日本の政治体制の変革が不要というわけではない。軍部の特権を廃し、議会を強化して議院内閣制を樹立すべきである。問題はその方法であり、外部からの強制という方法は、新制度を日本国内に根づかせるための良策ではない。……公的な条約で日本の変革を強いるよりも好ましいのは、前述の国際復帰や経済的繁栄の可能性を日本人に告げ、そのためには軍部を抑制する改革が必要であると示唆する遠回しなやり方であろう。
>
> 　それを受けとめうる穏健派が日本国内に、この戦時下においてすら存在する。[21]

しかし英国人サンソムは、戦時中ワシントンにいたときも、戦後東京に来たときも、発言は控え目であったらしい。[22]それでも米国国務省の官吏たちは、サンソム見解を採り入れて国務省の

《日本の戦後処理に適用すべき一般原則》の草案を書いていたのである。英米にも知日派はいなかったわけではないのである。

## 知日派グルーの日本の戦後処理案

知日派の前米国駐日大使ジョーゼフ・グルーは交換船で帰国した一九四二年夏から一年ほどは、全米各地で「日本を甘く見てはいけない」という講演を繰返した。グルーの発言に聴衆は注意深く耳を傾けた。

しかし米国勝利の見通しが立つや一九四三年半ばから論調が変わった。戦意高揚のための言葉を話の枕に述べたが、その次にこう述べた。グルーは日本語ができなかったが、彼の見方もサンソムにきわめて近い。しかも国務省の最古参としてその発言には重みがあった。

われわれは勝利するであろう。その日に、今度は戦後処理を誤るべきではない。第一次大戦時に、われわれは誤りを犯した。敗戦国ドイツに対して法外な賠償金を要求した。苛酷な報復主義をとった。それによって平和が来ると勘違いしたが、実はそのことが再度の戦争を引き起こした。報復をさせずにはおかないような戦後処理は、英知ある人が結ぶ平和ではない。

大事なことは、われわれが先見の明をもって、スティツマンシップを発揮することであり、人間性と英知を見失わないことである。世間には「煽情的な好戦主義の熱病」がはやっている。われわれがそれに狂って、今度もまた独日を徹底的に壊滅《かいめつ》させるならば、世界は再び戦乱に巻き込まれるであろう。憎悪は憎悪を招く。

われわれは敗者に対し理解をもたなければならぬ。倒れた敵国を踏みつけにし、足蹴《あしげ》にするのでなく、手を差しのべ、国家再建と国際社会への復帰を助けなければならない。

「良きジャップとは死んだジャップだ」などという昨今はやりの反日プロパガンダは誤ったイメージを抱かせる。日本には軍国主義者の支配下にも、米国を愛する人がおり、平和を愛する良き日本人がいる。そのことを私はよく知っている。(23)

## ウォー・ギルト

グルーはアメリカ国民の理解を得ようと、このような趣旨を繰返し説いた。ここでアメリカ外交界の最長老のグルーが指摘した第一次世界大戦後の英仏を中心とする戦勝国側のドイツの戦後処理の失敗について触れたい。

一九三二年、ドイツ国民が民主主義的な選挙を通じてヒトラーのナチス党を支持したのは、多くの史家が言うように、第一次大戦時に勝利した英仏側が戦後処理を誤ったからである。

一九一八年十一月十一日、ドイツが第一次世界大戦の休戦に応じたとき、ドイツ側の指導者は「勝利なき平和」という米国ウッドロー・ウィルソン大統領の有名な演説の言葉を信じた。Peace without victory という言葉は勝者も敗者もない平和条約の締結を期待させたのである。だがヴェルサイユ条約では、第二三一条にドイツにはフランス・ベルギーに与えた損害に対してウォー・

ギルトがあると定められた。このwar guiltの項目があったからこそ、連合国は敗戦国ドイツに対し、法外な賠償金を要求することとなる。その巨大な賠償金のために、ドイツには一九二三年、大インフレーションが生じ、ドイツ国民の多くが資産を失った。連合国はヴェルサイユ条約によって平和が来ると勘違いしたが、苛酷な報復主義をとったために、ドイツ国民は貧窮のどん底に突き落とされた。その不満があったからこそ、ドイツの名誉の回復を叫ぶことで、ヒトラーはドイツ国民多数の支持を得たのであり、その結果、再度の世界戦争となったのである。

　第一次大戦でドイツはフランス・ベルギーで地上戦を行なった。だから両国に与えた損害は莫大だったが、しかし戦争に際し、相手に与えた被害は、どっちもどっちだとドイツ人は思ったに相違ない。ドイツではドイツだけが戦争責任を負わされるのはおかしいという国民感情が広まった。ドイツ語のKriegsschuldは「戦争責任」を意味するが「戦争によって生じた負債」の意味にもなる。第一次世界大戦について、ドイツだけに責任があるとする判定は難しい。インフレーションによって貧窮化したドイツ人は、Kriegsschuldlüge「ドイツに戦争責任があるという欺瞞《ぎまん》」という言葉を口を揃えて言うようになった。

　そんなことがあったにもかかわらず、第二次世界大戦後、ドイツに戦争責任があると判定されても、ドイツで異議や反論がほとんど出ないのは、ドイツがユダヤ人殲滅《せんめつ》を行なおうとした、そのあまりにも明白な人道に背く罪科《ざいか》があったからである。

　しかしアメリカは、第二次世界大戦後は西ドイツに経済援助を行ない西ドイツの復興をいちはやく助けて、ソ連の脅威に備えた。

## 左翼と宣教師からの反撃

そんな次第だったから、グルーが憎悪は憎悪を招くと言い、日本が敗北し降伏した際には、手を差しのべ、国家再建と国際社会への復帰を助けねばならぬ、と述べた。その演説は、まだ戦争中であっただけに意想外な発言に感じられたが、それでも智慧《ちえ》のある意見として受け取られた。

しかしそのグルーは一歩踏み込んで、一九四三年十二月二十九日、シカゴで演説し、天皇は軍部の側にあるのではなくよき日本国民の側にある旨を述べ、天皇制を擁護した。これは約一年半後に日本が天皇制の維持を条件に降伏を受諾するのを先取りした、叡智《えいち》に富む提言であった。だが、米国左翼インテリや言論界一般の反感を呼んだ。

グルーはさらにつっこんで、日本の国家神道にもふれた。神道が日本の軍部関係者によって好戦的選民思想に結びつけられたのは事実であるにせよ、神道は基本的には祖先崇拝を説く土着信仰であって、神道を目して諸悪の根源のように言い立てるのは誤りである、と。

するとこのグルー講演は、米国の反日強硬派はもとより、天皇崇拝と国家神道こそが日本におけるキリスト教宣布の妨げとなってきたと主張してきた宣教師グループからも、猛反撥《もうはんぱつ》を食らった。『ニューヨーク・タイムズ』は一九四四年二月二日の社説でグルーを戒めて言う。

立憲君主制のもとで生きることを選択するかどうかは日本人の問題である。しかし、民族自決にもとづく真の民主主義の発展を阻害する専制的神政政治を擁護することは、われわれアメリカ人の信条に背馳《はいち》する。近代の神道は、ナチズムと同様に、八紘一宇《はっこういちう》(24)の標語のもとに膨脹主義の教義と化し、全世界を日本天皇の支配下に統合することを説いている。神なる天皇や聖戦の教義は、ナチズムやファシズムに劣らず危険であり、これらはわれわれがすでに排除することを誓ったところである。われわれの軍隊が太平洋において神道や日本天皇に象徴されるものすべてに対して戦っている現在、それをいささかでも擁護するがごとき言動は場違いであろう。

グルーはこうして親中国派の知識人からはもとより、右翼・左翼を問わず、政界人、言論人、宣教師団体から猛烈な非難や批判を浴びることになる。グルーはその後は講演はいっさいとりやめ、国務省の官僚として事務に専心した。神道について語ることはやめた。しかしグルーは、日本について天皇制は残さねばならない、そもそも天皇は反軍部の穏健派である、軍国主義を打破し、民主的・平和的な戦後日本を再建するに際して、天皇制は有力な「資産《アセット》」となる、天皇制こそ日本のコーナー・ストーンである、と政府上層部の人々に対し繰返し伝えていた。

## 米国内中国派の日本派批判

日本では知られることが薄いが、戦時下の米国には官界にも新聞界にも、中国派と日本派との激しい争いがあった。オーエン・ラティモアやアンドルー・ロスらは「日本憎し」の裏返しとしてプロ・チャイナ派で中国を持ち上げた。彼らは激しい攻撃を加えて日本に理解を示す人たちを沈黙させた。

アメリカ合衆国の前駐日大使で交換船で帰米後は国務省の極東局長、ついで国務次官の職に就いたジョーゼフ・グルーに代表される日本派は、そのために不利な立場に立たされる。

米国で親中派知識人として活躍したラティモアは日本の君主制の廃止を唱え、「日本の皇族は全員終身中国へ追放すべし」と提案した。父は中国で語学教師をしていたラティモアは、本人はアジアのことは独学で勉強した由で、左翼知識人として一時期すこぶる有名だった。そんなラティモアは戦前から太平洋問題調査会 Institute of Pacific Relations に関係し政治的に振舞った。その会を「本来の調査重視と国際理解の増進という使命から逸脱し、著しく政治的に傾き、対支偏重対日排撃の動向」に動かした一人である。ラティモアの活動をきちんとそう非難した人は、戦前から太平洋問題調査会にコミットした高木《たかぎ》八尺《やさか》[25]である。ラティモアは戦争中は重慶政府の顧問を務め延安も訪問している。ワシントンでプロ・チャイナ派として影響力があった。なにしろ彼らの背後には雑誌『ライフ』などの強力なマス・メディアがついていたのである。

『タイム』や『ライフ』を出したヘンリー・ルース（一八九八―一九六七）は宣教師の子供として中国山東省で生まれた。エール大学を出、フォト・ジャーナリズムの先駆者となったが、熱烈な中国派で、蒋介石・宋美齢夫妻はキリスト教徒であり、中国は親米のキリスト教国となるであろうが、その中国をゴッド・エンペラーが上に立つ軍国日本が侵略している――そういう悪者日本というイメージをアメリカ人に植え付けた。後で述べる米国の痼疾《こしつ》としての宣教師的偏見 missionary prejudice の体現者であった。

一九四五年六月二十九日発表のギャラップ調査によれば、当時の米国世論は「天皇を処刑せよ」が三十三パーセント、「天皇を裁判にかけるか、終身刑に処するか、外国へ追放せよ」が三十七パーセント、「天皇をそのまま残すか、操り人形として利用せよ」が七パーセントである。

## グルーの天皇制評価

グルーはそんな米国世論は承知していたが、連合国側が天皇制の廃止を要求するような降伏条件を日本に課すならば、日本で終戦の詔勅《しょうちょく》が天皇の名において出ることはあり得ない、と考えていた。渡邊一夫も一九四五年七月の日記にフランス語で「米国が天皇制存続を認めないとなると、断末魔は長びくであろう。おそらく、もっとも苛酷な試練が待構えているのだ」と書いている。[26]北米の観念左翼の天皇制廃止論者とちがい、グルーの日本人理解の方が深いということは、日本人の私たちにはすぐわかることであろう。

一九四五年五月二十八日、グルーはトルーマン大統領に面談したが、要旨には次のような彼の見解が出ている。グルー『激動の時代』から抄訳する。

対日戦を遂行するにあたり、基本的考えは、我々はあくまで日本が二度と世界平和の脅威となることのないようにするという主要目的達成のために、現在も将来もあらゆる犠牲を惜しんではならない、ということである。[27]

そしてその前提に立った上で、日本の将来の政治形態については自国民の手で決定することを許せば、日本は降伏に応ずるであろうとグルーは予測し、さらにこう述べた。

天皇と天皇制とが日本の侵略的軍国主義の根柢にあるとみなす人々は歴史の事実にうとい人々である。……

日本が軍国主義となるには必ずしも天皇を必要とせず、また日本に天皇がいるから国民が軍国主義者になったというわけではない。別の言葉でいえば、日本の軍国主義は軍閥支配と軍国信仰によって生じたものである。軍部は天皇をも自己の支配下におさめ、天皇側近の重臣を無力化することに成功した。天皇側近の重臣たちは真珠湾攻撃に先立つ数年、この過激な軍部を抑えようとして全力を尽したのである。一九三六年（昭和十一年）の二・二六事件は、天皇周辺の平和志向の重臣たちを排除するという狙いをもって行なわれた。……(28)

その二・二六事件で反乱軍の銃弾を浴びながら生き延びた鈴木貫太郎海軍大将が、一九四五（昭和二十）年四月七日内閣を組織したとき、グルーはこの内閣で平和は実現すると予測した。そして事実、鈴木は首相として昭和二十年八月十五日終戦を成しとげたのである。グルーの見通しは正しかった。平和回復が成ったとき、鈴木内閣は総辞職したが、同じ頃、ワシントンではグルーも国務次官の職を辞した。米国国務省では日本派はその日一斉に職を追われることとなるのである。

日本上層部の期待は空しく、グルー前大使がマッカーサー占領軍総司令部の顧問として来日することはなかった。東京へ赴任するどころではない。グルーはじきに米国議会の委員会に喚問された。真珠湾が奇襲されたのは在日米国大使館の情報収集活動に欠陥があったからではないか、という取調べが待っていた。六十五歳のグルーは「日記の提出を拒絶して、それで自分が投獄されるなら、されても構わない」と身内の者に手紙を書いたほど追いつめられていた。

考えてみると、日本についてよく知らなかったからこそ、米国民は日本人に対して憎悪の念を煮えたぎらすこともできたのである。日本について煽情的な敵対プロパガンダが徹底して行なわれたからこそ、日本側がすでに降伏を打診していることがわかっていたにもかかわらず、原子爆弾を平気で投下することもできたのである。そしてそれは、米国内の知日派にとっても敗北だったのである。

今日から振返って、サンソムやグルーの日本洞察の深さに感心する人もいれば、その穏やかさに反撥《はんぱつ》する人もいるだろう。しかし問題は、彼らのような見方は、極めて限られた少数の人の間でしか理解されない意見だった、ということである。

# 第四章　日本占領目的達成のために

## 米国の初期対日方針

ここで日本占領政策の一環として東京裁判が開かれる経緯を見たい。

日本は一九四五（昭和二十）年八月十五日正午に昭和天皇の玉音放送があり降伏、マッカーサー総司令官は八月三十日厚木飛行場に到着、九月二日、横浜沖のミズーリ艦上で日本側は全権重光葵外相と梅津美治郎陸軍参謀総長が降伏文書に署名した。

九月六日にトルーマン大統領承認の「降伏後における米国の初期対日方針」が占領軍総司令部に伝達された。「日本国が再び米国の脅威となり、あるいは世界の平和と安全の脅威とならぬことを確実にするために」、

日本国は完全に武装解除せられかつ非軍事化されるべし。軍国主義および侵略主義の精神

を表示する制度は、強力に抑圧せらるべし。

　宗教的信仰の自由は占領とともに直ちに宣言せらるべし。同時に、日本人に対し超国家主義的および軍国主義的組織および運動は、宗教の外被の陰に隠るるを得ざる旨を明示せらるべし。


　アメリカ占領軍はまず右の指令の前半の日本軍の武装解除を十月半ばまでには完了した。そのとばっちりで一般の家庭も「刀狩《かたながり》」という形でまず武装解除を受けた。(9) 私物の日本刀を没収するとは豊臣秀吉以来のことと日本人は奇妙に感じた。だが刀は単に武器であるのみならず武士の魂である。占領軍はじきに日本人の精神的武装解除を開始した。

　右の指令の後半の文意は一読して捉えにくいが、言わんとしていることは、天皇信仰の神道は、日本のウルトラ・ナショナリズムやミリタリズムのバックボーンであるから、その正体を暴いて、取締り、無力化せよ、という含意《がんい》である。

## 極東国際軍事裁判所の設立に関する命令

　マニラから沖縄を経て厚木に向かう頃のマッカーサー元帥《げんすい》は、宣戦布告前に行なわれた日本の真珠湾奇襲は戦争法規の違反であり、これはまぎれもなく「戦争犯罪」である、そうである以上、東條首相以下を処罰できる、その程度に考えていたのだろう。

　だがワシントンは現地司令官マッカーサーのもとに次々と指令を送った。中にはマッカーサー自身の予測を越えるものがあり、元帥はマーシャル参謀総長に「本官が貴官に対して意見を具申することを必要と感じたのは、特に本指令草案が、降伏条件およびポツダム宣言に示されている原則の範囲を逸脱していると思われたからであります」とすでに九月三日に打電している。それに対しマーシャルは、政策実施にあたっては、戦線の司令官にも普通許される自由裁量を正当に行使すればよい、とマッカーサーに保証した。それでマッカーサーは、ワシントンから統合参謀本部経由で受ける命令に対しては、総司令官の裁量で占領政策を実施する権限を掌握したのである。[30]この了解のもとにマッカーサーはさながら帝王のごとく日本に君臨することを得るのである。

東京裁判も、ワシントンからの対日方針に従って推し進められた米国の日本占領政策の一環であり、それは広汎な戦争犯罪人の追及となった。ワシントンからの指令に従い、戦犯容疑者の逮捕が九月十一日に始まった。

その日逮捕されようとした東條大将は用賀の自宅で自決に失敗した。

米国の統合参謀本部は、日本における戦犯裁判所の設置準備を指令してきた。首席検事となるはずのキーナンは一九四五年十二月初めに多数の部下とともに来日し取調べを始めた。一九四六年一月十九日には連合国最高司令官マッカーサー元帥に極東国際軍事裁判所の設立に関する命令が届き、総司令部はニュルンベルクの国際軍事裁判所憲章にならい、極東国際軍事裁判所憲章を作った。マッカーサーの下でキーナン検事率いる、GHQの一局としての国際検察局International Prosecution Section所属のアメリカ人法務官たち数人が作ったのだが、首席検察官に任じられる予定の人やその下僚が、裁判を規定する裁判所条例を作る側にいたのであった。

その際、無条件降伏したドイツと、「吾等《われら》（連合国）ノ条件ハ左ノ如シ」とその第五条に明記されているポツダム宣言を受諾して降伏した日本の違いは無視された。ちなみにこの第五条の英文はFollowing are our termsで、ここで日本語に「条件」と訳された原語はtermsである。

だが日本国軍隊の無条件降伏だけでなく、日本は無条件降伏したのだ、と戦勝国アメリカ側は戦敗国日本に向かって言い出した。その第五条に「吾等ハ右条件ヨリ離脱スルコトナカルベシ」We will not deviate from them.と明記されていたことは無視された。ポツダム宣言で言及されている条件（term）は六条から十三条に列記されるが、東京裁判と関係し得る六条と十条前半を以下に引用する。

六　吾等ハ無責任ナル軍国主義ガ世界ヨリ駆逐セラルルニ至ル迄《まで》ハ平和、安全及《および》正義ノ新秩序ガ生ジ得ザルコトヲ主張スルモノナルヲ以テ日本国国民ヲ欺瞞《ぎまん》シ之ヲシテ世界征服ノ挙ニ出ヅルノ過誤ヲ犯サシメタル者ノ権力及勢力ハ永久ニ除去セラレザルベカラズ。

十　吾等ハ日本人ヲ民族トシテ奴隷化セントシ又ハ国民トシテ滅亡セシメントスルノ意図ヲ有スルモノニ非《あら》ザルモ、吾等ノ俘虜《ふりょ》ヲ虐待セル者ヲ含ム一切ノ戦争犯罪人ニ対シテハ厳重ナル処罰加ヘラルベシ。……

「戦争犯罪」が戦時中の捕虜や非戦闘員に対する虐待禁止の法律違反の意味であると字面《じづら》では理解されたが、しかしそれだけではすむまい、という予感は日米双方にあった。後に中曽根康弘が首相を務めたときに外務次官、その後駐米大使を務めた村田良平は、戦後育ちの外交官の中では珍しい硬骨漢で、ポツダム宣言に「日本人ヲ民族トシテ奴隷化セントスルノ意図ナシ」とあるのは、一度はそう考えた証拠だ、と『村田良平回想録』（ミネルヴァ書房）に書いた。誰かそこまで主張した米国人がいたからだ、という見方である。なにしろアメリカ側は、以前には聞いたこともない「平和に対する罪」とか「人道に対する罪」とかいう定義も定かでない罪によって、ナチス・ドイツの戦時指導者と同様、日本の戦時指導者も訴え、かつ裁こうとしていたのである。

各国の判事は連合国最高司令官が任命する。となれば極東国際軍事裁判所が、司法的な意味での独立した裁判所ではなく、占領統治の政治目的達成のための政治権力の道具となるであろうことを双方の関係者の多くが予測したのは当然だろう。だが一体どこまでそのようなことが許されるのか。そういう疑義を呈した人はなにも日本側の清瀬一郎弁護人やインドのパル判事だけではない。後になるが、フランス人のアンリ・ベルナール判事も次のような疑念を書き残した。

本官は、日本におけるマッカーサーの立法権限にいかなる制限もないと肯定することに全く賛成できない。国際法によって課されたものがあるのだ。無条件降伏を手に入れた征服者があらゆる主権を行使できるなどと言い切るのは間違いなのである。(31)

## 演説する総司令官

対日戦に勝利したダグラス・マッカーサー（一八八〇－一九六四）は、米国大統領の座を狙うほど政治的野心もあった男である。厚木飛行場にパイプを右手に降り立つポーズは、アメリカン・シーザーとして日本統治に臨んだ姿で、もちろん写真写りに注意していた。並みの軍人ではない。

九月二日、戦艦ミズーリ号上での降伏文書調印式の際に行なった演説には理想主義的な内容が含まれており、敗れた日本人にも訴えるところがあった。

われら主要参戦国の代表はここに集まり、平和恢復《かいふく》後の尊厳なる条約を結ばんとしている。相異なる理論とイデオロギーをめぐる戦争は世界の戦場において解決され、もはや論議の対象とはならなくなった。地球上の大多数の国民を代表して集ったわれらは、もはや不信と悪意と憎悪の精神を抱いて会合しているわけではない。否《いな》、ここに正式にとりあげんとする諸事業に全人民残らず動員して、われらが果さんとする神聖な目的に叶《かな》うところの一層高い威厳のために起《た》ち上がらしめることは、勝者敗者双方に課せられた責務である。人間の尊厳とその抱懐する希望のために捧げられたより良き世界が、自由と寛容と正義のために生れ出でんことは予の希望するところであり、また全人類の願望である。

そしてそれに引き続く全世界向けのラジオ放送では、

日本国民がその能力を建設的な方向に振り向けるようになれば、日本は現在の悲惨な状態から脱し、誇らしい地位へとみずからを引き上げることができるだろう。

とも述べた。それを聴いた重光全権と加瀬俊一随員は「これほどの寛大さで敗者を包容することができるだろうか」とそのときは感銘を受け、帰京するやその旨昭和天皇に報告した。

多くの米国人と同様、マッカーサーも、米国を理想の国としていた。自国を文明の擁護者とみなし、アメリカ人宣教師たちの確信でもある道義的な優越感と技術的な優越感を国民的信仰として彼もまたわかちもっていた。そんなであったから、昨日の敵を今度は米国と同じような理想的な国に改造しようとしたのであろう。ワシントンの政府立案者から指令されてくる、基本的人権の尊重、男女平等の選挙権、自由選挙、代議政体などの日本民主化政策の実施については、ワシントンの政府立案者とマッカーサー総司令官とは同意見であった。そして日本人もおおむねそれを歓迎した。

## フィリピンという原体験

マッカーサーにはほかに彼ならではの東洋の国についての考えがあった。マッカーサーは南北戦争で武勲を立てた父アーサーが一九〇〇年、軍政下のフィリピン総督だった関係で、一九〇三年、ウェストポイント陸軍士官学校を首席で卒業するや、本人もフィリピンに赴任した。日露戦争当時は米国側の観戦武官として戦線に赴く父とともに日本も訪ねた。

マッカーサーはフィリピンなど海外領土を獲得したマッキンリー大統領（一八四三―一九〇一）の主張から強い感銘を受けた由である。アメリカは米西戦争に勝利してフィリピンを領有したが、マッキンリーはそれは「フィリピンを向上させ、文明化し、キリスト教化する」ためと主張した。後で述べるキプリングの《白人の重荷》の使命感に近い理想というか発想である。米国によるフィリピン領有は、帝国主義的野心ではなく、自ら犠牲を払い、野蛮の地に自由、教育、そして文明の果実をもたらすものだとする。「自由人が征服するのは、救済せんがためである」「フィリピン民衆を世界最高の文明に至る道に導く」とマッキンリー大統領は説いた。なにを空々しいことを言う、と冷笑する人も今日は多いだろうが、マッカーサー自身はアメリカのフィリピン統治を文明開化の事業と確信していた。父子二代その事業に従事した身であれば、そうしたミッション意識が染みついたのは当然だろう。

## 総司令官の表と裏

アメリカはフィリピンに王道楽土を建設しようとした、というのである。

強烈な自己愛の持ち主であるマッカーサーは野心家であり、自己の名声に対するこだわりも、そしてフィリピンに対するこだわりも強かった。一九四二年三月十一日、マニラ湾のコレヒドール島から脱出するとき、「必ず戻る」I shall return と言い残し、事実、一九四四年十月二十日、戻ってきた。レイテ島の波打ち際に上陸する場面は、波間に脚をつっこんでじゃぶじゃぶと歩いて上陸することを複数の場所で繰返し、そのたびに写真に撮らせた。フィリピン奪回は戦略的には価値は低いとされたが、マッカーサーは、ルーズベルト大統領に直接談判し、すでに体力的に弱っていたルーズベルトを説き伏せて、面子《めんつ》にかけてもこの奪回作戦を実施したのである。

表では恐怖の威嚇《いかく》をヴェールでおおい、高尚な演説をするマッカーサーではあったが、裏では狭量な面もあった。緒戦《しょせん》で敗れた恨みをはらすべく山下奉文《やましたともゆき》・本間雅晴《ほんままさはる》両将軍をいちはやく軍事裁判にかけて、まず山下大将を一九四五（昭和二十）年十二月七日、米国にとっては真珠湾奇襲で太平洋艦隊潰滅の「恥辱の日」Day of infamyの記念日に死刑判決を下した。「やったな」と中学生の私も子供心に思った。一気に結論へ飛躍するカンガルー裁判で山下大将が槍玉《やりだま》に挙げられた。それに対しては、米国側からも、マッカーサーの個人的ないしは政治的仇討《かたきう》ちと評され、裁判批判の書物がいちはやく米国人弁護人フランク・リールの手によって書かれた。ただし占領下ではその日本語訳の出版は許可されず、訳書が出たのは占領が終わった一九五二（昭和二十七）年になってからのことである。

ジョージ・ファーネス大尉(32)はハーヴァード大学法学部出身で弁護士資格を持っていたため、マニラで開かれた本間裁判で弁護人を務めたが、東京裁判でも重光葵担当の弁護人を引き受けた。裁判の公正を懸念《けねん》して、開廷早々「この極東国際軍事法廷の構成員は日本に勝利した国々の代表であり、その国々が本件の原告であり告発者である以上、この被告たちに対する適法で、公正で、偏らない裁判は任命の事情によって決して公正であり得ない」と述べた。

東京裁判も山下・本間裁判と同じようなことになるぞ、という予感を米国人弁護人も、多くの一般の日本人も、抱いていた。

## マッカーサー元帥

日本人が抱くマッカーサー像とアメリカ人が抱くマッカーサー像との間にはかなり乖離《かいり》がある。ウィリアム・マンチェスターの『アメリカン・シーザー』というマッカーサーの伝記を読んだときも、それを基《もと》にしたグレゴリー・ペックがマッカーサーを演ずる映画（一九七七年）を見たときも、日本関係部分が必ずしも話の中心とはいえず、肩すかしを食らった気がした。私も日本人としてマッカーサーの日本時代を大きく見過ぎていたのかもしれない。そして吉田茂首相以下が流布《るふ》したともいえる「日本の良き統治者」というイメージを私たちは持ちすぎているのかもしれない。

マッカーサーは太平洋戦争の次は朝鮮戦争の指揮をとる。朝鮮で戦争が一九五〇年六月二十五日に勃発《ぼっぱつ》するや、三十八度線を突破した北朝鮮軍はたちまちソウルを陥れ、在韓米国軍は釜山に追い詰められた。第二のダンケルクかと思われたが、マッカーサーは国連軍を指揮して仁川に上陸、背後をつかれて袋の鼠《ねずみ》になりかけた北朝鮮軍は三十八度線の北へ逃走した。米韓両軍は北進し、平壌に入城、さらに中朝国境の新義州に迫った。すると今度は中国義勇軍が鴨緑江を渡って南下、人海戦術でさらに南下、ソウルを一旦《いったん》は再占拠した。一九五一年三月、マッカーサー国連軍総司令官は中国本土攻撃を辞せず、と声明した。その現地軍最高指揮官の権限を越えた声明を許しがたいとしたトルーマン大統領は、四月十一日マッカーサー元帥を罷免《ひめん》した。

マッカーサー元帥の後任にリッジウェイ中将が着任するや、総司令官の存在感がにわかに軽くなった。私は大学三年生だったが、その変わりように驚いた。今から振返ると、マッカーサーは、大統領の地位を狙った男だけに、たいした演技力のある軍人政治家だったようである。日本では唯一無二の統治者のごとく振舞ったが、これは戦前のフィリピンでの経験から、東洋ではどのように振舞えばよいか、父親の代から学んでいたからだろう。

しかし実は本国からの「初期対日方針」「日本憲法制定の基本方針」などに従って、それをあたかもマッカーサー改革のごとくに実行して見せたらしい。本国から言ってくる方針が自分の方針と重なる場合はもちろんのこと、実施に際して現地に総司令官として裁量の余地がある場合は自分が絶対者であるかのように振舞った。その自分で決める、という姿勢が嵩《こう》じて、朝鮮戦争では、中朝国境以北の空爆を示唆する、独断的発言までしてしまい、勇み足を踏んだために、解任されたのである。

しかしこのトルーマンによる解任は私たち日本人にとっても実に印象的で、なるほど米国は文民統制の国家だと印象づけられた。私がそれを強く感じたのは、マッカーサー解任のこのときが第一回で、第二回は、一九七三年、ベトナム派遣軍総司令官がワシントンの命令に従い、米軍をベトナムから撤退させたときである。

## マッカーサーは日米開戦の原因をどう見ていたか

東京裁判もワシントンからの指令で行なわれた。先にも述べた通り、軍人としてのマッカーサーは宣戦布告前のハワイ奇襲攻撃とか軍事法規違反の戦争犯罪とかは罰するつもりだったが、戦争をしたこと自体を罪とするような「戦争の犯罪化」ともいうべき事後法による「平和に対する罪」の裁判には反対だったらしい。そもそもマッカーサーはあの戦争について誰が責任者と考えていたのか。東京裁判が始まったばかりの一九四六年五月四、五、六日の三日間、マッカーサーは来日したフーヴァー元大統領と長時間話し合った。『フーヴァー大統領回顧録』にはこう出ている。大切な一節だから英文も引く。

私は日米戦争とはことごとく米国の参戦を望んだあの気違いのせいだ、といった。マッカーサーは頷《うなず》き、さらに一九四一年七月の米国の金融制裁措置はただ単に挑発的な措置であるのみか、石油輸出全面禁止などの制裁が解除できない限り、日本はたとえ国家的自殺であるとわかっていても、戦争に突入せざるを得なかったのだ、と述べた。(33)

I said that the whole Japanese war was a madman's desire to get into war. He agreed and also agreed that the financial sanctions in July 1941 were not only provocative but that Japan was bound to fight even if it were suicide unless they could be removed.（p834）

ちなみにフーヴァーが日米開戦の責任者は「あの気違い」と言ったのは日本人ではない。フーヴァーはルーズベルト大統領のせいだと言い、マッカーサーもその通りだとその言葉にうなずいたのである。そして二人がそう話していたと同じときに、東京の市ヶ谷の元陸軍士官学校の講堂で、極東国際軍事裁判は開廷され、東條英機以下は開戦の責任を問われ、約一ヵ月後の冒頭陳述でキーナン首席検事は「このA級戦犯たちは文明に対して宣戦を布告しました」と言っていたのである。

そしてそれから五年後の一九五一年五月三日、総司令官を解任され帰米したマッカーサー元帥は米国上院で証言した。それは資源の乏しい日本は原料の供給を絶たれ、一千万人から一千二百万人の失業者が出ることを怖れていたとして、一九四一年十二月「日本が戦争に突入した動機は大部分が安全保障の必要に迫られてのことでした」と述べたのである。その証言の内容は、実はマッカーサーの前々からの考えだったことがこれで知られる。ちなみにフーヴァーは『回顧録』の記事内容について、このように書くがよろしいか、と生前のマッカーサーに確認して記録の正確を期していた。だがフーヴァー元大統領が一九六四年、九十歳で死去するや、遺族は『回顧録』の内容に驚愕《きょうがく》し、半世紀近く封印してしまったのである。二〇一一年についに公刊され日の目を見たが、米国人の記憶の中で対日戦争は、その後の朝鮮戦争、キューバ危機、ベトナム戦争、イラク戦争、と数多くの戦争の中の一つの記憶でしかなくなり、強烈な時限爆弾ではないかと怖れられていた『フーヴァー大統領回顧録』も過去の物語となってしまったのである。

# 第五章　あの頃の私

## 平川家の戦争観

だが日本人にとってはあの戦争とはなによりも対米戦争であった。ではあの頃の私がどんなであったか、個人的なことだが、一応記録として書かせていただく。

軍事国家として敗北を喫《きっ》した日本が一九四五年の秋に早くも文化国家の建設を唱え出したのは、日本人としてなにか理想を掲げずにはいられなかったからだろう。外地の戦場や内地の戦災で生命・財産を失った人が多かったから、平和国家を日本人が望んだのも自然である。しかし「武力による威嚇《いかく》又は武力の行使は、国際紛争を解決する手段としては、永久にこれを放棄する」という一九四六年憲法を押し付けられたときは、これはアメリカによる武装解除と思った。もっともあの頃の日本人は国際連合が世界政府のように機能して地球に平和をもたらしてくれるものと強く希望していた。そんな国連に期待できるならこの新憲法でもいいか、と思った程度の中学三年生の私だった。

　ここで平川家の背景にふれる。私の父は日産系の会社の技術重役であった。戦争中一度こんなことがあった。会社から帰ってきた父が神棚にお燈明《とうみよう》をあげて手を合わせたのである。なんでも飛驒《ひだ》の高山に軍需工場を作れといわれて、無理だと思い「軍部の奴らは無茶を言いおって」とつい言ってしまった。それを聞きつけた相手の軍人が激怒し刀の束《つか》に手をかけて「軍部の奴らとは何だ」と叫んだ。そのときは「斬られる」と思ったそうである。

　敗戦後、父は「五・一五事変や二・二六事変を起こした軍の奴らがよくなかった」と言った。父は大正七年京都大学工学部卒の世代だが、その種の考え方は父の周辺には多かったのだろう。父は朝鮮半島や満洲に日本が重工業の工場を建設したことを日本の発展としてもちろん是認していた。平川家は理系で、戦時中の日本の空虚な精神主義的強がりとは無縁というかそうしたものにはむしろ反感を抱いていた。敗戦後、一週間くらい経ったころ、平川家ではこんな会話を交えたことを憶えている。兄は旧制東京高等学校の一年生だったが「大欲は無欲に似たり、だ。日本は満洲くらいで止めておけばよかったのだ」と言った。母は「こんなこと云《い》ってはなんだけれど、空襲がなくなって夜安心して眠れるのはいいね」と言った。私は口には出さなかったが、母と同感だった。まだアメリカ軍が日本に進駐する前で、日本軍の飛行機がぶんぶん東京の空を飛び回った。そんな日が数日は続いた。母は「気の毒に。そのうち飛べなくなるんだから、今のうちにせいぜい飛んでおきなさい」と同情した。父は「これ以上余計な抵抗をすれば北海道まで取られてしまう」と徹底抗戦派にいちはやく批判的だった。私も余計な暴発を怖れており、父と同意見になっていた。

しかし敗戦後半年も経たぬ間に、社会の論調はがらりと変わり、諸悪の根源は日本の軍部ということになった。敏感にその論調に染まった十代半ばの私が、他人事《ひとごと》のように軍部の悪口を言ったとき、父がそれには乗らず、しんみりした調子で「先輩が営々と苦心して築き上げた明治以来の日本をこんな風にしてしまったのは、自分たちの世代の責任だ」と言った。その口調に青二才の私ははっとした。

## 文化国家、平和国家

日本人は小賢《こざか》しい国民である。戦争に負けたら、軍事にはそっぽを向いて、今度は文化国家の建設とか綺麗事《きれいごと》を言い出した。

そして文化国家に引き続き平和国家の理想も言い出した。敗戦国日本は軍備の放棄を国是にさせられたから、平和国家として安全を世界政府にでも託すより仕方がない。それで強力な世界国家組織ができて、その力で世界平和が維持されることを望み、夢を国際連合に託した。昭和二十年代の日本人が国際連合にかけた期待のほどは今の人にはわかるまい。それだけに、一九五六年十二月、日本が国際連合に加入を認められ、重光葵外務大臣がスピーチしたとき、パリ留学生であった私は『ル・モンド』紙でそのニュースを繰返し読んだ。実に嬉《うれ》しく感じた。

この平和国家は、戦争で被害をこうむった日本人の自然な希望であったが、それだけでなく日本を武装解除しようとしたアメリカ占領軍の内面指導もあって言い出されたことだろう。武力放棄の憲法は占領軍に強制されたものでもあるが、日本人が平和国家で生きるよりほかに道はない、と思って進んで受け入れた面もあった。

つまらない思い出を述べて恐縮だが、敗戦後、これも占領軍の指導だが、中学生の私は剣道や柔道の時間がなくなったことにほっとした。運動部の部活動が全員参加制でなく参加希望制になったことも、上級生のいじめの場がなくなっただけに嬉しかった。学校で銃剣道はもちろん、剣道も柔道も禁止の日本だから、軍事教練などありようはずがない。そんな訓練までないのだから、兵隊にとられることもないはずだ。新憲法下、徴兵制がなくなったことで、私たちの世代がほっと安堵《あんど》したのは間違いない。敗戦国の兵隊は、戦勝国の軍隊に組み込まれ、最前線に送り出される場合がままあるが、私たち日本人は少なくともそういう憂目《うきめ》にだけは遭わなかった。

## 南原繁と吉田茂

すると論壇では内村鑑三の非戦論がにわかにもてはやされだした。戦時中、東京帝国大学の教職を追われた左翼マルクス主義の大内兵衛教授や無教会キリスト教の矢内原忠雄《やないはらただお》教授が学問世界に復帰し、論壇のヒーローとなった。一九四九年に新制一期生として私が入学したときは、東大総長は南原繁、教養学部長は矢内原忠雄だった。その内村・南原・矢内原路線がなにか尊いものであるかのようにいわれた。自分の大学の総長や学部長だから私が尊敬したのではなくて、『朝日新聞』や岩波書店の月刊誌『世界』が彼らを持ち上げたから、戦時中軍部に抵抗した人として尊敬したのである。(34) 一九五〇年ごろはそうした人たちが揃ってソ連圏諸国との講和を含む全面講和論を唱えたから、自由主義圏のみとの講和を目指す、いわゆる単独講和の吉田茂は間違っている、と思いこんだのである。朝鮮半島では冷戦が熱戦となり、できるはずもない全面講和論を唱える南原らを目して吉田が「曲学阿世の徒《きょくがくあせいのと》」と言ったとき、当時の私はそう言った吉田の方を馬鹿にした。なにしろ当時の新聞は総理大臣の施政方針演説よりも東大総長の訓辞に大きな紙面をさいた。新聞書籍を読むというよりそれに読まれてしまった私は、そんな活字知識でできた世界観に囚《とら》われていた――しかし外国へ出、実際に世界を見た後の私は、世界観の方が次第に変わり出し、いつしか吉田茂を尊敬するようになっていた。一九六八年の大学紛争の際にゲバ棒と呼ばれた棍棒《こんぼう》をふりまわす連中を支持する無教会派のN助教授が出るに及んで、その集団が声高に叫《さけ》ぶ絶対平和主義も、所詮カルトの要素を含んだ宗教運動と大差ないと合点するようになった。

## 河合栄治郎

敗戦後の思想混乱期に、十六歳の私が、実際によく読んだ学者は河合栄治郎である。河合の文章は一高生の私に強く訴えた。河合は東京帝大を追われたが彼が中心となった「学生と教養」叢書は戦時下の日本でもよく読まれた。当時の日本にはそれだけの言論空間が残されていたのである。世間はいまだにそのことを自覚していないが、当時のドイツ、ソ連、中国などに比べれば、昭和十年代の日本は、まだしも言論自由の国だったということを忘れてはならない。

私は姉が一九三九（昭和十四）年に買った『学生と教養』と兄が一九四四（昭和十九）年に古本で買った河合の学生叢書の一冊を、戦後になって読んだ。兄の字で「東京高校、平川浩正、二六〇四、六」と皇紀で書きこみがしてある。東京高校尋常科四年の兄は勤労動員で日立亀有工場で零式戦闘機の脚部を作りに通っていた。河合はその年の二月に五十三歳の若さで長逝したが、間違いなく暗く寂しい日々においてなお日本読書界の一方の雄だったのである(36)。

しかし戦前の『帝国大学新聞』を読んで、その品位と水準の高さに感銘を受けたのは、昭和十一年三月九日号の河合栄治郎《二・二六事件の批判》である。そこには闘う自由主義者の真骨頂が次のように記されていた。それは戦後の学生活動家のビラ同然の『東京大学新聞』とまるで品格の違う文章だった。

> 軍人が政治を左右する結果は、若《も》し一度戦争の危機に立つた時、国民の中には、戦争が……一部軍人の何らかの為にする結果かといふ疑惑が生ずるであらう。

考えてみると、河合が法廷で信念をまげず首尾一貫できたのは、戦時中にもなお多くの読者に支えられたと感じたからである。日本の dark and dreary days に自由主義の伝統がなお生きていたのだ。私は河合に殉じて東大経済学部を辞職した木村健康助手を教授として迎えた安倍能成校長の第一高等学校で学び得たことを誇りに思っている。

## 戦後のタブー

戦後一、二年の間に社会の論調はすっかり変わった。学内の風潮も別様になった。どういう風に変わったかというと、言ってはならないこと――今日《こんにち》流にいえば politically incorrect なことがにわかに増えたのである。旧軍人については悪口以外は言えない。戦争については否定的なことしか言ってはならない。そんな世の中となった。はじめのうちはシナ事変や大東亜戦争が非難の対象で、それはまだわかるとしても、そのうちに徳川時代の仇討《かたきう》ちの話もいけなくなった。歌舞伎で上演してはならぬ、というお達しだという。そのときはさすがにおかしいぞ、という気がした。

第一次世界大戦は日本も英仏側だったせいか話題にならなかったが、それに引き続くシベリア出兵は非難の対象になった。軍備放棄・戦争否定の新憲法を批判するなどもってのほかである。なにしろ幣原喜重郎《しではらきじゅうろう》首相もそうした理想に賛成したというではないか。「日本は東洋のスイスたれ」とマッカーサー元帥が声明で述べたとかいうときは、結構な話だと学生の私も思った。すると英語の堀大司教授が「スイスは中立国だというが国民は皆自分の家に銃を持っている」という知識を授業中に洩《も》らした。当時の私は「それはその通りかもしれないが、余計なことをおっしゃる」と内心で反撥《はんぱつ》した。占領下の日本で知識層の一端を形作っていた学生インテリたちは、半世紀後に言われ出したポリティカル・コレクトネスに似た心理的拘束によってぎりぎりに縛られていたのである。

しかしその縛りが一瞬断たれたことがあった。印象的だったのは一九四八（昭和二十三）年、一高の倫理講堂に全生徒が突然召集され、特別講演があったときである。東大法学部教授が現われて「昭和二十一年、憲法草案を見に招かれて政府へ行ったら、日本語草案はまだないのに、それの英訳はすでにあった」という打明け話をしたときだ。聴衆は笑ったが、新憲法は米国人が書き下ろした憲法だという当時はまだ秘密であった事柄を天下の一高生には知らせておこうという配慮だと私は感じた。

その一九四八年には十一月六日、第一高等学校の寮食堂で晩餐会が開かれた。私の日記には「急進的人々の話多し、非理性的なひゞきもあり」とある。暴力革命待望論をぶつ弁士もいたのだろう。そんな中で過去の日本を弁護するには勇気が要った。年の頃三、四十代の人が登壇してこう話した。「日本は戦争をして悪かった、と皆さん口々に言われますが、それでは日清・日露の戦争も悪かったのですか。かく申す私は酔っております」。そんな酔余《すいよ》の発言という釈明をつけないと、時流に逆らう発言は難しくなっていたのである。

それでも私がそんな発言を憶えているのは、私自身にも「日露戦争までも悪かったのですか」と言いたい気持があったせいだろう。

「胸に義憤の浪湛《なみたた》へ　腰に自由の太刀佩《たちは》きて　我等起《た》たずば東洋の　傾く悲運を如何《いか》にせむ　出でずば亡ぶ人道の　此《こ》の世に絶ゆるを如何にせん」と明治三十五年作の寮歌《混濁の浪《なみ》逆巻きて》を社研の連中と一緒に大声で歌っていた。多くの一高生は有名な寮歌だから歌詞の内容と関係なく歌っていたのだろうが、私は歌詞の内容にも感じるところがあった。

# 第六章　精神面の日本非武装化

## 日本人の思想的再教育

ここで昭和の戦争とその裁判について考えるに先立ち、戦争については一体どんな見方が、正当なものとして、後世に伝わるのか、まずその辺りから探ってみたい。戦後、日本人の戦争観はどのようにして形成されたのか。

占領期の日本について五百旗頭《いおきべ》眞《まこと》教授は『日米戦争と戦後日本』（一九八九年）、『占領期』（一九九七年）などの著作で、日米双方をともに調べ、占領改革について、軍事面、政治面、社会面、経済面について日本の非軍事化・民主化、そして通商国家としての経済自立化について総合的に述べた。しかし大事な一点がなぜか見落とされていた。それは占領軍の手で行なわれた日本人の精神面の非武装化――思想再教育の功罪が吟味《ぎんみ》されていなかったからである。思想再教育と上品に書いたが、平たく言えば洗脳をも含む思想改造だった。その問題を直視しなくてよいことか。

英国人のサンソムは、占領軍当局が日本人の思想再教育を試みたことについて、先例として第一次世界大戦後の戦勝国側によるドイツの政治的発展の性格を決めようとした試みと、ソ連邦が特殊機関を通じて他国を自国の教義に転向させようとした試みの二つを挙げた。そして「第二次大戦以後の米国を中心とする連合国側の、民主主義的政治原理とそれにふさわしい社会哲学を採用させようとする対独・対日工作は、性質は違っているけれども、その目的において先の二つと多くの点で似通っている」と指摘した。

ただし「強度の政治的圧力と高度に組織されたプロパガンダによって一九五〇年現在進行中の文化的影響感化の試みが成功するか否かはわからない」とサンソムは『西欧世界と日本』の結びに記している。英語原文を引用すると、占領下の日本では cultural influence is supported by powerful political pressure and a highly organized propaganda だという。戦争中にワシントンで米国国務省の官吏に語ったときの言葉から察すると、サンソムはそのような形での影響力行使は予想もしていなかったし、またすべきでないと思っていたようである。

## 占領軍の心理戦

ワシントンから占領軍総司令官にその方針を伝えられたときから、マッカーサーは東京裁判を行なうのであるならば、それを日本占領統治の目的のための道具として使うことを躊躇《ちゅうちょ》しなかった。マッカーサーは、ワシントンの意向も、米国民の世論も、気に掛けていた。日本統治を見事にやりとげねばならない。そのためにすでにフィリピン奪還作戦の頃から実施していた配下の心理戦組織を日本統治に当然のことながら活用した。

　戦争は軍事戦、政治戦、心理戦に分けられる。フィリピンやサイパンで日本兵を降伏させるためにさまざまの宣伝を行なったが、今度は日本本土の一般市民に向けて心理戦を行なうこととなった。米国占領軍は日本国民の意識を変えようとしたのである。そのためにマッカーサー元帥の民間情報教育局CI&E局長のダイク大佐のもとで、連合軍の情報教育の目的を達成し、あらゆる公的メディアを通じて信仰、言論、集会の自由を確立するほか「あらゆる層の日本人に、彼らの敗北と戦争犯罪、現在と将来の苦難と窮乏に対する軍国主義者の責任、連合国の占領目的の周知徹底」（総司令部一般命令第四号、一九四五年十月二日）をさせることとした。

## 《真相はかうだ》

　日本側は戦争中は日本の航空母艦や戦艦が沈没したことをほとんど発表しなかった。ミッドウェイ海戦で空母四隻を失っても沈没一隻としか大本営は告げなかった。戦果の方は誇大に発表した。これは一つには国民の士気を維持するためだが、いま一つは前線からの戦果の報告が誇大だったためで、一九四四（昭和十九）年秋の台湾沖航空戦の際のごときは、小磯内閣の米内光政《よないみつまさ》海軍大臣まで勝利の誤報を信じかけたほどだった。そんなだから日本国民の多くは一九四五（昭和二十）年八月になってもなお聯合《れんごう》艦隊の健在を信じていたのである。

　なぜここで聯合艦隊の名をあげるかというと、当時の日本人は、日露戦争における日本海海戦の輝かしい先例が国民的記憶となっていたから、今度の戦争も米国艦隊が日本近海に進攻してきてそこで一大決戦があり、それで戦争も決着がつくかのように思いこんでいたのである。平田晋策の未来小説『われ等若《も》し戦はば』もそんな筋書きになっていた。マリアナ沖海戦が軍艦マーチとともに報ぜられ「聯合艦隊の一部出動」と告げられた。それを聞いただけで勝利を確信、体内の血が湧きあがるように感じた中学一年の私であった。しかし私が戦争末期、『われ等若し戦はば』を金沢の疎開先で読んでいた頃、日本は海上で決戦を挑もうにも、戦える主力艦は戦艦長門《ながと》ぐらいしか残っていなかった。

しかし私たちはまだ聯合艦隊が残存していると思っていただけに、目を開かれたのは終戦の年の九月になって、鈴木終戦内閣の書記官長だった迫水久常《さこみずひさつね》が、聯合艦隊の壊滅《かいめつ》を含む敗戦への経緯を『朝日新聞』に連載したときである。敗北の真相を知らされて、それまで「なんで鈴木内閣は降伏したのだ」と息巻いていた連中もおとなしくなった。私も迫水記事を読んで納得した。

占領軍のダイクは一九四五（昭和二十）年十二月八日から日本の『朝日』『毎日』『読売』に民間情報教育局が用意した《太平洋戦争史》を連載させ、《真相はかうだ》という番組を放送させた。

日本では政府当局が、日本軍の敗勢をずっと公表せず、情報を管理していたから、緒戦《しょせん》の勝利の余韻は永く続いた。それで本土空襲が始まるまでは日本国民の士気はまだ高かったので、情報管理にはそれなりの功能はあった、とする見方もあり得る。しかしそれにしても軍部の隠し立てがひどすぎた。大本営発表と戦争の現実のギャップがあまりにもかけはなれていたから、アメリカ占領軍による《太平洋戦争史》や《真相はかうだ》の方が評判になってしまったのである。《真相はかうだ》がやらせ番組なことは見え見えだった。同じ日本人が旧軍人を虚仮《こけ》にすることも悪趣味で不愉快だった。しかし多くの日本人がそのラジオ放送に熱心に聞き入ったこともまた事実で、かくいう私も次第に洗脳された。

## 占領軍の検閲

他方、諜報部長E・R・ソープ准将のもとで、対敵諜報部隊（Counter Intelligence Corps）CIC麾《き》下《か》の民間検閲支隊（Civil Censorship Detachment）CCDが新聞雑誌ラジオ印刷物さらには私信にいたるまで広範な検閲を行なうことが使命として課せられた。

中学生の私宛の級友川西進の手紙も検閲されていたから、当時の占領軍が検閲をしていることも私は知っていた。そのために占領軍が英語のできる日本人を当時としてはかなりな報酬で求人していることも知っていた。それというのは求人広告や報酬の日当の金額までラジオで繰返し流していたからである（さすがに検閲要員募集のためとは言わなかったが）。

だがその全貌の大きさ、その巨大な仕事ぶりを私が知ったのは、江藤淳が一九七九年からウィルソン・センターに勤務してメリーランド大学所蔵のプランゲ文庫を調べ、『閉された言語空間――占領軍の検閲と戦後日本』[37]を出してくれたおかげである。占領軍の検閲体制はこれほど徹底していたのかと驚いた。

江藤淳のこの労作の第二部第三章には、検閲者の最底辺に位置する日本人検閲員の仕事が何であったかを伝えるだけでなく、そのような業務が数年続くうちに何が日本のマスコミ界に浸透したかも推理されている。青鉛筆でdelete（削除）という書き込みをするうちに、文筆を生業《なりわい》とする被検閲者たちはもとより、日本のマスコミ関係者の間でタブーと化したもの――それが何であったかも、列挙されている。一九四六年十一月二十五日のCCDの検閲指針で「削除または掲載発行禁止の対象となるもの」は以下の順だった。

一　連合国最高司令官、総司令部、その指揮下のいかなる部署に対する批判。
二　極東国際軍事裁判批判。
三　総司令部が憲法を起草したことに対する批判。
四　検閲が行なわれていることに関する直接間接の言及。
五　米国以下連合国に対する批判。

十三項目には、「連合国の戦前の政策に対する批判」もあげられていた。

そしてその結果、昭和の日本の歴史記述のパラダイムも規定された、と江藤は観測している。大新聞・ラジオのみならず日本の教育機関と教育制度そのものが、現代史に関しては、連合国側の歴史観に則ることが正解となった時期があったのは間違いない。戦争期に関しては、日教組が歴史教育に支配的影響力を及ぼしたこともあり、占領軍と左翼が手を握った反日プロパガンダ教育を行なうように制度化されたといってもよい状況になるのである。その結果がどうなったか、それについては戦後民主主義世代を語る第十八章で見られたい。

## 竹山道雄『ビルマの竪琴』

日本人検閲員は実に几帳面にその仕事をしていた。

たとえば竹山道雄が昭和二十一年に書き出した『ビルマの竪琴《たてごと》』の冒頭、「みな疲《つか》れて」以下の部分には傍線を引かれ、英訳が添えられている。

兵隊さんたちが大陸や南方から復員してかえってくるのを、見た人は多いと思います。みな疲れて、やせて、元気もなくて、いかにも気の毒な様子です。中には病人になって、蠟のような顔色をして、担架《たんか》にかつがれている人もあります。

Many of you have already seen soldiers repatriating from the continent or southern islands. They are all tired, emaciated, down-hearted and miserable. Among them there can be seen some patients being carried on stretchers whose faces look pale like white wax.

そして英文で検閲員の注意書きが EX.note: Above underlined be deleted（Disturb public tranquillity）と出ている。「上記傍線箇所ハ削除サルベキデアル。コレハ公共ノ安寧《あんねい》ヲ損ウ」の意味だが、この英訳と英文注意書きが日本人検閲員によるものであることは、その几帳面な英文の字体から一目で見て取れる。なぜ『ビルマの竪琴』が検閲に引っ掛かったのか。それはこの文章には、日本

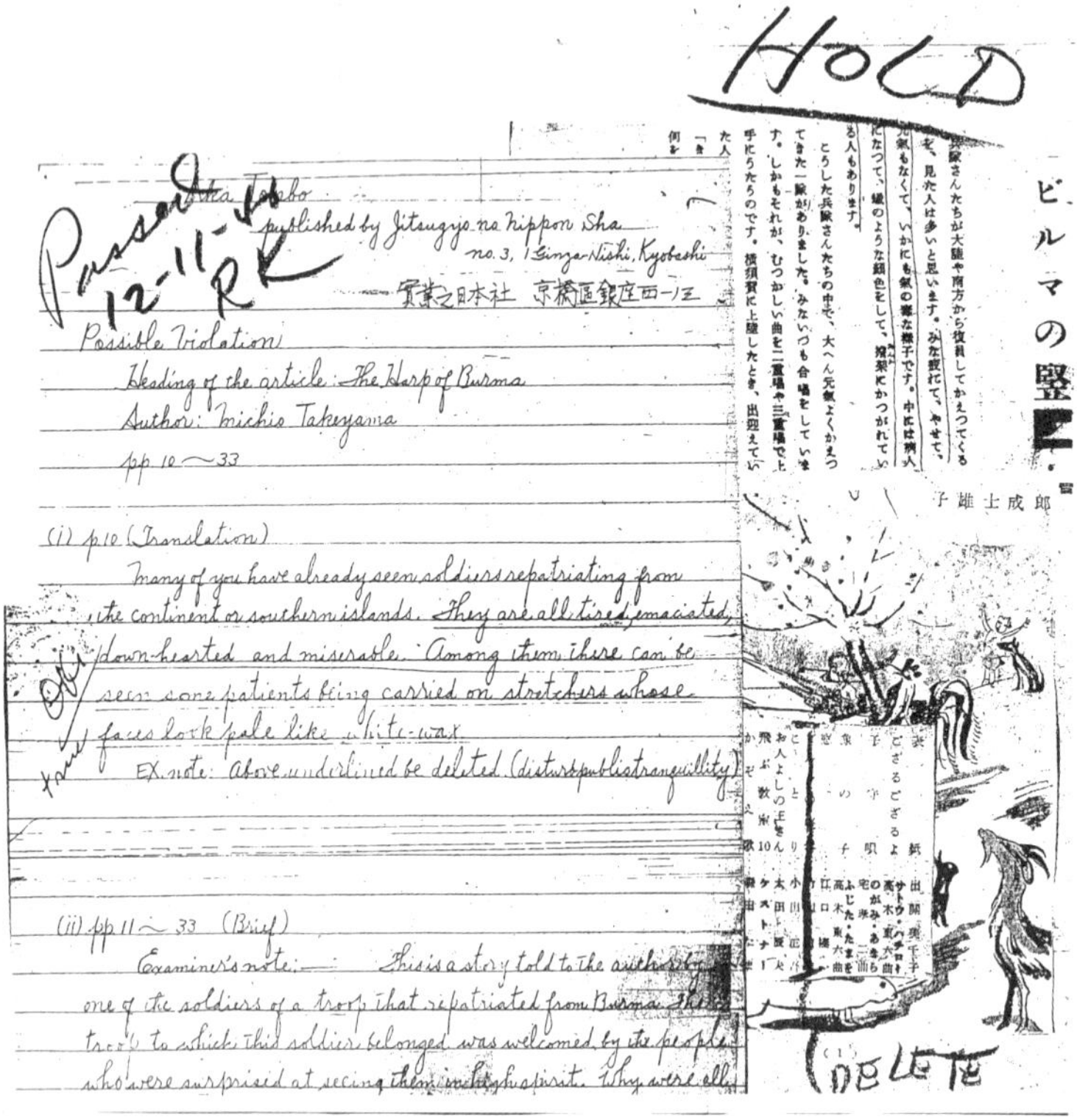


占領軍の検閲に引っかかった竹山道雄『ビルマの竪琴』。字体は日本人検閲員のものである。

兵が降伏後、強制労働に従事した後、復員船で帰国した。その兵士たちが憔悴《しょうすい》している。ということは、連合軍が日本兵捕虜を虐待したと解釈される惧《おそ》れがある。よってこの記述は「公共ノ安寧ヲ損ウ」の項目に抵触する。日本人検閲員はＣＣＤの検閲指針の「削除または掲載発行禁止の対象となるもの」を極めて機械的に適用して米国側検閲官に報告していたのである。米国検閲官はその報告を読んでOk Passedと記入した。この箇所については「オーケー、問題ナシ」だが、しかし『ビルマの竪琴』第一部の雑誌『赤とんぼ』への掲載はHOLD「保留」と決定され、日次から「ビルマの竪琴　竹山道雄」はDELETE「抹消」となった。それは昭和二十一年十一月十二日のことであった。

平川家では私の従兄平川善三郎がサイパン島で戦死した。敗戦後の平川家は空襲に焼け残った邸《やしき》が米軍に接収される、父の和歌山の工場がポーレー視察団によって賠償工場に指定され、工場長だった父が失職する。そんなこともあったが、とにもかくにも戦争は終わって一同無事だった。それがなによりで、あとは戦後の端境《はざかい》期の食糧対策である。平川家は自宅の庭はもとより、近所の空き地を片端から耕して薩摩芋《さつまいも》やトマトを作った。昭和二十一年の夏は、朝早く南瓜《かぼちゃ》の花の雌しべの先端に雄しべの花粉をつけるのが中学生の私の役目だった。しかしたくさん実をつけすぎたために平川家の南瓜の味はすこぶる落ちた。

## 四百万通の私信開封

平和は回復したが、しかし連合国と日本との間の戦争状態は実はまだ続いていたのである。戦犯容疑者として逮捕された者の身内は愛する者が殺されるか、殺されないか、息をひそめるような辛い日々であったろう。江藤淳の『閉された言語空間』の中には印象深い記録が拾われている。一例を掲げると、第二部第四章の冒頭に引かれた、大阪市在住の女性が巣鴨拘置所内のB級戦犯容疑者とおぼしい人へ宛てた手紙で、これは検閲報告の英訳文を江藤淳が日本語に訳し戻したものである。

藤森少尉がお訪ね下さり、貴方様の収容されていらっしゃる拘置所の模様をお話し下さいました。刑務所そのものだとおっしゃっておいででした。もし貴方様が将校ではなくて下士官でいらっしゃれば、逮捕などされることはなかったろうにと、重ね重ね口惜しく存じます。貴方様が俘虜《ふりよ》虐待などなさるはずがございません。お名前を密告したのが、どの捕虜かは存じませんが、恩を仇《あだ》で返した人のことを思うと、怒りで身が震えます。でも、戦争に敗けたからこそ、こんな情無《なさけな》い思いをするのですわね。

この昭和二十年十二月二十九日の手紙に引き続き、翌二十一年二月三日にも若い将校と推定される巣鴨拘置所内の同じ戦犯容疑者に宛てて女性は次のような文面の手紙を書いている。

事務所で御一緒に過した楽しかったあの頃のことを、繰り返し繰り返し思い出しております。俘虜収容所の仕事はいやな仕事と、世間ではそのように申しておりますが、貴方様のような方と御一緒に働くことができた私は、倖《しあわ》せでございました。いまでは私は、どこにも勤めておりません。あのように素晴しい職場が、ほかにあるはずはございませんから。でも、本当に短いあいだでしたわね。空襲があるたびに、貴方様と御一緒の防空壕にはいりたくてたまりませんでした。御一緒に死ねれば本望と思っておりましたから。こんなにお慕い申し上げていた気持、貴方様は御存知なかったと思いますわ。貴方様が行っておしまいになってからというもの、私の心は空っぽになってしまいました。

でも、ある意味では、わかれわかれになってホッとしてもおります。今ではあんなに苦しい気持に耐えなくてもよいのですもの。

江藤淳はスートランドの国立公文書館分室の閲覧室でこの手紙を読んだときの、一種名状しがたい気持をこう述べた。「正確にいえば、それは手紙そのものではなくて、英訳された手紙の文面にすぎず、しかもそれはCCD郵便部の作成した規定通りのコメント・シートの書式に、タイプされて収められていたが、それでもなおもとの手紙を書いた女性の、思い詰めた息づかいが、そのままなまなましく伝わって来るように感じられたからである」。

江藤淳の手になる復元には江藤の優しい心根が出ている。

アメリカでも南北戦争の際、勝利した北軍は南軍の残虐行為を数えあげ、俘虜を虐待したとして南軍の捕虜収容所長ワーズ大尉を死刑にした。いまジョージア州アンダーソンビルのその収容所跡地には捕虜関係の国立博物館が設立されており、ワーズ所長の無実やその人柄を証する手紙類も集められている。敗れた南軍の子女から成る愛国婦人団体がこの地に記念柱を建てたのがきっかけだった由だが、敵意と偏見により名を汚《けが》されて殺されたワーズの名誉も博物館の展示のおかげで回復された。江藤淳が英語の形で残された戦犯宛の手紙を復元した行為にも、そうした南軍子女の義憤のことが思い起こされる。

## 日本側の過剰忠誠

総司令部はかねてからプレス・コード等で、日本の新聞社に圧力をかけておいた。検閲指針で「削除または掲載発行禁止の対象となるもの」は第一がマッカーサー総司令部批判で、第二が極東国際軍事裁判批判だが、これは総司令部がこの裁判にまつわる日本側の報道に極めて神経質だったことを示している。それだから、キーナン首席検事の冒頭陳述が朗読されるや、この戦争は「狂気の侵略戦争」であったと日本の新聞に大きな見出しも出たのである。というか出させたのである。言ってみれば、あらかじめ仕組まれていた通り、日本の戦争指導者は日本の新聞ラジオによって憫笑《びんしょう》された。新聞発禁をちらつかせる、強力な内面指導がアメリカ占領軍からあったからとはいえ、日本の新聞ラジオが連合国側の日本断罪の論調に積極的に加担した様は、のちほど紹介するが、卑屈なほどであった。戦後民主主義世代に刷りこまれた数々のタブーは日本側の過剰忠誠の結果といってもいい。しかし日本側新聞社側の反応があまりに隷従的で露骨であったから、マッカーサー元帥は日本占領を総括したその五年後の一九五一年五月五日の米国上院での証言で、「日本人はすべての東洋人と同様に勝者には追従《ついしょう》し、敗者を極端に侮蔑《ぶべつ》する傾向を有している」と述べたのである。この日本人とは総司令部にマッカーサーを訪問して直接話を交わした日本人のことではあるまい（マッカーサーが面と向き合って何度も長く会話した日本人は吉田茂と昭和天皇だけである）。そうではなくて民間検閲支隊が英訳した日本の新聞報道執筆の日本人記者たちのことであろう。それというのもマッカーサーが知り得た日本人についての情報源は、右の民間検閲支隊が英訳した新聞報道が第一で、その中では東京裁判に曳《ひ》き出された日本の旧指導者が日本人記者の手で愚弄《ぐろう》されていた。記者たちの占領方針への忠誠の度が過ぎて、敗者である被告たちへの侮蔑が極端であったから、逆に日本人全体が卑屈であるとして小馬鹿にされてしまったのである。しかし中には本気で敗軍の将を侮蔑した新進気鋭の東大教授も放送記者もまざっていた。

マッカーサー総司令部が知り得た日本人についての情報源の第二は、日本人の私信や投書の英訳である。そこにも被告として法廷に曳き出された戦時指導者を馬鹿にする言葉の数々が記されていた。

しかし、注意せねばならぬことは、そこにはまた国民の昭和天皇への敬愛の情が記された夥《おびただ》しい数の手紙もあったということである。秦郁彦がいうところの「天皇を救った千通の手紙」[38]がそれで、マッカーサーは日本統治を円滑に行なうためには、やはり天皇を利用せねばならないとあらためて思ったのだろう。マッカーサー元帥はキーナン検察官を呼び出して天皇を訴追することのないよう言い渡した。

## 法の不遡及を無視した事後法による東京裁判

東京裁判についてはいろいろ問題点があることが知られている。裁判に際してまず次のことを平和に対する罪とした。すなわち、宣戦を布告した、もしくは布告しない侵略戦争、または国際法、条約、協定、もしくは保証に違反した戦争の計画、準備、開始もしくは実行、またはこれらの行為のいずれかを達成するための共通の計画もしくは共同謀議への参加。

だがはたして連合国は、平和に対する罪について裁判に付しうると決定する権能をもつのか。戦勝国だけがこのような裁判を行なうのは平等原理に反しないか。侵略戦争とは誰がそう認定するのか。侵略戦争は一九二八年のパリ不戦条約によっても刑事犯罪とはされていないのではないか。戦争は国家の行為であり、個人に責任が帰属するとは考えられていないのではないか。国際軍事裁判所憲章の規定は事後法であり、事後法による処罰は許されないのではないか。ポツダム宣言にいう戦争犯罪人とは、従来の戦争法規違反の犯罪を前提とした概念のはずではないか。戦争の遂行過程での殺害行為は違法とはいえない。部下の行為について上官に刑事責任が帰属するとはいえないのではないか。

これらの問題点は、後述するように清瀬一郎弁護人によって開廷早々取り上げられたが、清瀬の動議は却下され、実質的に無視された。法学的にはおかしい点はフランス人判事ベルナールも指摘する通りだが、しかし政治的には、戦勝国側の立場からすれば、おかしくなかった。東京裁判が結果的には戦争についての罪悪感を日本人の心に植え付けたからである。アメリカ軍の占領目的は日本人の精神的武装解除にあったからである。東京裁判がそれを狙って行なわれた占領統治の道具であり、一連のプロパガンダ工作の最重要な一環であったことを考えると、その宣伝作戦は相当の効果をあげたといえるのではあるまいか。日本のマスコミ関係者に協力を強制して勝者はタブーの刷り込みに成功したのである。

## 文化的影響としての組織的プロパガンダ

米軍占領下で大学生であったとき、私が比較文学比較文化の学問を選んで、ヨーロッパへ渡ったのは、日本が米国と戦って敗れた、という苛烈《かれつ》な現実を直視することがいやで、それで交戦関係のほとんどなかったフランスへ渡ったような気がする。ジョージ・サンソムの歴史家としての第一作『日本文化小史』も最初はフランス語訳で読んだ。第二作 George Sansom, *The Western World and Japan* は一九五〇年に刊行されたが、比較的早い時期に読んだ。パリ留学中のことで、その英文に魅了された。ノートに書き留めるうちに一頁全文書き写してしまうようなことすらあった。その私は長いこと外国にいたから、日本では第二作『西欧世界と日本』の邦訳も当然出ただろうと思っていたが、帰国してみるとまだ出ていない。このような西洋史と日本史に跨《また》るような学問は、一国単位で専門化した日本の普通の歴史学教授の手の及ばない分野なのだった。それで東大史料編纂所《へんさんじょ》の金井圓らと協力して訳した。名著だと感心した。若いときにサンソムにめぐり逢えて私は学問的に倖《しあわ》せした。西欧世界の日本への文化的影響についての研究でサンソムの書物は比較文化史の古典といっていい。

その巻末に米国の日本統治について、これは従来のとは違う「高度に組織されたプロパガンダによる」文化的影響の試みだ、とサンソムは観察を数行付記したのである。

三十代の私は、幕末維新から日露戦争に至る時期の西洋と日本の関係を論ずることに専心し、学位論文『和魂洋才の系譜』をまとめた。第二次大戦や戦後の裁判は生々しくて、あのころは直視できなかった。学問の対象として取り上げる才覚などもちろんなかった。しかし今から考え直すと、サンソムはその数行で、米国占領時代の日本のもろもろの出来事も、文化的影響の問題、比較文化の学問対象となるべき筋合いのものとして予告しておいてくれたのである。

それで八十代も末の私がこの考察を書いている次第だが、戦後民主主義世代の政治学者や国際関係論の学者は、一九四三（昭和十八）年生まれの五百旗頭眞も含めて、最初から東京裁判後の言論空間の中に生まれたものだから、それがノーマルな知的雰囲気となってしまっており、それで敗戦直後の二、三年間に日本人に刷り込まれたタブーが戦後の日本の世論に及ぼした深刻な影響についての自覚があまりないのではないかと私は残念に思っている。

しかし江藤淳や渡部昇一は、昭和一桁《ひとけた》世代の人として、占領軍の手で行なわれた日本人の精神面の非武装化――思想再教育の問題に敏感に反応した。なにかアブノーマルなことが行なわれている、と当時から直覚したのである。なにしろそれは占領軍関係者も予測せぬような数々のタブーを作り出し、戦後日本に閉ざされた言論空間という箍《たが》を嵌《は》めた。それは歴史判断の「正解」すらも決めてしまったのである。そして、ゆゆしきことだが、日本近現代史についてはこういう風に考えるべきもの、という模範解答が新聞ラジオによって流布《るふ》され続けたのである。

## 言葉のタブーと歴史のタブー

それでそのタブーを含む言語空間の中でほかの人と一緒に長期にわたり呼吸するうち、どれが適切でない言葉か、ポリティカリー・コレクトでないという意味での不適切な歴史観であるか、周囲の人との雰囲気で、日本人はなんとなく自覚させられてしまったのである。たとえば「大東亜戦争」という呼称は不適切であり、東京裁判の正当性を疑うことは政治的に正しくない。ポリティカル・コレクトネスに反する。そんな言いがかりを気にする感覚が、世間に瀰漫《びまん》した。なにが正解でなにが誤りか、それが試験で○×をつけるような感覚で、日本の言論社会に浸透したのである。一時期は自衛隊の存在を認めることすらも不適切で、再武装は議論することももってのほかであった。どこかにお触れが出たかのように、ある種のトピックは御法度《ごはっと》となった。日本のマスコミ業界関係者ばかりか学界関係者まで自分たちの脳中に塡《う》め込まれたポリティカル・コレクトネス用語集を指針としつつ文章を書くようになった。

タブーは伝染する。別の言葉でいうと、日本人の精神状態が検閲指針に侵蝕されたというか支配され出したのである。その様はちょうど今日、一部の電子辞書である種の言葉が御法度になった様に似ている。「盲」とか「めくら」とかは差別語だから載せないという。「目の不自由な人」と言えという。すると「文盲」も辞書に出てこない。「馬鹿」を調べると出てくる辞書もあるが、出てこない辞書もある。この言葉は使ってはいけない、と辞書編集者が一旦《いったん》そう決めて設定すると baka とキーを押しても馬鹿の字が出てこない。なるほどこうして世間からある種の表現は消されるわけである。フランス語で人をののしるとき bête! という（これは英語の beast に相当する）が、それを日本語でなんと言えばよいか、と質問したら「頭の不自由な人」と答えた者がいたから――それが皮肉的発言とは承知したが――余りの言葉狩りに呆《あき》れて「馬鹿々々しい」と呟《つぶや》くと、馬鹿はいけないが「馬鹿々々しい」なら使ってもよろしいという。本当か。一体、誰が良い、悪いを決定するのだ。そもそも誰が適切、不適切を決めるのだ。阿呆らしい。(19)

## チーナは不適切な言葉か

だがこれは単に言葉遣いだけの問題ではないのである。ある種の表現を時代錯誤的(40)という口実で排除する場合にも、そこに政治的チェックが働くことがある。電子辞書には「支那人」は出てこない。これは近隣諸国の人を蔑視しているから「中国人」と言えという圧力に従った結果であって、辞書から消すのはよくないことである。ちなみにその同じCASIOの電子辞書に「ジャップ」は「Jap（Japaneseの略）英語で、日本人を卑しめて呼ぶ語」という説明付きで出ている。新井白石がシドッティに尋ねたとき、西洋製の世界地図の清国を指すと、相手はイタリア語でCinaと答えた。『西洋紀聞』にチイナと出ている。そのチイナを支那と漢字で表記すると、この漢字はピンインで表記するとZhīnà、すなわち発音はチーナとなる。中国人も英語でチャイナ、フランス語でシーヌ、イタリア語でチーナと言うことに苦情は言うまい。だが漢字の「支」が支店などを連想させて不快だというなら、日本人は片仮名でシナと書けばいい。それにまでクレイムはつけないでもらいたい(41)。国名は元、明、清、中華民国、中華人民共和国と変わる国だから、地名はシナのままにしておく方がよくはないだろうか(42)。

私は戦時中に英語を習ったが、教科書の冒頭に出てくる文章はI am a Nipponese. というのだった。担任は石橋幸太郎先生だったが、なにか呟くと、生徒たちにI am a Japanese. と書き直すように命じた。私は時代の圧力に靡《なび》こうとしない石橋先生を子供心に尊敬した。

## 『25被告の表情』

江藤淳は一九七九年、米国に一年間出向いて、アメリカ占領軍の日本に対する内面指導の実態を調べた。私もその二年前に同じウィルソン・センターに、ほかならぬ江藤氏の推薦で、父君の健康問題で渡米が無理となった氏の代わりに、出向したので、江藤氏の働きぶりに注目というか瞠目《どうもく》せざるを得なかった。氏は占領軍の検閲とそれの戦後日本言論界への影響について、実によく調べ、推理し、それを見事な日本語や英語報告にまとめた。その仕事にたいし、二十歳年上の評論家福田《ふくだ》恆存《つねあり》が「あなたはまだ子供だったから知らなかっただけで、私たちは占領軍が検閲していたことぐらい知っていた」と冷やかした。しかし占領下の日本で続いたアメリカ軍の心理戦の実相がどんなだったか、それを解き明かして見せた人は江藤である。その調査の一例をここにあげたい。

『閉された言語空間』の第二部は「アメリカは日本での検閲をいかに実行したか」と題されるが、その第七章には読売法廷記者団編の『25被告の表情』（一九四八（昭和二十三）年四月五日、労働文化社刊）が取り上げられた。敗戦後三年にもなると、書物の検閲は事後検閲となった。下働きの「日本人検閲員の以心伝心のサボタージュ」があって英訳が遅滞したのではないかと江藤は推理しているが、この本が「悪質違反のかどにより発行禁止、一九四八年六月二十四日」となるまでに出版後八十日を要した。

興味深いのは、そこに東京裁判で東條元首相の弁護人を務めた清瀬一郎が長文の序を添え、主張を繰返し述べているからである。占領軍当局は検察側の主張は新聞に詳しく載せるようかねて指導してきたが、その反対側の主張は載せないようにしてきた。しかし検閲用の英訳が遅れる間に、清瀬弁護人の主張がほとんど文字通りに一部読者には伝わったのである。

## 清瀬一郎弁護人の主張

清瀬博士は序文で述べる。

……勝者が敗者を裁くというかかる法廷は、まことに世界の歴史上前例を見ないものである。例えば、かかる法廷は、ポエニ戦役、三十年戦争、あるいはナポレオン戦争の戦後に開廷されたことがなかった。また、第一次大戦後、ドイツ皇帝は訴追されることがなかった。したがって、当法廷の設置は、国際公法および慣習法の観点からして、裁判の歴史に新紀元を開くものである。さらに、当法廷は、その根源をポツダム宣言の受諾に求めている。同宣言第十項は、左のごとく規定している。

「吾等は日本人を民族として奴隷化せんとし又は国民として滅亡せしめんとするの意図を有するものに非ざるも吾等の俘虜《ふりょ》を虐待せる者を含む一切の戦争犯罪人に対して厳重なる処罰を加へらるべし」

この条項にもとづいて、当法廷は開かれているのである。したがって、俘虜を虐待せる者を含む一切の戦争犯罪人が、当法廷で裁かれるということになる。この点に関して、私は、昨年当法廷が開廷された直後に一つの異議を提出した。戦争犯罪人に関する私見は次の通り、すなわち、戦争犯罪人とは、現実に俘虜を虐待した者、ないしは既存の国際法規を侵犯した者に限定されねばならぬ、とするものである。……

戦争が正当なものであるなしに拘《かか》わらず、いかなる独立国も交戦権を保有しており、その行使を犯罪と看做《みな》すことはできない。しかしながら、私の動議は却下され、却下の理由は将来宣告されることになった。

右の第十項の英語原文は次の通りである。

We do not intend that the Japanese shall be enslaved as a race or destroyed as a nation, but stern justice shall be meted out to all war criminals, including those who have visited cruelties upon our prisoners.

そして清瀬博士は長文の序に次の三つの結語を添えた。

一　この裁判は国際裁判である。したがって、フランス人および中国人がフランスおよび中国で行ったペタン裁判、あるいは漢奸裁判とは、その意味合い、および世間に与える印象を異にするものである。この国際裁判において、旧敵国はわが国の行った戦争を違法行為として糾弾《きゅうだん》している。その行為の正当性を確信しつつ戦争を開始し、指導した被告等は、当時完全な独立国であったわが国を代表していた人々である。彼らはみずからの「無罪」を主張し、立証するのみならず、国家の「無罪」をも主張し、立証しなければならないのである。彼らは戦に敗れ、国民に対する敗戦責任を痛感している。もしもこの裁判が、フランスおよび中国における裁判のように、被告等の国民に対する責任を追及するものであったとすれば、被告等のなかには「無罪」を主張しようとしない人々もいたであろう。昨年の春、当法廷の劈《へき》頭《とう》において行われた「無罪」の主張を以て、被告等が国民に対する敗戦責任を回避しようとしているなどと、誤解するようなことがあってはならないのである。

二　この裁判においては、東條被告を含む二十五人の被告等の行為のみが、裁判の対象となっている。被告等の行為に関する事件のみが、証言の対象となっているのである。しかし、戦争にはかならず相手方がある。わが方の観点からすれば、果して過ぐる大戦の相手方に侵略戦争の責任がないか、条約侵犯の事例がないか、原爆の使用は合法的か等々の疑問を生じるのは当然である。われわれ日本人が論じたいと欲する事柄ははなはだ多い。一方、ウェッブ裁判長は繰返して、Bの行った窃盗行為は、盗人Aの弁護には用い得ないといっている。まさにここに、われわれ弁護団の活動の限界点が設けられているのである。

三　喜ばしいことに、近年法律家の使命に対する世間の理解が深まりつつある。基本的人権の擁護と自衛権の行使とは一体のものであり、相互に密接に関連している。基本的人権の目的は、生命、自由、および財産に限定されるものではない。名誉もまた擁護されるべき重要な要件の一つである。われわれは事実の歪曲《わいきょく》や悪意ある批判に対抗しなければならない。本件裁判において、われわれは、国家のために自衛権を行使し得る適法なる官吏であった人々を扱い、かつその各人の個人的自衛権の問題をも扱っているのである。その使命の重大なることを思えば、みずからの非力さに忸怩《じくじ》たらざるを得ない。

## 「けしからん。目に余る」

アメリカ人検閲官はこの清瀬弁護人の序文を掲げた『25被告の表情』を「歴然と悪質」と判定した。しかしその本の早期発行停止にしくじったアメリカ人検閲官は、その次に出た土肥原賢二大将の弁護人太田金次郎の著書『弁護二十年』については刊行後四十七日で「悪質違反のかどにより発行禁止、一九四八年七月一日」とした。検閲官のこの本に対するコメントに「特に（実際に）何部印刷され、誰の手に渡ったかを特定せよ」とまで書いてあるのは注目に値する。この検閲の仕事に熱心なアメリカ軍人の念頭には、言論の自由とか裁判の公正とかいう観念はおよそなかったのだろう。彼にとっては、東京裁判は、あくまで日本人に対する心理作戦の重要な一環だったからである。アメリカ軍人としてこの検閲官は、上官の命に従い、日本人の精神面の非武装化という占領軍の対日作戦に忠実に従事した。

彼が清瀬一郎という東條被告の弁護人の主張が活字になったことをflagrantly bad「けしからん。目に余る」とコメントしたのは、清瀬弁護人の主張がそれだけ連合国側の痛いところを突いたからでもあったろう。しかも（あとで詳述するが）一九四七年の年末から一九四八年初頭にはキーナン首席検察官との対決で東條が堂々と反論した。それがあたかも東條被告の勝ちという印象を在京アメリカ人に与えた。そのことも、「戦争についての罪悪感を日本人の心に植え付けるための宣伝計画」に従事する米国占領軍の要員たちから見れば、大失態だった。東条は処刑の暁《あかつき》には殉国の志士になりかねない、そんな危惧《きぐ》をアメリカ側はあらわにしていた。
米国人検閲官にとっては、日本人被告はおよそあらゆる日本語刊行物の中で悪者として描かれるべきであった。だから遅ればせながら『25被告の表情』を発行停止処分にした検閲官の四人の読売新聞記者の執筆姿勢に対する所見（Examiner's Note）にはこう出ている。

被告等に傾倒といわぬまでも共感を示している幾多の証跡がある。被告および被告等の法廷における証言に対する真の批判はほとんど見られない。これに加えて新聞記者団は、裁判中に被告等が詠じた明らかに検閲違反の短歌を多数収録している。また収録されているある被告の家族に宛てた手紙は、検察側が法廷で被告の「正当な主張」を妨害し、被告等から「一切」を「奪う」戦術を用いていると非難している。(43)

ある被告とは板垣征四郎のことで家族宛の手紙に「検事の訊問はコチラの正しき主張を成可法廷で云《い》わせずに、悪い方の印象を与え、あわよくば証拠を取ろうと云うのですから、実に題目はつまらぬ事許《ばか》りです」が英訳の過程で「被告等から「一切」を「奪う」戦術をもちいている」と大袈裟《おおげさ》に訳されたのである。同書に収録された当時の日本では発表を禁止されていたはずの被告の短歌俳句の中には東條の偶感もあった。

寒月や幾世照らして今こゝに　英機

なお各地で刑死した将兵たちが家族に宛てた言葉は、伝えるにも伝えられなかった言葉も多かったであろうが、巣鴨遺書編纂《へんさん》会が拾えるものは拾い、『世紀の遺書』に七〇一篇収めてある。死に行く人の最期の言葉はまことに印象深い。中学、高校、大学へと通っていた頃、私はほかならぬその近くの池袋の映画館で『未完成交響曲』や『会議は踊る』などの映画を見ていた。しかし東條・廣田絞首刑の前も後も、巣鴨プリズンで刑は執行されていたのである。それを思うと、なにか相済まぬ気持になる。田口泰正元海軍少尉は四月五日の日記に書いた。「私の絞首刑の執行は昭和二十五年四月七日午前零時三十分頃と宣告された。あと二十有六時間の生命である」。そして一寸筆休めにと和歌三首を記した。その一首、

池袋のネオンは今夜影もなし巷《ちまた》の人らはや寝つらんか

## 江藤淳は反米主義者か

占領軍の検閲を徹底して調査した江藤淳が反米主義者だと私は思わない。なぜ秦郁彦が『陰謀史観』（新潮新書）の中に江藤を加え「江藤の論調は必然的に反米思想へ行きつく」と結論するのかと思った。私はむしろ逆で、江藤はアメリカ民主主義の最良の部分を我が身に体得したからこそ、米国憲法の精神にも反する検閲を、占領軍当局が米本国にも知らさぬよう配慮しつつ、占領地の日本で徹底して行なった、米国軍による日本人再教育のメカニズムを、白日《はくじつ》の下に曝《さら》したの

である。それだから私は世にいわゆる「東京裁判史観」なるものが「国内消費用」の議論だとは思わないのである。国内消費用でない証拠に、江藤は彼の調査研究の成果を後述のようにきちんと国外向けに発表している。江藤は国際的に通用する発言力のある、真に珍しい日本人で、井の中の蛙《かわず》のように国内だけで戦後左翼史観を繰返し唱えている評論家連中とは、格が違う。英語で即座に反論できる稀《まれ》に見る語学力があった。ただ感受性の鋭い江藤は気持も言葉も激するきらいがあり、文章に濃い隈取《くまどり》をつける。それで議論が極端になりがちで、つい勇み足を踏んでしまう。そのために誤解もされたのだろう。

しかし騙《だま》されている人は真相が示されたとき、自分を騙していた人に対してよりも真相を明かした人に対して腹を立てるという。江藤も『閉された言語空間』で戦後の日本人の思考を方向付けた検閲メカニズムの実態を明らかにしたことにより、その閉ざされた言語空間の中で安住していた知識人たちを立腹させたのである。

進歩派論壇人の中には江藤の労作をきちんと評価しない人が多かった。他方、保守派の一部の人は、諸悪の根源としてウォー・ギルト・インフォーメーション・プログラムをとりあげた。なるほど、それが原因で、後述するような日本悪玉史観の持ち主が戦後民主主義世代の中から出てきたのは事実だろう。だがそうであるにせよ、そしてその出発が戦後の閉ざされた言語空間であったにせよ、だからといって今日の日本の言論状況の責任をいつまでもそこに求めるのは無理ではなかろうか。占領下にできた価値体系にしがみつけ、とはアメリカ人も命令したわけではないだろう。だとすれば惰性的にしがみついているのは日本人であり、その様は一九四六年に占領軍によって起草された憲法に、七十数年後の現在もなおかなりの日本人が惰性的に従っている様に似ている。アメリカ側検閲官がそんな先の先まで見越した上でのマインド・コントロール計画を実施したのかといえば、私はそうは思わない。またその計画のせいで、今日の日本がこのような様になってしまったのだとも、私は考えない。戦後日本に嵌《は》められた箍《たが》から外れた発言を、逆コースと非難したのは、むしろ日本の言論関係者であった。

戦後日本の国内政治に敗れた左翼政治勢力は、初期占領政策の中心成果である新憲法を擁護し、非武装中立を唱え、極東国際軍事裁判に示された歴史観に進んでしがみついた。A級戦争犯罪人容疑者として逮捕されたというだけで、岸信介を悪者扱いすることができた。政治家として岸のイメージが学生たちの間で極端に悪かったのは東京裁判とそれにまつわるプロパガンダのせいもあった。そうした要素も働いて、反岸の反安保大騒動というマス・ヒステリーも起こり得たのではあるまいか。しかし戦後の首相で在職当時、マス・メディアで猛烈に叩かれ、評判が最低だったのは吉田茂が第一で、岸信介が第二だが、死後の評判が高いのも吉田が第一で、岸が第二のようである。

## 日本が進むべきコース

一体、世界の中の日本の位置を見定めることは容易でない。明治の日本は英米独仏などの西洋に追いつけ追い越せ、という国民目標でコースははっきりしていた。それが模範としていたヨーロッパが第一次大戦で二手に分かれて戦争し、模範がもはや模範ではなくなった。戦後は西欧の没落が唱え出され、資本主義の行き詰まりが社会主義運動を生み、ロシア革命も起きた。民主主義よりも一党独裁のナチス・ドイツ、ファシスト・イタリアの方が能率的な国家運営のようにも思われた。それは今の北京で共産党一党支配の国家資本主義体制の方がよいとする支持者が増えつつあるのと同様だろう。

日本がどのコースに沿って進めばよいか、戦前の日本政治家にも、戦中の軍部指導者にも、戦後の左翼知識人にも、見通しは難しかった。普通の人にはさらに難しい。敗戦後の大学生だった私など、資本主義の没落は避けがたく社会主義が正しいと頭から決めていた。ただしその際のソーシャリズムが、社会保障制度の完備を目指すイギリス労働党主導の社会主義か、東側陣営の社会主義か、あまり区別もしていなかった。

連合国側が日本を懲罰し弱体化するという路線を貫徹するのなら、そのコースははっきりしていた。しかし将来日本をどの方向へむけさせればよいのか、占領軍当局者にも当初はよくわからなかった。総司令部の内部にも初期にはソ連を米国の友邦と考えていた人がいた。E・H・ノーマンが東京裁判の戦争犯罪人の選定に積極的に関係して近衛文麿を死に追いやった時期もあったのである。そのノーマンは東京裁判の重要な意義として「歴史に対する大きな貢献」をあげている。日本人民の真の代表者によって組織され、指導された、グラス・ルーツ（草の根）の運動のみが真に民主的な政府を日本に樹立するのである、などと観念的な観察を行なう左翼ラディカルも、占領軍の要員にまざって活躍できた時期もあった。ちなみに北米日本史学界で、そうした占領初期の考え方を理想として、復活させようとしたのが『敗北を抱きしめて』の著者ジョン・ダワーとその一派の一九七五年以後の動きである。

占領下の日本はどのコースに沿って進むべきか。どのコースが正しいのか、工業的にも弱体化させるべきなのか。占領初期には見当もつかない。それなのに、見当がついている人がいた。すくなくともそう思いこんでいるらしい人がいた。ダグラス・マッカーサーである。

## マッカーサーの理想

マッカーサーがリンカーン大統領の演説と並んでもっとも深い感銘を受けたのは、ウェストポイント士官学校在学中に聴いた第二十五代大統領マッキンリー（在職一八九七―一九〇一）の言葉であった。そのことは前に述べた。米国がフィリピンを領有した動機は「帝国主義的陰謀」ではなく、アメリカが自ら代価と犠牲を払い、「自由、教育、文明」をもたらすためだという。そして後年、日本統治についてマッカーサーは書いた。

「この演説がいかに深い印象を余に与えたかを、言葉で言い表すことはできない。約五十年後、マッキンリーの言葉が、対日占領に際し余の行動指針となるとは、そのときは夢にも考えていなかった」

マッカーサーは、フィリピン・モデルを参照して、日本統治に臨んだ。「フィリピンを向上させ、文明化し、キリスト教化する」というマッキンリーの方針の「フィリピン」を「日本」に置き換えればよい。「日本を向上させ、文明化し、キリスト教化する」が日本統治の原則になったというのである。善意の理想主義かもしれないが、米国版「八紘一宇《はっこういちう》」という気がしないでもない。獄中で東條被告は米国側のマッカーサーやキーナンの言動や主張を整理して、手記にこう総括した。巣鴨の獄中でも東條は律儀に勉強していた。

凡《およ》ソ文明ト人道ノ原則ヲ身ニ付ケタルモノガ自国ノミナリトスルガ如キ考ヘ方ソノモノガ、思ヒ上レル世界警察官気取リニシテ、ソレガ正ニ今次大戦ヲ惹起《じやつき》セル一大要因ナリ。独逸《ドイツ》人ガ血ノ優越ヲ説キ、日本人ガ万国ニ優越セル神国ヲ自負セル如キコトガ、致命的過誤ナリセバ、一民族ガ文明ト人道ノ代表ヲ以テ任ズルモ亦《また》同様ノ過誤トナサザル可《べか》ラズ。嘗《かつ》テ White man's burden ノ名ニ於《おい》テ帝国主義的植民地分割ガ行ハレ、キリスト教布教ノ名ニ於テ、如何ニ悪辣《あくらつ》ナル政治的謀略ノ行ハレタルカヲ想起セヨ。

しかし一九四六（昭和二十一）年当時の新憲法で武力を放棄した日本国民の多くは、アメリカが世界の警察官として日本を保護してくれることに期待をかけはじめていた。そしてそれから四分の三世紀が過ぎた今は日本人は、オバマ大統領やトランプ大統領がアメリカ合衆国はもはや世界の警察官をやらないと言い出したことに対して、やや不安に思いはじめているのである。そして現在の憲法のままで日本は大丈夫なのか、と本能的な自己防衛にまつわる不安を覚え始めつつあるのである。

しかし七十五年前の米日関係は違った。アメリカは敗戦国日本が二度と米国に敵対することのないようにと肉体的にも精神的にも牙《きば》を抜こうとしていた。そしてその下心を秘めながら、表面は綺麗事《きれいごと》を言い、日本を向上させ、文明化しようとしていた。総司令部はやがて日本人の精神世界自由化のための指令を出した。しかしそれはもしかすると日本の去勢化なのかもしれなかった（なお東條手記にある White man's burden「白人の責務」については第十一章で説明する）。

# 第七章　米国の痼疾としての宣教師的偏見

## 神道指令の背景

総司令部の宗教顧問となった人には戦前の日本でミッション活動に従事した宣教師たちがいた。かれらの言うところに従えば、国家神道が天皇制の宗教的基礎であり、それが日本国民を呪縛《じゅばく》してきた。マッカーサー総司令部はその呪縛を解くべく一九四五（昭和二十）年十二月十五日に「神道指令」を発した。それは「宗教的信仰の自由は占領とともに直ちに宣言せらるべし。同時に、日本人に対し超国家主義的および軍国主義的組織および運動は、宗教の外被の陰に隠るるを得ざる旨を明示せらるべし」という「降伏後における米国の初期対日方針」を実施したもので、「神道指令」は国家神道の禁止と政教分離の徹底を図ったものである。日本の公文書に「大東亜戦争」呼称使用禁止を命じたのもこの「神道指令」であった。

## 誰が抱いた「架空ナル観念」か

するとそれに応ずるように日本側も昭和天皇が翌一月一日の詔書《しょうしょ》で「朕《ちん》ト爾《なんじ》等国民トノ間ノ紐《ちゅう》帯《たい》ハ、終始相互ノ信頼ト敬愛トニ依リテ結バレ、単ナル神話ト伝説トニ依リテ生ゼルモノニ非《あら》ズ。天皇ヲ以テ現御神《あきつみかみ》トシ、且《かつ》日本国民ヲ以テ他ノ民族ニ優越セル民族ニシテ、延《ひい》テ世界ヲ支配スベキ運命ヲ有ストノ架空ナル観念ニ基クモノニモ非ズ」と述べた。

これは戦争中も日本にいた英国人俳句研究家R・H・ブライスが、日本の天皇は連合軍側が悪意をこめて宣伝したような God-Emperor ではないから、その誤解は解いた方が良い、という趣旨を山梨勝之進学習院長に進言したから出された詔書である。西洋ではゴッドが人を造るが、日本では人が死んで神様になる。日本の天皇にはキリスト教のゴッドのような「神性」divinity はもともとなかった、というのがブライスの意見だったが、日本側はさらに手を加えた。(45)

### 八紘一宇

連合国側はまた「八紘一宇《はっこういちう》」とは the Japanese people are superior to other races という考えであると喧伝《けんでん》した。これは軍国日本をナチス・ドイツとの類推で説明した結果生じた曲解で、ナチス・ドイツが「アーリア人種であるドイツ国民は他の民族に優越するという超国家主義的考え方」をしたから、「日本国民は他の民族に優越するという超国家主義的考え方」をしたと米国側が決めつけたまでの話である。それで詔書では「日本国民ヲ以テ他ノ民族ニ優越セル民族ニシテ、延テ世界ヲ支配スベキ運命ヲ有ストノ架空ナル観念」を日本の天皇は抱いていないと事実に即して述べた。すると外国人は、天皇がその神性を否定し、あわせてこれまで抱いてきた超国家主義的な信念を「架空ナル観念」として否定した、と理解したのであろう。そしてすぐその解釈をとった日本人も結構多くいた。

私たち日本人は戦争中「八紘一宇」と言ったが「世界ヲ支配スベキ運命ヲ有ス」などとは思っていなかった。日本人がそう思っていたとするアメリカ側の考えこそが「架空ナル観念」であり、その誤解を詔書は否定したのだと考えるのがよくはないだろうか。

マッカーサーは直ちに声明を出して「天皇の新年の詔書は、はなはだしく私を喜ばせるものがある。この詔書によって天皇が日本民主化に指導的な役割を演ずることが明らかにされた」と歓迎の意を表した。

私の叔父は戦争中に生まれた子供に八紘一宇からとって紘と名付けた。「ひろし」と読むが、その意味が「他民族に優越」とか「世界支配」とかいう意味でないことだけは確実である。日本人は宣伝下手で、国学者の『日本書紀』解釈を英語に直訳しても通じるはずもなかったであろう。私が外務省の広報官ならば、「八紘一宇」とは牧野伸顕代表が第一次世界大戦の平和会議の際に提議した人種差別廃止の案の思想だ、と言いたい。私はその人類みな一家族の標語を We are all brothers. の意味に感じていたのである。ちなみに東京裁判で事実問題について弁護側の証明で成功したのは、八紘一宇が侵略思想ではないということと、タイは日本の同盟国であってタイ国俘《ふ》虜《りょ》に対する虐待はあり得ないということの、二点だけだったと清瀬一郎はいう。[46] しかし「八紘一宇」は二十一世紀の日本の言論界では、GHQによる、日本敗戦後の後付けの思想規定概念によって理解されているのではないだろうか。

なおここで言い添えたいのは戦争中の内地の日本人がベトナム、タイ、マレーシア、ビルマ、フィリピン、インドネシアなどから来日した南方特別留学生たちに示した人間的な優しさのほどである。私は衛藤瀋吉《えとうしんきち》教授を団長とする研究班の一員として一九七五年東南アジア諸国を歴訪し追跡調査を行なったが、今は各国で指導的地位に就いた彼らが語る戦時下日本の思い出には熱い思いが込められていた。私はそのとき戦後の日本人は戦勝国米英側の眼を通して東南アジアを見るようにまたなってしまった、そしてそれを正しい見方にしてしまった、と感じ、なにか相済まぬ気持をおぼえたほどである。大東亜戦争中わが子を南方戦線に送り出した家庭は戦時下の極限状況下でも東南アジアから来た留学生に温かく接してくれたので八紘一宇の理想は当時は生きていたのである。(47)

## 民主主義と不可分なもの

一体アメリカ人にはデモクラシーを謳歌《おうか》するあまり、その功徳《くどく》を不思議な形で捉える人がいる。たとえば「原爆の父」と呼ばれたロス・アラモス研究所の所長だったオッペンハイマー博士のような知性でも、民主主義制度のある国でなければ原子爆弾は造れない、というデモクラシー讃歌を述べたりした。民主主義があってこそ自然科学の発達もあり得る、と信じたのである。

マッカーサーもアメリカ式デモクラシーを讃える観念的理想主義者だった。彼はキリスト教化と民主主義化とは不可分である、民主制はキリスト教精神が支配していればこそ機能する、と信じていた。

連合軍総司令官は当然、日本国民生活における精神的変革を重要視した。マッカーサーはキリスト教聖公会の熱心な信者で、キリスト教はアメリカの家庭の最も高度な教養と徳を反映するものと考えていた。極東においてはまだ弱いキリスト教を強化できれば何億という文明の遅れた人々が人間の尊厳、人生の目的などの新しい考え方を身につけ、強い精神力を持つようになる――そんな風な文明論的な考えをした。

それだから、占領下の日本への入国を厳重に管理したにもかかわらず、宣教師だけは自由に入国させた。それに加え、アメリカ本国に向けて「日本国民を改宗させ、太平洋の平和のため強力な防波堤にする」二千五百人の宣教師の派遣と一千万冊の聖書の配布を希望した。そのような提案をアメリカ議会に向かっても行なっている。政教分離の原則に抵触するのではないかという部下の懸念《けねん》に対しては「特定の宗教や信仰が弾圧されているのでない限り、占領軍はキリスト教をひろめるあらゆる権利を有する」と答えた。

マッカーサーのそんな発想はいささか誇大で、蔭では笑う人もいたかもしれない。しかし日本の大学世界でも大塚久雄がプロテスタンティズムの倫理があっての資本主義の発達であったとして「洋魂洋才」説を唱えていた。矢内原忠雄にとっても小泉信三にとっても近代化とは西洋化であった。敗戦後の日本のオピニオン・リーダーの関心はそちらの面に集中していたから、たとえば、明仁殿下の教育にあたられた小泉先生は殿下に神道について話されたことはなかった。

マッカーサー総司令官は一九四七年春、片山哲内閣が成立するや、東アジア三国の首相がキリスト教徒となったと祝賀の声明を出した。中国の蔣介石、フィリピンのマニュエル・ロハスについで日本社会党の片山哲が選出されたことが特筆されたのである。

## 『天皇がバイブルを読んだ日』

ウィルソン・センターに出向中に、江藤淳はアマスト大学史学教授レイ・ムーア博士から一九四八年二月六日付の War Guilt Information Program From CIE To G-2（CIS）, 6 February 1948 のコピーを渡された由で、これが江藤がウォー・ギルト・インフォーメーション・プログラムの言葉に初めてふれたときだという(48)。

米国にいた間、私は江藤と共通の多くのアメリカの友人知人とすれ違った。アマスト大学は内村鑑三が留学した大学で、右のムーア教授編の Ray A. Moore ed., *Culture and Religion in Japanese-American Relations: Essays on Uchimura Kanzō*, Michigan Papers in Japanese Studies No. 5, 1981 に私も寄稿した。するとその翌一九八二（昭和五十七）年に講談社からレイ・ムーア編の『天皇がバイブルを読んだ日』が届けられた。今になって気がつくと、その本には江藤がアメリカで英語で発表した The Censorship Operation in Occupied Japan の日本語版である《言論統制　占領下日本における検閲(49)》も含まれていた。それが後に雑誌『諸君！』に次々と掲載された文章とともに、一九八九年に出る単著『閉された言語空間』に集大成される。この江藤の本格的な学術研究の「あとがき」の七月四日という日付はアメリカ独立記念日を選んだものである。

しかし私は『天皇がバイブルを読んだ日』を贈られたとき、アメリカ人の間に見られる宣教師的偏見という問題を気にして、もっぱらこの論集の総題となった米国側の日本皇室に対する宗教的働きかけの工作ばかり気にしていた。前の節で述べたマッカーサー総司令官のキリスト教への肩入れも多くムーア論文から知った。アメリカ外交を歪《ゆが》めるものは missionary prejudice だ、と言った有力者にはキッシンジャーもいたし、外交官ジョン・エマーソンもいた。[50]宣教師たちによって作り出された「道義的原則、日本への憤激、および中国への信頼と関心の固守」さえなかったなら、一九四一年の日米外交はもう少しうまくいっただろう、とエマーソンは『嵐のなかの外交官』[51]で回想している。しかし「宣教師的偏見が歴史を左右した」については、私はすでによそで述べたのでここでは繰返さない。

なお私が米国の痼疾《こしつ》としての宣教師的偏見に気づいたのは別の回路を通してである。神道というわが国固有の宗教文化の最初の西洋人発見者はラフカディオ・ハーン（一八五〇－一九〇四）だが、彼に対するキリスト教宣教師の態度があまりに偏見に満ちみちているので、それでこの問題に気づいた次第だ。在日宣教師の中にはハーンの書物を子供に読ませなかった家庭も多くあった。ハーンが明治二十九年に日本に帰化して小泉八雲と名乗るや在日英米人は「彼は土人となった」"He went native."と蔭口を言った。

## 神の兵士

アメリカ側の日本占領政策は東アジアの国際情勢が変化するや、大きく変わり出した。米国国務省内ではグルー大使と同様、大局的に日本が占める戦略的価値を認識していたジョージ・ケナンが、世界政策の中の対日政策変更を提案した。西ドイツを国際協調的な国家としてアメリカに友好的にするために、現行の懲罰的な占領政策を改めなければならないという。ケナンは、ソ連封じ込め政策の観点から東西二大占領地域の占領政策の転換を提唱したのである。極東の情勢は不安定で、この地域についてはソ連との間の相互の了解は難しいという認識に立つケナンは、米国の極東における安全保障の利益から日本に着目し、日本の安定化と経済復興の必要性を説きに一九四八年三月に来日した。いずれもかねてサンソムやグルーが主張していたところの政策提言であった。

ところが占領軍総司令官マッカーサーは、対日政策実施に当たって精神革命の必要を説き、またその効果を信じているかに見えた。マッカーサーは敗戦によって日本人が虚脱状態に陥った以上、キリスト教への改宗は激増する、と予言した。

マッカーサーは良かれ悪しかれ普通の軍人ではなかった。東京湾で日本の降伏文書に調印したその日、自分と日本が直面する問題は「基本的には神学上」のものだ、と述べた。そんな使命感を抱いた人であっただけに、後にロサンゼルスで開かれた聖公会の大会で日本における自分の任務を回顧して次のように語っている。

余は……この精神的真空を満たすため、日本において宗教を回復・復活させるべく努めるのが、神の兵士としての余の使命であると感じた。それはまさしく、日本の全般的な繁栄に向かうための新しい活力を与えるのが、共和国の兵士としての余の義務であるのと同じであった。余は聖書を送るようアメリカに求めた。十万冊送るという提案を、一千万冊に増やさせ、最終的には三千万冊にのぼった。

マッカーサーのこのような面を紹介したウッダード[52]はA Soldier Speaksという題をつけているが、「神の兵士語る」という意味合いであろう。

## ミッションか、誇大妄想か

戦前は宣教師であり、戦中はアメリカ軍の諜報将校であり、戦後は総司令部の宗教顧問となった人たち——その一人がウッダードなのだが——の予測は、しかしながら、はずれた。西洋にはザビエル来日以来の百年間の日本はキリスト教だったとする神話がある。英語で「日本におけるキリスト教の一世紀」A Christian Century in Japanと呼ぶ。徳川時代の徹底した禁教下でも、隠れキリシタンが信仰を守って二百数十年も生きのびた、という一八六五年の大浦天主堂のプティジャン神父の報告は、大ニュースとして西洋諸国をかけめぐった。熱意に燃えた西洋人宣教師たちが極東を目指した。

「夢よ、もう一度」、明治の開国以来多数の宣教師が来日して布教につとめたが、しかし明治・大正の日本でキリスト教信者が必ずしも増えない。その際、宣教師たちは、南蛮時代の日本キリスト教化成功という「赫々《かくかく》たる成果」が、実は極東の最前線からローマのイエズス会本部へ送られた誇大報告だったとは思わずに、徳川幕府に代わった明治の新政府が神道を国教に仕立て、国民に天皇崇拝を強いるから、それで日本でのキリスト教布教が進まないのだと解釈した。

その解釈が正しければ、国家神道を一旦《いったん》解体しさえすれば、天皇崇拝も薄れ、日本国民の精神に空白状態が生じ、そこにキリスト教が浸透する。そうマッカーサー本人もその周辺の総司令部宗教顧問も思ったらしい。それだけに改宗者の人数を報告することは戦闘報告と同様に重要事項だったのである。前線司令官は本国向けに「日本は降伏後二百万人がキリスト教を受け入れた」と一九四七年合衆国議会に向けて報告した。しかし戦前も戦後もキリスト教徒は日本国民の一パーセントという数にあまり変化はなかったというのが実相らしい(53)。

戦後になって新興宗教は盛んになったが、キリスト教への改宗者の人数は意外に伸びなかった。マッカーサー総司令官発表の「赫々たる成果」はどう見ても水増しされていたようである。天正遣欧使節は日本での布教が大成功だというプロパガンダのためにヴァリニャーノが仕組んだ見世物使節が実相だが、当時のローマのカトリック大本営も、戦中の日本の大本営も、戦後のマッカーサー総司令部も、赫々たる戦果を発表した。その改宗者二百万人という数がどこから出たのか、元帥《げんすい》の機嫌を損ねるのをおそれた部下が数を増やしたという説があるが、本当か。ただキリスト教の勢力は知識人の間では強く、声高で、発言が目立っていた。当時、来日した米国人が会った日本人にはキリスト者の割合が多かったであろう。

マッカーサー元帥は皇太子明仁殿下に英語を教えている学習院のブライス教授とヴァイニング夫人を総司令部に招いて、日本皇室のキリスト教信奉についていろいろ意見を述べた。ブライス教授は、「信仰は強制ではいけない。自発的でなければならない。しかしキリスト教に対する理解と関心が生まれるようには努力する」と答えた。ヴァイニング夫人は「自分は英語の教師である。宗教は注射すべきものではない」と答えた。

なお日本におけるマッカーサーのキリスト教化推進の意図で、後世に残る成果は、国際基督教大学の開設――その開学はマッカーサー[54]離日後の一九五三年のこととなったが――だという説もある[55]。

## 柳田國男の予見

柳田國男《やなぎたくにお》は「神道指令」の狙いはこんなことか、と推測した。これは精神上にはかなり大きな日本人に対する干渉で、人心は是《これ》によって萎縮し又動揺し、再び平静に復するまでには、或《あるい》は混乱の数十年を過すことになるかもしれぬ、と予見した[56]。「神道指令」への対処の策としては、努めて自然を期し、強いて消え行くものを引留めんとせず、ただ多数の常民の心の裡《うち》に萌《きざ》すものを、押曲げ踏み砕かぬだけの用心をすればよいとした。

そしてこんな皮肉な観察も述べた。「全国基督教化の説をなす者が、同胞の間にも有るということは耳にするが、果して此状態の下に於《お》て夢みられることかどうか。やれるものならやって見よと、寧ろ好奇心をさえ私は抱いて居る」。一九四六（昭和二十一）年七月に靖国神社で行なった柳田の講義『氏神と氏子』のこの発言はしかしながら筑摩書房『定本柳田國男集』には印刷されていない。占領軍総司令部の検閲で校正刷から削除され、ほぼ同じ字数の、柳田自身の文章で埋められてしまったからである[57]。

## アーメン、そうめん、冷やそうめん

日本では戦中、青山学院出身の山本七平はクリスチャンであったために「おい、アーメン」と呼ばれ、配属将校からは嫌がらせにあったと語り、キリスト教牧師の息子であったために仲間からいじめられ、肩身の狭い思いをしたと秋田育ちの荒井献《あらいささぐ》も言い、それも根拠に天皇制批判を述べたが、その程度のいじめはドイツへ留学した森鷗外が熱心な信者からHeide!と異教徒呼ばわりされて不快な思いをしたのと大差ないのではないか。昭和十年代の東京で私の姉はYWCAに通っていたが、そんな姉を「アーメン、そうめん、冷やそうめん」と小学三年生の私は冷やかしていた。そしてその日本基督教青年会で実は私はアメリカの婦人から英語を習っていた。そのころアンドレ・モーロワの『フランス敗れたり』の広告が方々に出ていたように記憶している。

私と同年配の深田祐介は戦争中に受洗してカトリックになっている。昭和十八年の日本の小学校の国史教科書の教師用には島原の乱を教える際には生徒の中にキリスト教徒もいるかもしれないから、その子がいじめられることのないよう注意するようにという趣旨が出ていた。私の母は昭和十九年にキリスト教会の葬儀に参列して、その雰囲気に感心して帰ってきた。そんな日本だったから、戦時中といえどもキリシタン禁制のような迫害はなかった。そのころフィリピンから来日した南方特別留学生は日曜日にはカトリック教会に行きミサに参列した。日本のカトリック婦人会からお茶とおせんべをしばしば頂いている。(58)

## 内外の誤解も次第に解けた

一九四五年九月、ワシントンがマッカーサー占領軍総司令部にいちはやく伝達した「降伏後における米国の初期対日方針」は日本国の完全な武装解除、非軍事化を命じた。と同時に精神的にも武装解除するべきことが示唆されていた。

米軍は神道こそが日本のナショナリズムやミリタリズムのバックボーンと目の仇《かたき》のように考えていたのである。その背骨を叩き折るべく、昭和二十年四月十三日夜には、明治神宮を焼夷弾《しょういだん》で焼き払った。千三百三十発が投下された。日本を占領するや昭和二十年十二月十五日「神道指令」で国家神道の解体を命じた。State Shinto とは聞きなれぬ言葉で、日本は神道を国教にしてはいないから、戦争中でも国公立の学校に神道の授業はなかった。習わないから「神道とは何か」と聞かれてたいていの人は答えられない。もっとも何も知らずとも神道の悪口を云《い》う人はいる。外国人にもいるし、日本人にもいる。

神道指令の結果、国の財政援助は打ち切られたが、しかし神道は生きている。内外の誤解も次第に解けたらしい。そのなによりの証拠に来日した米国大統領の何人かは明治神宮を訪れて表敬する。ロシアのエリツィン大統領も参詣した。クリスマスの日、バチカンに詣《もう》でる人は三十万だが、正月に三百万の人が明治神宮に詣でる。二〇一六年、安倍晋三首相は伊勢志摩でサミットも開いた。伊勢神宮の社頭に立てば各国首脳も頭を垂れる。特に長く黙禱《もくとう》したのは東ドイツ出身の首相アンゲラ・メルケルで、牧師の娘である。めでたいことだ。皇室の弥栄《いやさか》を祈り、即位の式典も大嘗祭《だいじょうさい》も神々しい伝統に則《のっと》って行なわれる。祖神を伊勢神宮に祀《まつ》る天皇家であればこそ権威がある。

テレビ視聴者の手紙にこたえて心の故郷を役者の火野正平が自転車で訪ねる《にっぽん縦断こころ旅》という番組がある。年をとった日本人がなつかしく思いかえす故里の風景に多いのは神社の森である。テレビ局の担当者も、また火野正平の一行も、まだ自覚しているまいが、あの番組は日本人の宗教的巡礼なのである。わが国の神道は大和島根《やまとしまね》の自然と人間の交わりの中に無意識裡《り》に生きている。

## 政教分離という誤解

しかし日本国内には神道についても、政教分離の原則についても、誤解は解けずに残って固着した。それは神道について、GHQが抱いたと同じく、国家神道＝天皇教＝軍国主義などとの連想で、誤解が解けるのが遅れた、しかも危険な、宗教とみなす向きがいまでも日本側にもいるし、西洋側にもいるからである。

「イタリアはカトリックの国」「イスラエルはユダヤ教の国」「タイは仏教の国」というのと同じ次元で「日本は神道の国」“Japan is a country of Shintō gods”と言ってもなんら問題はないはずだ。歴史的事実だからである。それを言い直して、坊様の席で「タイは仏様の国」、神道関係者の席で「日本は神の国」と首相が発言したとしても、なにもおかしいことはないのではないか。それを日本や外国の新聞記者や、日本の宗教事情がよくわからぬ西洋の学者や、日本の左翼キリスト教組織が“Japan is a divine country”と森首相が言ったかのように英訳して非難声明を出す。

そのような非難が出やすい風潮を懸念《けねん》して、政教分離の原則があるからとして国費で執り行なう皇室関係の儀式には柱は建てても鳥居は立てない、などという法律解釈をする官吏が出てくる。だがこのような解釈をすることこそ、神道指令のコントロールが日本人法学士の法律マインドに行き渡っている証拠だろう。

英国とても政教分離の国だが、英国王室の戴冠式などの盛儀はウェストミンスター寺院で執り行なわれる。そうであるなら、大嘗祭の儀式は神式に則って行なうがいい。万一それを拒む方は、皇族を辞退して頂くよう皇室典範に明記するがいい。米国の大統領となる人が聖書に手を置いて誓うのであれば、日本の天皇の即位の式典が天神地祇《てんしんちぎ》に誓って執り行なわれるのは当然だろう。政教分離の原則が唯物論的な宗教排除の主張と解釈されていいはずがない。日本に明治憲法以来の政教分離の原則を改めて強調した米国は、もちろん政教分離の合衆国憲法により成立する国家だが、その国のコインにはIn God We Trust「我ら神を信ず」と刻まれている。だとすれば政教分離の原則が日本国の伝統行事に無宗教を強制するものであるはずはない。複数の八百万の神を祭る日本の宗教は、相手の宗教が神道との共存を認める限り排他的な一神教ではない。「和ヲ以テ貴シト為ス」とは仏教が伝来した当時から、聖徳太子が複数価値の平和共存を良しとして宣言した大原則である。それが日本国の国民統合の原理なのだ。令和の御代にもし新しく憲法が制定されるなら、その前文には「以和為貴」の語をあらためて掲げたい。

## 消された人、よみがえる人

敗戦直後の日本では戦前からの歴史の見直しが行なわれた。聖徳太子はさすがに消されなかったが、神道神話の神々は消えた。明治の政治家で伊藤博文は紙幣に出たが、これから先は隣国によけいな気を遣うのではないか。封書の切手の東郷元帥、葉書の切手の乃木大将は消えた。私の小学校の講堂の左右に掛けられていた東郷平八郎謹書、乃木希典謹書とあった額は戦後はどこかにしまわれてしまった。中学校では私が在学中は偉い卒業生は寺内寿一南方軍総司令官だったが、戦後はＮＨＫの番組《話の泉》で活躍した堀内敬三ということになってしまった。軍人はすべて悪者のようにいわれたが、はたしてそうか。

占領軍の指令は徹底していたが、それでもさすがに軍人墓地を取り壊すようなことはなかった。田舎の村では日露戦争の戦死者のための碑を倒すような罰当《ばちあ》たりな真似はしなかった。そこには元帥陸軍大将大山巌と「鎮魂」と書した人の名前もそのまま刻まれている。万世橋にあった軍神廣瀬武夫と杉野兵曹長の銅像は戦争直後に取り払われ、どこへ処分されたかも不明となったが、島田謹二教授が比較文学の手法を応用して『ロシヤにおける広瀬武夫――武骨天使伝』を一九六一年に世に出すと、廣瀬の人間像がまたよみがえった。明治日本人の外国体験の研究に対し世間は喝采した。それに力を得て司馬遼太郎（一九二三－一九九六）も書き出した。

占領軍の検閲とそれに迎合した勢力によって、日本の教科書から日本海海戦で勝利した聯合《れんごう》艦隊司令長官の名前は一旦は消された（今はまた教科書に載るようになった）[59]。それだから戦後育ちの日本人の中には東郷平八郎の名前を知らない人もいる。しかし私のような昭和一桁生《ひとけた》まれは、東郷司令長官坐乗《ざじょう》の旗艦の名前はもちろん記憶している。イングランド北部の港湾都市バローは、かつて戦艦三笠を自分たちが建造したことを誇りに思い、通りの一つにMikasa Streetと名付けられている。それを見たとき、日本人が忘れさせられたものに気づき、異郷を旅していた私は、はっと感慨を強いられた。

戦死した仲間に代わって戦中派を中心に日本人は祖国再建のために黙々と働いた。やがて復興が進み、もはや戦後ではなくなった。高度成長期にはいると、日本人は自信を恢復《かいふく》した。すると明治時代がまた別様に見えてくる。そのときに国民が貪り読み、一大ベストセラーとなったのが司馬遼太郎の『坂の上の雲』である。一九六八年から四年間にわたり『産経新聞』夕刊に連載された。「日露戦争までも悪かったのですか」と日本人の過半が心中で感じ出していたのである。

## 戦争の勝ち負けと戦争の是非

日本人の歴史観を眺めると、勝ち戦さから生まれた情緒的な感情が、日露戦争の物語『坂の上の雲』を、そのオーラの中に包み込んでいる。満洲でロシアのコサック騎兵と戦った日本陸軍騎兵隊の生みの親の秋山好古《あきやまよしふる》と、バルチック艦隊を日本海海戦で撃破した東郷艦隊の参謀秋山真之《あきやまさねゆき》の兄弟、それに同郷松山の産で真之の親友、近代俳諧革新者の正岡子規を中心に描いたこの歴史小説は、近代日本のネーション・ビルディングの一大叙事文学となった。日本人は、日露戦争については、教室では引き続き内村鑑三の非戦論や与謝野晶子の《君死にたまふこと勿《なか》れ》を聞かされるかもしれない。しかし、歴史教科書よりも、司馬遼太郎の歴史小説からより多くを私たちは記憶するようになるのではあるまいか。

十九世紀以来の歴史は適者生存の時代であった。「食うか、食われるか」の関係であった以上、日本人が日露戦争に勝ってほっとし、その時代を肯定的に回顧するのは当然だろう。

それに対し、一九四一（昭和十六）年十二月八日に始まったあの戦争については、負け戦さから生まれた感情が、日本人の見方に暗い影を落として今日に及んでいる。日露戦争と違い、昭和の戦争には、『坂の上の雲』のような国民文学と呼べる大作はまだ書かれていない。(60) 戦争の当不当については、敗北体験が、過去を曇らす色眼鏡となり、情緒的にも否定的な先入主が先に立って、人をも歴史をも判断、というか感情的に裁断《さいだん》してしまった。日本人で戦争体験者の多くは黙し、その後の世代は、見たくない戦争に対して拒絶反応を呈し、見ても中身まではよく考えない。教科書で昭和の戦争と裁判について習ったことを、いわれるままに◯×の二者選択では×をつける——それが模範解答になってしまった。

そんな日本人の場合と裏腹に、米国人の歴史観を眺めると、勝ち戦さに終わった第二次世界大戦については、勝鬨《かちどき》をあげたときの感情が先行し、原子爆弾投下に至る非人道の極致《きょくち》の戦争であったにもかかわらず、対独戦も対日戦も正義の戦さ ethical war として肯定的に記憶されている。倫理的にも正しかった太平洋戦争として◯×式に◯が正解と認定したまま、今日に至っている。米国人は戦時のプロパガンダの色眼鏡を通して第二次世界大戦をいまもずっと見ているのだ。そして少なからぬ数の日本人も。

だがその同じアメリカ人も、ベトナム戦争については、負けたとは言わぬが、勝ったとはおよそ言えず、感情的にいまだにすっきりしていない。一九七一年エール大学のジョン・ホール教授は《真珠湾攻撃から三十年――戦争とナショナリズムの病理学的考察》という論文で、ベトナム戦争での体験を通して眺めると、これまでの対日戦や日本占領についてのアメリカ人の従来の見方を見直さざるを得なくなる、とした。

かつてアメリカ人は自国の国益を歴史によって課せられた崇高な目的であると考え、いとも簡単に自分たちこそが文明の擁護者である、としてきた。米国の宣教師たちの確信がまさにそれだったが、米国は道徳的に優れ、技術的にも他を越えていると自負した。その結果、アジアにおいて占領統治の機会が与えられるならば、昨日の敵を今度は我々アメリカ人と同じような、理想的な国民に改造しようと使命感に燃えたのである。吉田茂はそれに乗じたのかもしれない。敗戦後の日本はそんな兄貴ぶった振舞《ふるまい》が好きなアメリカ人の性向を助長した。尊大なマッカーサーの理想主義を吉田は上手に利用して、「戦争に負けても外交で勝つことがある」を実際にやってのけたのかもしれない。その二人については共に「平和の勝者」Winners in Peace であるというのが、戦時中の日本語語学将校であり戦後は米国国務省で日本関係の仕事をしたリチャード・フィンの見方である。

## 彼を見、己を見る

だがあの戦争については、関係諸国民の歴史についての判定を、諸国民の病理学的《パソロジカル》な興奮や反応や冷却をも考慮に入れて、従来とはやや異なる次元から冷静に見直すべき時が来ているのではないか。日本の歴史学界では戦争の歴史は、イデオロギー闘争の場に近かった。戦後の戦争裁判をも含めて、過去の歴史的事実を、党派的な次元で把握し、黒白に分けて、主張してきた。そしてあの戦争を、ある人は太平洋戦争と呼び、ある人は大東亜戦争と呼んで議論してきた。しかし学問の場であるよりは宣伝の場に近い、戦争の呼び方が踏み絵となって、その一つで就職の機会を逸した若者も出たことだろう。だがそんな単純化を惰性的に繰返すままでいていいのか。

私はここで、かつては敵対した、その双方の立場を行きつ戻りつ考察して、敵味方の両者に跨《またが》って、歴史を語ろうと思う。それが私の比較史家としてのアプローチである。

敗戦から四分の三世紀、往時の交戦国の中には依然として敵対感情を再生産させることに意義を見出だしている国も近隣にないわけではない。だが、戦争の主役であった日米両国間の相互理解は、戦争当時に比べればはるかにましになってきた。それで、私たちは歴史を複眼的に見直したい。一方的にアメリカの正義を唱える人を私は敬遠するが、一方的に日本の正義を主張する人も煙たく思う。立場を異にする双方の人のいる前で、言語文化を異にする両者に話が通ずるよう、彼を見、己を見、学術的に比較文化的アプローチ cross-cultural approach を試み、過去を過去の資料そのものに語らせることで、先の戦争を再吟味《さいぎんみ》するつもりである。

## 複眼で日米関係を再吟味する

私は戦後、なぜあんな戦争をしたのか、その理由が知りたくてたまらず、多くの回想録の類を片端から読んだ。グルー米国駐日大使の『滞日十年』Joseph C. Grew, *Ten Years in Japan* は英語で読んだ。そして米日交戦中の一九四四年の刊行であるにもかかわらず、斎藤實首相ら何人かの日本人に対し「私は敬愛し、尊敬し、立派な人物であるという感嘆の念を禁じ得なかった」I admired, respected, and loved と繰返し書いていることに感銘を受けた。日本には平和維持のために身命を捧げた政治家がいる、とグルーは述べたのである。反日で沸きあがる戦時下の米国で、このようなことを書けば、それが著者に対する人身攻撃の材料にされ、「日本に騙《だま》された大使」グルーへの非難を強めるだろうことは明らかだった。しかしそれでも練達《れんたつ》の外交官は戦後の米日関係再構築を予測して、日本には戦争を欲しなかった人々がいることを、米国有志に伝えようとしたのである。

私が『平和の海と戦いの海』で日米関係について書きだしたきっかけは、グルー大使が描いた斎藤實・春子夫妻の姿に感銘したからであった。私はウィルソン・センターへ赴任し、二年後に江藤が占領軍の検閲を調べに行くこととなるその同じメリーランド大学カレッジ・パーク校で開かれた学会でグルーや鈴木貫太郎について講演したのである。また『米国大統領への手紙』で市丸利《まるり》之《の》助《すけ》中将の生涯を書いたのは、トーランド『昇る太陽――日本帝国滅亡史』John Toland, *The Rising Sun: The Decline and Fall of the Japanese Empire, 1936-1945* の註に引かれた硫黄島で玉砕した市丸司令官の英文遺書に感銘したからであった。

# 第八章　適者生存の時代

## 「アジア人の為のアジア」から「東亜の盟主日本」へ

私はその大東亜戦争前史ともいうべき時期の歴史も、東西双方から巨視的に眺めるようにつとめた。一九〇四－〇五年の日露戦争の際の日本の勝利が、アジア各地の民族独立運動を刺戟《しげき》したことは間違いない。徳富蘇峰《とくとみそほう》もそのときから「白人の責務」に対抗して「黄人の責務」と言い出し、日本は独立を切望するアジアの諸国民の要望に応えるべきだと景気のいいことを言い、ついには白閥打破を唱える大東亜戦争のイデオローグとなってしまった。

最初は「アジア人の為のアジア」の主張であったのが、私が物心ついた昭和十年代の初めには「東亜の盟主日本」を世間は主張するようになっていた。そのスローガンは子供の私の耳には心地よく響いた。当時の日本人が東アジアのリーダーだと自称するようになったのも無理はない。あのころのアジアでまともな独立国は日本だけだったからである。アジアでほかに独立国はシャム――私の幼年時代はタイはシャムとか暹羅と呼ばれていた――だけだ、という自負がこの主張を正当化していたのである。しかしそれは自己愛の強過ぎた日本人の己を知らぬ主張でもあった。

では中国はどうであったか。列強の半植民地と化した中国は、辛亥革命で清朝は倒したが中央集権国家としての体裁をなさない。ワシントン会議の際に「シナとは何か。国名か、それとも地名か」とフランス代表の口から出たほど統一国家の体裁をなさぬ時期が長く続いたのである。そんな、軍閥割拠の国であったが、それでも中国ナショナリズムの利権回収運動は激越で、日本を東亜の盟主と仰ぐ気などはさらさらなかった。

由来、遠交近攻の伝統のある中国である。米国と親交を結んで日本を攻撃する蔣介石一派もいれば、ソ連と結ぶ八路軍もいる。しかも他方、日本と親しくしたい一派もいる。シナ事変が始まっていたにもかかわらず、中国人の留学生がまだ私たちの身近にいた当時だから――私の義兄は昭和十六年三月に京都大学を卒業したが工学部在学中、中国人学生と組んで実験を行なっていた――子供心に米英の支援さえなければ、日支事変も終わるのに、などと思っていた。だが日本と組むことを選んだ汪兆銘一派の中国内における実力のほどを過大に評価したところに、日本側の外国認識の甘さがあった。支那通と呼ばれた陸軍のチャイナ・スペシャリストの判断は多く間違っていた。

## 昭和という三代目

日露戦争に勝利した日本は、ロシアが満洲や中国に持っていた利権を受け継いだ。そのような形で欧米列強の仲間入りした日本であってみれば、そんな日本帝国が口にする「アジア解放」の主張にはダブル・スタンダードの面があった。台湾や朝鮮を植民地にしておきながら、そして植民地化には文明開化の事業の面があることを自覚しておりながら、欧米列強のアジア植民地化に対してはその解放を求めるのは、いささか手前勝手だろう。香港やシンガポールに寄ったほどの日本人は、英国人の植民地建設事業の見事さに目を瞠《みは》ったはずである。その矛盾には眼をつむるような自己認識の甘さがあったからこそ、世界を敵にまわす羽目になり、日本は自称「聖戦」に敗れたのである。

わが国では戦さにはやる少壮軍人はもとより、言論人も、世界の中の日本をよく見定めることができなかったのではないか。明治の第一世代のエリートは海外の勢力と直接接することにより世界の中の日本を認識した。二代目・三代目は日本の教育体系の中で海外の国について学習した。国内的に教育制度が整備されると、国際的に通用する日本人が却《かえ》って出にくくなってしまうこともある。

日本は明治から大正・昭和へと一面では進歩した。日露戦争を戦ったときの聯合《れんごう》艦隊の旗艦三笠は英国製だったが、これを一代目とすると、大正・昭和の二代目・三代目の日本は自前で戦艦を建造した。メイド・イン・ジャパンの主力艦を持ったことは技術的には一大進歩である。日本人は誇りにした。しかしそれとともに海軍軍人の視野もにわかに狭まったことに気づかなかった。日露戦争を戦った総司令官東郷平八郎や参謀秋山真之や鈴木貫太郎などの第一代目の世代とは、そこが違ったのである。日本における教育制度が整うにつれ、日本のエリートの外国語能力はにわかに衰えた。軍艦も日本製ができると日本士官の使う英語も日本製となる。国際的水準に達する兵器が日本製なのは目出度いが、二代目の人間は国際的に通用しない。——そして昭和の日本中心主義者の三代目の中には思い上がった者もまじる。世界の中の日本の実力を考量することを次第に蔑《ないがしろ》にし、挙句に国運を傾けてしまったのである。

私は昭和二十年代の末に当時の半鎖国状態の日本から脱出し、占領下の日本は自国を矮小化《わいしょうか》する特殊な情報閉鎖空間であった、という感を日本に帰国した際のカルチャー・ショックから抱いたが、しかし戦前の日本とても夜郎自大の歪《ゆが》んだ情報空間の中にいたのだ、と今は思い返している。そして実は今日においても依然としてバランスを失した見方がまかり通っている。ただ以前と違って、外国体験者が日本にふえた。その人たちがバランスを取る力となっている。大学教授はそうした学者世界の外の実人生を生きる人々とも交際することも大切だ。戦争の悲惨を語ることは職業柄大切だ。しかし歴史を材料に読者を偏狭な考え方へと誘導するべきではあるまい。職際的につきあい、学際的に仕事すること——昭和の戦争と裁判についても、そうした意味で史学教授以外が、私見を述べることがやはり大切だ。

## 「持たざる国」と「持てる国」

烏滸《おこ》がましくも東亜の盟主などと名乗ったのが間違いであったとして、ではそれに先立つ「アジア人のためのアジア」という主張そのものに、三分の理がなかったか、といえばないとは言い切れまい。一九二九年の世界恐慌の後、ブロック経済で世界は分割されつつあった。英仏蘭のような植民地大国が自国の海外領土を中心に特恵関税で自己完結的な経済圏を形成しつつあったとき、そこから締め出されかけた日本が、自給自足できる生存空間を求めて、大東亜共栄圏構想を抱いたのは自然ではなかろうか。その主張が膨張主義的であるといって日本を一方的に断罪するには無理がある。カリフォルニア州も豪州も日本移民を閉め出した。そうなれば人口過剰の日本は大陸に新天地を求めざるを得ない。

二〇二〇年代の日本では人口減少を憂う声が聞こえるが、一九三〇年代当時の人口過剰に悩まされたときほど切羽詰まった感じはしない。「この日本の人口がもう少し少なければ、この日本はいい国なのだが」と戦前、父が言っていた言葉を私は子供心に記憶している。

だが昭和の日本の評論家や少壮軍人が「満蒙こそ我が国の生命線だ」などと唱え出せば、現地勢力との衝突は避けがたくなる。そんな大陸や、さらには南方へ進出しようとした軍国日本の行動が、後から考えると、唯我独尊的で、国際正義に則っていたとは言いがたい。しかし当時の日本人は満洲国建国に歓呼の声をあげたのである。そんな国民世論の勢いだったからこそ、若槻内閣は満洲事変を起こした石原莞爾《いしはらかんじ》以下を処罰できなかったのだ。後発産業国の「持たざる国」日本は、独伊と同盟して、先発産業国の「持てる国」の英米仏等が定めた既成の世界秩序に対抗せねばならない、と胸を張ったのである。それが当時の地球規模の生存競争でもあったのだ。

## 春秋に義戦無し

しかもその一九三〇年代は、左右を問わず、革新派による下からの突き上げ、いわゆる下克上《げこくじょう》が、世界的にも激化していた。国家改造の思想は世界各地に蔓延《まんえん》し伝播《でんぱ》した。そんな昭和初期の日本を、外国の新聞は「暗殺による政治」politics by assassination と酷評した。日本では左・右事件で犬養毅首相が暗殺されても、犯人は昭和維新の志士であると讃えられ、死刑にもできない。少年の私は、日本で総理大臣になるほどの人物は誰一人死ぬのが怖くないのだ、と逆に妙な感心をしていた。満井佐吉の書物など読んでいた。ちなみに日本の兵隊さんも死ぬのが怖くないのだ、とも思っていた。

だが重臣が次々と殺された昭和日本は、軍部と政府の間に意思統一がない、みっともない国家となっていたのである。議会政治は機能不全である。政治的決断が下せない日本は、中国大陸で解決の目途《めど》も立たぬまま事変を長引かせた。それがなんとも悪かった。そんな日本だからこそ国際的にも信用を持ち得なかったのである。

ただしだからといって、日本は東京裁判の法廷で検察側が主張したような、「文明に対して宣戦を布告した」悪い国であったと私が考えるわけではない。また大東亜戦争を戦った日本の方が正しかった、と言うつもりもない。日本が戦ったあの戦争は「反帝国主義的帝国主義」の戦争だったと私は考える。世界史的には後発の「持たざる国」の先進の「持てる国」への挑戦だったともいえるが、アジアに植民地をもちはするが資源に乏しい黄色人種の一帝国日本の、アジアに植民地をもつ白人の豊かな大帝国連合の既成秩序への挑戦だったとも考える。そして日本は敗れた。「春秋に義戦無し」とは名言で、国際戦争には一方が絶対に正義で他方が絶対に不正という場合はまずあり得ない。――そんな「大東亜」戦争と東京裁判について、いかなる見方が適当か。私は戦争やそれに引き続く別次元での戦争であった東京裁判などについて、いろいろな局面を明確化するよう資料を引いて語りたい。読者の理性にも感性にも働きかけることで、その資料の内在的な価値によって、おのずと結論が抽《ひ》き出されるようにしたい。それで新しい歴史の視野を示すことができるかどうか。外国人の読者がなんと言うであろうか、私はその反応にも期待している。

## 十二月八日

日本にとって十二月八日に始まった「あの戦争[61]」とは何だったのか。太平洋戦争か、それとも大東亜戦争か、あるいはそのいずれかに割り切ることが間違いなのか。

一九三一（昭和六）年七月生まれの私は、小学校四年生のとき、十二月八日を迎えた。一九四一（昭和十六）年の師走の月曜の帝都の空は晴れていた。朝七時のニュースで日本が米英と西太平洋で交戦状態にはいったことを知り、学校に向かった。電車の中で向かいに座った乗客の日本人の緊張した顔が美しく見えた。「いま神明の気はわれらの天と海とに満ちる」。詩人高村光太郎がうたったそんな気分は子供心にも感じられた。そしてその直後から戦争は「大東亜戦争」と呼ばれたのである。

日本軍の中国大陸における長期にわたる戦争には大義に欠ける面があった。終わらないシナ事変に多くの人が嫌気を感じていた。そして汪兆銘のように日本側に付く人がいただけに、蔣介石が抗日的であるのは背後に英米がいるからだと思われていた。そんな認識だったからこそ、同じ戦争でも、シナ事変と違い、十二月八日以後の日本は米英という真の敵との戦争であり、それはアジア解放のための大東亜戦争として大義名分を持ち得るかに思われたのである。そのときの国民感情は、

五年間我が日本《ひのもと》に立ち籠めし雲を払ひし大詔《たいせう》を読む
新しき修理固成《つくりかため》の時は来ぬ有色の民に所得しめて

の歌にもうかがわれる。植民地帝国である白人列強を相手の戦争であるならば、感情的にすっきりしたことを日本海軍航空隊の市丸利之助司令官は歌に詠《よ》んだのである。高村光太郎は緒戦《しょせん》の勝利に興奮した。

ハワイに大艦隊を即刻滅ぼし
マライ沖に沈まざる巨艦を沈め、
岩とベトンと深謀遠慮の香港を降《くだ》し、
マニラを戡《たひら》げて呂宋の昔にかへし、……
鉄で固めたシンガポールをみりみり潰した

## 太平洋戦争か大東亜戦争か

だが、日本の圧倒的優勢はそれまでだった。一九四五（昭和二十）年八月の敗戦。そしてそれに引き続くアメリカ軍の日本占領。しばらくすると「大東亜戦争」の名は消され「太平洋戦争」となった。その変化の背後に占領軍の意向が働いていることは中学二年生にもわかった。

「太平洋戦争」の呼び方はアメリカ側で the Pacific War とか War in the Pacific と呼ぶからでもあるが、日本人に「大東亜戦争」Greater East Asia War とそのままいわせておくと、日本が大東亜解放のために戦った、という義戦の面が表に出る。それでは連合国側、特に植民地を戦前のまま維持したい諸国にとっては、都合が悪い。それで「大東亜戦争」という用語の使用を禁じたのである。

日本軍は南方諸地域で植民地支配者である白人列強を一度は打破した。米英仏蘭の諸国は、傷つけられた権威を回復するためにも、現地人への見せしめのためにも、敗れた日本軍の将兵を戦争犯罪人に仕立てねばならなかった。シンガポールを陥落させた山下奉文将軍を開戦記念日の十二月七日に絞首刑に処すと判決し、マニラを陥落させた本間雅晴将軍を銃殺刑に処すとしたのは、罪名はなにであれ、復讐裁判の側面が露骨に出たといえよう。その非はライシャワー博士なども認めている。(62) 南方各地で多くの日本人が処刑された間は、八月十五日以後もまだ戦争は続いていたのである。——そしてこの戦後の戦争で、一部日本人の心ない態度が表に出た。本間中将の令嬢が助命運動に署名を求めて街頭に立った。すると一新聞にそんな振舞《ふるまい》に出た令嬢を非難する投書が出たのである。

## インドネシア独立とオランダ

一九四二(昭和十七)年三月一日に日本軍がジャワ島に上陸するや、オランダ軍は実質的な戦闘を交えることなく三月九日に降伏した。被害はもっとも少なかったはずだが、その蘭領東インドで敗戦後、日本軍人がもっとも多く（二二五名）処刑された。なぜか。そのオランダの重刑主義についてジャワ攻略の最高司令官で、その後はジャワ軍政の最高責任者となった今村均将軍は『今村均回顧録』にこう説明している。

> 他の連合各国は、ともかく日本を打倒したという勝利の誇り、満足感をもっている。……しかるにオランダの場合は、終戦後英豪軍により取り戻された蘭印諸島を引き渡されたにすぎないから、直接日本軍の上にのしかかりこれを圧倒した優越感は遂に味わい得ないで終った。自然、鬱血は散らず、溜飲は下らない。この民族的物足らなさが、戦争犯罪軍事裁判の形の上に報復感情のはけ口を見い出したのである。かようにして被害の最も少なかった国が、最も残酷な処刑を行なったのである。[63]

緒戦における米英蘭軍の敗退にともない各地で独立運動は加速した。インドネシアでも原住民の独立運動は、日本の降伏後もさらに強まる。それを抑えようとして、戻ってきたオランダ軍が、各地で見せしめのためにも軍事法廷を開いたことは、容易に察しがつくだろう。日本のミッション系大学の教授でインドネシアでは日本軍の残虐行為がとくにひどかったからに相違ないと現地調査に赴いた「良心的な」人もいた。こういう学者先生は、自国にネガティヴであることが、良心的日本人の証《あか》しと思っているかのようだ。そしてあたかも自分が高級な知識人であるかのような態度をとる。しかしそれは誤解を深めただけではあるまいか。

英国人の日本研究者イアン・ニッシュ教授の説明によると、英国植民地に居た英国人は、子弟をイギリスへ教育に送り返すなど、本国との関係を切らずにいた。それだから、植民地喪失後も本国への帰還がまだしも容易だった。それに対し蘭領東インドに住みついて歴史の古いオランダ人は、故国との縁が切れて現地で代々裕福な生活をしていた。その数三十万といわれたが、それだけに引揚げ後も、本国で定住する際、辛い目に遭った。オランダ人の怨恨が深いのはその事情によるという。その人たちは自分たちがインドネシアに君臨するのを当然のことと思いこんでいたのである。それだからオランダの王室関係者はその後も、日本皇室関係者にその憾《うら》みつらみを口にするらしい。それなら日本の皇室関係者も、そろそろ誰方《どなた》かオランダの方に「インドネシアは独立して結構ではございませんか」と穏やかな言葉でご挨拶して良い時期なのではあるまいか。

## 空の神兵

日本の陸軍落下傘部隊がスマトラ島のパレンバンへ、海軍落下傘部隊がセレベス島のメナドへ奇襲降下したすぐあと、姉と私は神田の共立講堂へ報告談を聴きに行った。話し上手の軍人さんで、着地するときあやうく水牛にまたがるところでした、などと語って満堂の聴衆を笑わせた。パレンバンへ奇襲降下したのはその油田の精油施設を無傷で確保するためである。(64)

メナドの隊長、堀内豊秋海軍大佐は土地の人にも慕われたが、戦後、オランダ軍の法廷で銃殺刑の判決を受け、メナドの地で戦死した部下の後を追い「白菊の香りを残し死出の旅」に旅立った。辞世にある白菊とは落下傘のことである。

南方各地での軍事裁判に報復と見せしめの要素があったとするなら、それと同じ動機に発する裁判が、内地の東京で一つの見世物《ショー》として開かれたのは、当然の成り行きであろう。日本側が受諾した「ポツダム宣言」には明示されていなかったにせよ、アメリカを中心とする連合国側には「大東亜戦争」を構想し実行した日本の軍人や政治家を処罰することが当然のことのように思われていた。戦争中の対敵プロパガンダで燃え上がった反日感情は、パール・ハーバーを奇襲した日本指導者を断罪せずにはおかなかった。米軍を中心とする連合軍は、日本を占領し、戦争をしかけた日本は道徳的にも悪いことをしでかした国だ、と日本国民に思いこませようとしていた。

# 第九章　米国の眼で日本を裁く

## 軍の意向に従う報道

ヨーロッパではニュルンベルクでナチス・ドイツの指導者が処罰されつつあった。極東では東京市ヶ谷で日本帝国の指導者も処罰されねばならない。それが日本帝国をアジアにおけるナチス・ドイツの等価物としてアナロジカルに把握した米国を中心とする連合国側の占領政策であった。

一九四五年秋、勝者である連合国本位の歴史解釈の宣伝普及を強制されるや、日本のマス・メディアはそれに従った。中にはその見方に積極的に与《くみ》し、その歴史認識をあたかも自分自身の内から発したごとく、語り出す関係者もいた。その勢力が声高であったこともあり、その権威を奉じて今日に及んでいる人もいないわけではない。

その間の心理を説明して一心理学者はこんなたとえを用いた。米軍の思いのままにされた日本の報道機関が、相手の権威に服した様は、強姦《ごうかん》された女性が無理強いされたとは言わず、そうではなく自分も同意したのだ、あれは和姦《わかん》だったといって、自分自身を納得させ、あえて訴え出ることもせず、世間体を繕《つくろ》った様に似ていた。露骨に過ぎるたとえで恐縮だが、一面の心理というか真理をついていると思う。

## 強制と和合と野合の歴史解釈

どうしてそのように唯々《いい》諾々《だくだく》として支配者に従い、和合《わごう》したのか。

振返ると、戦前戦中の日本人は肩肘《かたひじ》を張り、強がりを言った。我が国こそが世界一であるかのような掛け声が世間にも強かったが、軍関係の学校ではその種の精神的な強がりが、金甌無欠《きんおうむけつ》とか万邦無比《ばんぽうむひ》とかの漢語の標語となり、信念となっていた。リアリズムを欠いた自己中心の世界観は一種の妄想といってもいい(65)。世界の中の日本の実力を見誤り、敗北を喫《きっ》した。蘇峰徳富猪一郎も昭和二十二年三月十八日に提出し、全文却下された東京裁判宣誓供述書で、日本人の自己認識の誤りを、

今日に於《お》いて日本人を咎《とが》むれば、支那を見誤り、米英諸国を見誤り、ソ聯を見誤り、独逸伊太利を見誤り、殊に最も多く日本を見誤り、孫子の所謂《いわゆる》彼を知らず己をしらずして今日の状態に立ち到つた一事であつて、日本人として自業自得……(66)

と述べている。

だが戦後は戦後で自信を喪失したために、敗戦に終わった戦争を、自分自身の判断で、世界史の中に位置づけることができず、日本人の多くは自己の判断を放棄し、占領軍総司令部（GHQ）という新しいお上《かみ》の言うままになったのである。日本人は戦前も戦後も世界の中の日本を適切に位置づけることができなかった。

その際、奇妙な野合《やごう》が生じた。連合軍側の日本帝国を悪として非難する姿勢は、左翼側の日本を帝国主義国家として糾弾《きゅうだん》する姿勢にそのまま重なった。それだから、日本のアジア太平洋地域における Greater East Asia War（大東亜戦争）なる戦争は侵略戦争であるとして認知され、日本の歴史教科書にもそのように記述されるようになったのである。

この Greater East Asia War という英語表現は日本側の一体誰が考えたのだろう。この表現の与える語感について、イスラエルの日本学者ベン＝アミ・シロニーと話していたとき「Greater などと形容詞を比較級で用いるから、日本帝国はこれからますます勢力範囲を拡大していくぞ、という悪印象を与えたのだ」と指摘されたことがある。

## デモクラシー対ファシズムという構図

私たち日本人は敗戦後、戦勝国である米国など連合国側の立場に立って過去の戦争について正邪の判断をするよう仕向けられた。戦後の日本人はおおむねその線に沿って教育されてきた。戦後生まれの日本人は子供のころから日本は侵略戦争をした悪い国だと思い込んで育った人も多い。

その悪をあばくことに正義感を覚える人もいる。(67)
米英ソなどの連合国側は戦争中、「第二次世界大戦はデモクラシー対ファシズムの戦争である」として全世界に喧伝《けんでん》した。これは自由主義国である米英仏の民主主義とソ連などの共産主義国の人民民主主義という、本来相容れない二つのデモクラシーを強引《ごういん》に一つにまとめたものである。しかしそうでもしなければ、全体主義的な悪の同盟である独伊日の枢軸《すうじく》国に対し民主主義的な善の連合である米英仏露中の戦争という対抗図式は描けなかったのだ。

第二次大戦について善のデモクラシーが悪のファシズムに勝利したといわれ、戦後、日本国内でもその種の歴史観を受け容れる人は結構多かった。都留重人《つるしげと》が岩波新書などでその見方を強調したのは都留がアメリカ左派の意見に同調したからであった。

その善悪史観が外国世界で広く受け容れられた決定的理由は、ナチス・ドイツのユダヤ人殲滅《せんめつ》が空前の残虐行為として認識されたからである。そのような悪の化身《けしん》であるヒトラー・ドイツに勝利した連合国を正義とみなすかぎり、ドイツの同盟国であった枢軸側の日本もまた不正義となる。米英人の多くはドイツも日本も邪悪な敵として等《ひと》しなみに扱った。ナチス・ドイツと日本の相違がよく解らない。そこから昭和天皇は日本のヒトラーとみなすような発想も浮かぶのである。あるいは日本帝国には大東亜征服のマスタープランがあったはずだと考えるのである。——そして敵の敵は味方という論理に従い、ソ連や中国も正義のデモクラシーの味方として米英人に分類されたのである。江沢民が真珠湾で述べた発言、習近平が中華人民共和国の主席となるや世界各地を歴訪して宣布しようとした見方がそれだった。

## 日本における連合国側史観の定着

アメリカ占領軍は一九四五（昭和二十）年十二月八日から日本の全国主要新聞に用紙の特配まてして《太平洋戦争史》を掲載させた。もちろん占領政策の一環である。これはマッカーサー総司令部の民間情報教育局が準備し、同参謀第三部の戦史官の校閲を経たものだが、ラジオの《真相はかうだ》の番組と同様、戦争中日本人には知らされなかった史実を伝えるものとされた。日本軍の残虐行為を強調した。いうならば日本悪者史観である。その重要性を江藤淳はこう指摘した。

《太平洋戦争史》なるものは、戦後日本の歴史記述のパラダイムを規定するとともに、歴史記述のおこなわれるべき言語空間を限定し、かつ閉鎖したという意味で、ほとんどCCD（連合軍総司令部民間検閲支隊）の検閲に匹敵する深刻な影響力を及ぼした。(68)

第二次大戦で日本が戦ったのは「太平洋戦争」だけなのか、「大東亜戦争」の側面は皆無《かいむ》なのか。戦後、連合国側が押し付けた「太平洋戦争」とする見方が日本に定着したについては、その見方を受付ける余地が、一九五一年の日本の独立回復以後も日本人一般の側にあったことにも由来する。

日本国内では、わが国の安全保障を米国に委ねざるを得ないとする保守系の人々の間にも、米国の見方をよしとする人たちはいた。また露中など人民民主主義に好意を寄せる左翼系の人々にも、いわゆる東京裁判史観と後に呼ばれる見方を容認する人は断然多かった。占領軍当局から示されたこのような史観に日本国内の相当数が賛同するとなると、その歴史観は日本に当然のことながら固着する。歴史の見方は一旦《いったん》定着するとなかなか変えることはできない。占領期に内外の勢力が手を握って学界・新聞界・教育界に植え付けた歴史観はじきに学問的正統性《レジティマシー》を持つにいたった。それはいってみれば、薩長勢力が力を占めた明治大正期に維新の元勲の功績を讃える近代日本史観が定着したが、それに対して「開国和親を主張した徳川幕府の方が尊皇攘夷《そんのうじょうい》の薩長よりも本当は正しかった」式の修正意見を言い出してみても、賊軍の烙印《らくいん》を一旦押された側の反論はもはや容易に受付けられなかったのと同じだろう。

## 日本はナチス・ドイツのアジア版なのか

だがここで問いたい。私たちはいつまでも、あの戦争はデモクラシー対ファシズムの戦争で、勝利した連合国側が正義だったという図式にそのまま従っているだけでいいのか。自由民主主義と人民民主主義を同一カテゴリーに入れて、歴史を裁断《さいだん》するようなことをしてよいのか。私たちの子供が「習近平主席が説くと同じような歴史観をわかちもて」といわれても大丈夫なのか。ナチス・ドイツが悪の帝国で、ヒトラーがその悪の首魁《しゅかい》であるとして、軍国日本が悪の帝国で、昭和天皇がその悪の首魁であるとするような解釈をさせておいてよいのか。

その際、ナチス・ドイツと日本帝国の質的な違いは何だったのか。戦争中の連合国側は一般に日本事情に通じないこともあって、ナチス・ドイツとの類推によって日本帝国を理解しようとしたことはすでに述べた。昭和天皇を日本のヒトラーとみなしたごときもそれである。

しかし私はそのような疑問を呈するとともに、さらに立場を逆転させて、次のような質問も呈したい。では従来の「東京裁判史観」といいならわされてきた戦勝国側の歴史認識に疑問があるとして、だからといってあの戦争は大東亜解放のための正義の戦争だったと言い切れるのか。そんな修正ができるのか。「あの戦争」とはそもそも何だったのか。

## 明治憲法の欠陥

あの戦争と昭和天皇との関係についてもふれたい。一九三二年の五・一五事件、一九三六年の二・二六事件。――あのころから日本は内部的に不穏だった。重臣を殺害した若手将校に対し、大新聞は政治面では非難しつつも、社会面では昭和維新の志士として褒め上げた。もちろん世間には少壮将校の暴挙を怒る声はあった。昭和天皇は平和主義で国際協調を優先したから、田中義一内閣以来の出先軍部の陰謀や暴走に懸念《けねん》を抱き注意はした。それでも憲法に忠実に従う立憲君主であったから、内閣の決定に従った。天皇は内閣の機能が不全に陥った二・二六事件のような場合や、最高戦争指導会議の意見が二つに分かれた終戦決定のような場合でない限りは、積極的なイニシアティヴは取らなかった。というか取るべきでないとした。ただし「朕の股肱《ここう》」である重臣が殺害された場合、反乱軍の行動を容赦するようなことはなかった。そうした陛下の姿勢は二・二六事件のころから国民にも知られるようになった。大人の間では軍部の横暴という声が囁《ささや》かれた。それというのも昭和十年代になるや日本は陸軍が承知しなければ内閣の組閣すらもできなくなっていたからである。

これは軍部が悪いのだが、元はといえば明治憲法に欠陥があって、日本の中に「まるで二つの国――陸軍という国と、それ以外の国とがあるようなこと」[69]になってしまったからである。明治憲法をいちはやく改正しなかったために、軍部と政府がそれぞればらばらで、意思統一のとれないみっともない国家となってしまった。それだけに、満洲事変の際のように、出先軍部の独断専行が成功裏に行なわれると、国民は軍事行動に歓呼したが、しかし中国大陸で解決の目途《めど》も立たぬまま戦線を拡大した陸軍に対しては、当時からすでに不満はあった。ところが大新聞の社説は、政府や国会や官僚に対して苦情を発することはあっても、軍に対する不満を公然と述べることはなかった。戦前・戦中は日本軍に対して、戦後は米国占領軍に対して、批判めいた言辞は慎んだ。

## 昭和天皇は日本のヒトラーか

一旦、開戦と決まるや、国民が戦争遂行を支持したことは自然だと思う。無謀な戦争と思いつつも、そしてそんな不安が重くのしかかっていただけに、開戦当初の破竹《はちく》の進撃がそれだけ嬉《うれ》しかった。陸海軍が大東亜戦争の緒戦《しょせん》に赫々《かくかく》たる勝利をあげるや、国民は欣喜雀躍《きんきじゃくやく》した。陛下も御《ご》嘉賞《かしょう》の言葉を賜った。

しかし国力に劣る日本は、一旦、敗勢になるや、もはや二度と勝機はなかった。戦争末期には私のような子供たちの間でも、同盟国ドイツが起死回生の新型兵器を開発しないか、などという他力本願《たりきほんがん》を口にしたものである。

一九四五（昭和二十）年になるに及んで、全国の大中の都市は空襲で次々に焼き払われた。「日本は勝てはしないが負けない。日本は降伏しないから」という理屈がいわれ、新聞に「一億玉砕」などの文字が出るようになった。(71) 国民は最悪の事態を覚悟した。そのような状況に追い詰められていただけに、敗北は残念だが、終戦の詔勅《しょうちょく》は命が助かったという意味で有難かった。陸軍の反対を抑え、ポツダム宣言受諾に踏み切った昭和天皇が国民から感謝されたのは当然だろう。昭和天皇はたとえ自身が極刑に処されるようなことがあろうとも、日本国民のために平和を回復せねばならぬ、と決意された君主だったからである。そしてそもそも日本が戦争に引きずり込まれたについては、昭和天皇は立憲君主としての分限を超えて大権を行使されることはなかったが、軍部の拡大方針に対しては常に疑義を呈されてきた。昭和天皇には対米英開戦について「豈朕《あにちん》ガ志《こころざし》ナラムヤ」という気持があった。それだから御自身で玉音放送をせねばならぬと決意されたのである。

ヒトラーは降伏を考慮する指導者ではなかった。ヒトラーはいうならば、ドイツ国民に自分と心中することを強要しようとした。この戦争に敗れるようであるならば、そんなゲルマン民族は存在するに値しない、と主張した。ヒトラーの「すべてか、しからずんば死か」の言葉は戦時下の日本でももてはやされた。獅子吼《ししく》と呼ばれた総統演説は、ドイツ国内では聴くことを義務付けられたが、同盟国日本でも放送された。短波のせいかヒトラーの声がうねるように大きくなったり小さくなったりする。「ガンツ、オーダー、ガル、ニヒツだけはわかったぞ」と旧制高校生が言ったが、本当かどうか。私には万雷の拍手しかわからなかった。

だがナチス・ドイツが総崩れになった一九四五（昭和二十）年春になると、中学生の私たちは言った。

「ドイツでなくてよかったね。俺たちもベルリンに居たらヒトラー・ユーゲントで戦場に曳《ひ》き出されて死んでたぜ」

## 『朝日新聞』の社説（二〇〇六年）

過去の戦争について責任はもっぱら日本側にありとする新聞やテレビ・ラジオなどの報道、また教科書が述べてきたその種の見方は、東京裁判史観と俗に呼ばれるが、「あの戦争」の責任についても次のような極端な論説を述べる人が大新聞社内には今でもいる。日本は「国内的にはA級戦犯に戦争責任を負わせることで他人を免責した。その中には昭和天皇も含まれていた」。これが『朝日新聞』の二〇〇六年の社説の一節である。

一九八九年、昭和天皇御大葬の際に米国大統領以下が参列した。そのことを思うと、歴史の判決は国際的にもすでに下されたと見るべきではないのか。天皇裕仁《ひろひと》を戦争の開戦責任者として糾《きゅう》弾《だん》するのは、英国のタブロイド紙『サン』などと日本の『赤旗』と『朝日新聞』の一部論説委員とNHKの一部職員ということになる。彼らは昭和天皇を裁く「女性国際戦犯法廷」の放映を企画した。

この種の昭和天皇を悪者とする見方は少数派で、英国の高級紙『インデペンデント』は「日本軍による残虐行為と裕仁天皇とを関係があるよう結びつける試みがなされているが、これはいってみればジョージ六世が第二次大戦中非人道的なドイツ爆撃を指揮したと言い立てるようなものである」（一九八八年十月一日）という記事が出た。そのようにたしなめられたにもかかわらず、昭和天皇責任論はその後も内外で執拗《しつよう》に再生産されている。

ところで様々な歴史認識が出てきた近年だが、いわゆる東京裁判史観なるものは、今後もこのまま通用するのだろうか。また昭和天皇は悪者でなかったとして、日本国は悪者だったのだろうか。そもそも日本のA級戦犯はすべて悪者だったのだろうか。悪者だったとして原爆投下を命じた者よりさらに悪者だったといえるのだろうか。

## 反軍感情

敗戦後、日本国民の軍部に対する反感は表面化した。軍部に対する批判はまずなによりも戦争敗北に対する責任の追及であったから、天皇非難の声が大合唱になることはなかった。その辺が第一次大戦に敗れるやヴィルヘルム二世がオランダに蒙塵《もうじん》せねばならなかったドイツやその他の帝国の場合と違った。オーストリアでは帝政は崩壊した。ロシアでは皇帝以下皇族は革命派によって処刑された。

しかし日本では軍部の専横《せんおう》が悪かったのだ、という認識が国民にわかち持たれたから、天皇その人に対する怨嗟《えんさ》の声が暴発することはなかった。裕仁天皇がいたからこそ戦争を終結できたのだと人々は感じていたからである。亡命先の延安から敗戦の日本に帰国した日本共産党の指導者野坂参三は、自分の主張は「天皇打倒」でなく「天皇制打倒」だと言い直すことで人気を得た。

しかし戦争の惨禍が生み出した反軍感情が、その反射作用として、戦後の日本に観念的理想主義といおうか空想的平和主義を広める土壌となったことはまちがいない。日本人は世界政府であるとか国際連合が平和を維持することに強い望みを託した。

敗戦の心理的ショックが強かったのは、日本がそれまでの歴史体験の中に敗北らしい敗北が無かったこととも関係する。国民はその初めての体験に茫然とした。そこに占領軍がバックアップする民主主義が説かれた。デモクラシーなら結構なことである。その日本では、それに加えて、戦前からインテリの間にあった社会主義革命待望論が戦後にわかに勢いを得た。海外渡航が事実上不可能であった米軍占領期、閉鎖された情報空間の中で共産主義国が理想化された。新中国には蠅《はえ》がいないというニュースまでがまことしやかに出まわった。(72)

そのような言論空間の中で軍国日本悪者論が浸透したのは当然だろう。日本人による日本批判は日本人の自信喪失とうらはらの現象でもあった。その際、外国知識を有する知識人は、自分たちは日本軍国主義の被害者であるかのごとく語り始めた。戦後の言論界のヒーローはまるで自分は普通一般の日本人ではないかのように大所高所《たいしょこうしょ》から判断を下し、高論卓説を述べたが、以下の一文はその一例だと私は考える。

東京大学法学部の若手助教授は教壇の高みから旧日本軍の将軍や兵士を見下して、一九四六(昭和二十一)年、次のように発言することで論壇に登場し一躍脚光を浴びた。

## 丸山眞男の独日比較論

丸山眞男が敗戦の翌一九四六年にデビューしたのは『超国家主義の論理と心理』によってだが、その中で丸山は次のような独日比較論を展開した。BC級裁判で刑に処せられた人の中には復讐裁判の人身御供《ひとみごくう》にされた人も少なからずいただろう。そのことを思うと丸山眞男の「土屋は青ざめ、古島は泣き」という言葉は酷薄だが、しかし戦犯に仕立てられた人に対する同情の声は少なかった。戦犯者は差別され、その家族まで世間から白い眼で見られたのである。

戦犯裁判に於《お》いて、土屋は青ざめ、古島は泣き、そうしてゲーリングは哄笑《こうしょう》する。後者のような傲然《ごうぜん》たるふてぶてしさを示すものが名だたる巣鴨の戦犯容疑者に幾人あるだろうか。同じ虐待でもドイツの場合のように俘虜《ふりょ》の生命を大規模にあらゆる種類の医学的実験の材料に供するというような冷徹な「客観的」虐待は少くも我が国の虐待の「範型」ではない。彼の場合にはむろん国家を背景とした行為ではあるが、そこでの虐待者との関係はむしろ、「自由なる」主体ともの（Sache）とのそれに近い。これに反して日本の場合はどこまでも優越的地位の問題、つまり究極的価値たる天皇への相対的な近接の意識なのである。

丸山の論はドイツと日本の戦犯容疑者を比較することから出発し、日本人の権力支配は強い自我意識に基づくことなく国家権力との合一化に基づく、とする日本人論の展開となった。

しかし私見では東京大学の法学部の教壇に立つ者であるならば、ナチス・ドイツと日本帝国の質的相違についてまず述べるべきではなかったか。ここでそのようなことを求めるのはないものねだりかもしれない。留学体験もなく、西洋については書籍的知識しかなかった当時三十二歳の丸山にそんな比較ができるはずもないではないか、という釈明もあり得よう。

しかし学問的天職を自覚した日本の政治学者であるならば、あの時点で述べるべきことは、ドイツにおけるユダヤ人殲滅《せんめつ》と日本における俘虜虐待の質的な相違について、通常の戦律違反とは異なる前者の犯罪が何を意味するか、それがナチス・ドイツと日本の決定的な差異であるという根本的事実にまず言及すべきであったろう。それというのも来日して戦犯容疑者の取調べに当たった各国検事も、判決を下した裁判官も、日本についての無知識から——前にも述べたが、判事にも検事にも日本語を解する人は一人もいなかった——日本帝国をナチス・ドイツとの類推によって処理しようとしていたからである。

市ヶ谷における東京裁判は、ニュルンベルク裁判の極東版として構想された。だが昭和天皇を日本のヒトラーとみなすことは、よほどの強弁者でないかぎり、できないことである。南京で中国兵も捕虜も便衣隊も市民も殺傷されたに相違ないが、だからと言って国家の命令で行なわれたナチス・ドイツのユダヤ人虐殺と中国人がいう「南京大屠殺」を同じ次元に並べることはできない。独日間の比較をするなら、このような質的相違の問題をまず押さえてそれから論を展開すべきではなかったか。ところが論者が強調し、当時の読者が共鳴したのは、主体的意志に基づいて行動しない日本人の矮小性《わいしょう》という指摘だった(73)。

## 矮小なのは誰か

日本の新聞ラジオが伝える巣鴨のA級戦犯容疑者には傲然たるふてぶてしさを示す者は一人もいなかった。そこは丸山の指摘する通りだろう。開廷早々に行なわれたウェッブ裁判長による罪状認否の際、被告が「無罪」と申し立てた。すると毎日新聞記者はなんと「傲然たる態度」とラジオで被告を罵倒した。読売新聞記者もそれに続いた。日本の新聞はそのような「無罪」の申し立てをする被告は卑怯《ひきょう》だ、無責任だとする投書を一斉に掲げた。だが当時の新聞が与えた印象のように無罪を申し立てた被告たちは臆病だったのだろうか。

罪状認否の際に起訴状の意味では「無罪」であると主張した戦犯容疑者を「日本の戦時指導者は醜く責任を回避した」と丸山は裁判の速記録を——意図的な削除を加えつつ——引用して「軍国支配者の精神形態」なるものを書いた。敗戦により日本人は自信を喪失していたから、丸山の指摘はそのインフェリオリティー・コンプレクスに似合いだった。丸山の見方は戦後日本の自虐史観の始まりでもあった。かくして丸山は一躍有名となった。

だがこの平川の指摘を暴論呼ばわりしないでもらいたい。ニュルンベルク裁判には傍聴者として、東京裁判には判事として連なったオランダ人ベルナルト・レーリングは『レーリンク判事の『東京裁判』で法廷におけるナチス・ドイツの指導者と日本帝国の指導者を比較して、丸山とはおよそ違う人物論をこう述べている。

ドイツでは、人びとはなるべくヒトラーから距離をとり、彼の行為は忌むべきものだといっていました。ヒトラーを守ろうとするものは誰もいませんでした。それは不可能でもありました。ユダヤ人やジプシー虐殺の背後にいた人物を守ることなど誰にできますか？　日本では事情が違っていました。日本人は、アジアと世界で、アジアを解放し、世界を変えるためにとられた日本の行動を擁護しました。そして、こうした観点から彼らは行動を起こしたのです。……（日本人被告たちに）臆病な人はひとりもいなかったと思います。彼らには威厳がありました。彼らは印象的な人物でした。(74)

竹山道雄は『昭和の精神史』（一九五六年）十四節で裁判開廷中にたまたま知り合ったレーリング判事と一九四八年当時にこんな問答をしたことを記録している。

私——Among the accused who impress you?

氏——All.

氏は被告の中の二人は小人物だといったが、他の人々については、その個人的能力を高く評価していた。そのある人々を、ほとんど舌を巻いてほめていた。あの当時にこういうことをきくのは、異様だった。

今でもこの発言を異様と思う日本人読者は多いのではないか。レーリングは日本の戦時指導者の能力を高く評価した。とくに東條英機元首相については、有罪としたものの outstanding（傑出している）と言った。キーナン首席検事に対し、ハル・ノートを突き付けられた日本としては戦争に踏み切らざるを得なかった経過を堂々と論理的に主張した場面には瞠目《どうもく》したらしい。その応答の一部は後で引くから、読者自身で判断願いたい。

となると矮小なのは誰か、という疑問が湧かずにはいられない。戦犯容疑者か。それとも日本の負けに乗じて日本帝国の指導者たちを笑い物にした新聞ラジオの方か。それとも「日本支配層を特色づけるこのような矮小性を最も露骨に世界に示したのは戦犯たちの異口同音の戦争責任否定であった」と断じた人の方であったのか。ここでは東京裁判そのものの正当不当とともに、東京裁判を支持した――支持せざるを得なかった――日本の新聞報道や一部知識人の言動の正当不当もまた俎上《そじょう》に載せざるを得ない。

# 第十章　外国で日本について語る

## 両面からする私のアプローチ

私は、日本も悪かったが、東京裁判の判決が認めた意味で悪かったのではない、と考える一人である。私は張作霖暗殺とか、満洲事変の計画的勃発《ぼっぱつ》とか、中国大陸における戦線拡大とかについては日本側に責任はあると思うが、当時の日本国内の世論では、それは日本の生命線の確保ということだったのだろう。今の言葉でいえば国の核心的利益のために行動したと関係者は自己正当化したことであろう。被告たちは戦争は自存自衛のためだったと主張した。しかし問題は一方的に「これがわが国の核心的利益である」と決めてかかることにある。

ここで私自身が外国で「あの戦争」についてどのように語ってきたかにふれさせていただく。私は外国人の日本に関する発言や記述で違和感を覚える節があると、それをとっかかりに双方の視点から問題を調べてきた比較文化の老書生である。それが比較研究をする上での私のアプローチだった。複数国に跨《また》がる私の言語文化的知識や見識が相手よりも上の際は、おおむねより客観的でより説得的な結論を出すことができたような気がする。

それで自信をつけた私は、過ぎた戦争についても、双方の解釈に食い違いがあるときは、同様のアプローチを試みることがあった。かつて黄禍と白禍についてアナトール・フランスの見方を分析した際は、日本語でもフランス語でも発表し、英語でも国際交流基金の前身である国際文化振興会のブレティンに発表した。私は外国人にも自説を外国語で伝えるよう留意したが、それが責任ある日本の大学人のつとめと考えている。しかし当初はなんとなく形式的に外国語のサマリーをつけている気もしていた。そんな拙文の要約がよもや外国人の眼にとまるとは思っていなかった。

それだけにビルマで対日戦に従事したルイ・アレン教授から「読んだ」と言われて驚いた。ユダヤ教からカトリックに改宗し、名前もアレンに改めた教授は人種問題に敏感だった。

## つはものどもが夢のあと

さらに驚いたのは、戦争中はビルマ戦線で語学将校として活躍したアレン大尉が、英軍は対日戦に勝利したが、その結果は何だったかを問うていたからである。戦後、ビルマは独立し、いちはやく英連邦を去った。イギリス人将兵も、インド人兵卒も、なんのために東南アジアまで送り出されて死んだのか、という疑念が生じている、と洩《も》らすのを聞いたときである。その感想はアレン教授の『ビルマ戦史』Louis Allen, *Burma, the Longest War 1941-45* に記されて、六八六頁の大著は芭蕉の「夏草や」の句で結ばれている。「つはもの」を warriors と訳さずに soldiers と訳したのは第二次大戦で戦った「兵隊」が念頭にあったからだろう。

Summer grasses……
All that is left of
The dreams of soldiers.

会田雄次が、自分たち日本兵はろくな武器もあてがわれずなんでビルマくんだりまで送り込まれてジャングルの中で死なねばならぬのか、と無念に思ったのと対《つい》になる、と私は感じた。ちなみにルイ・アレンは会田雄次『アーロン収容所』を *Prisoner of the British* の題で英訳した人である。アレン教授の遺稿をまとめた Louis Allen, *War Conflict and Security in Japan and Asia Pacific, 1941-52* が Global Oriental から二〇一一年に出たとき私は同書に Louis Allen: A Historian Who Wanted to see Anglo-Japanese Hostilities from Both Sides を寄稿した。

## 外国語による自己主張

私の少年時代は、日本人が劣等感を抱かずに胸を張っていた時代である。毎夏、房総半島へ避暑に行くと、帝国海軍の軍艦が何隻も沖に見えた。日本は世界の三大海軍国の一つであった。誇り高い少年として育ったことが、私の人格形成と関係しているように思えてならない。中学二年で敗戦を迎えた私は、日本が西欧に劣ると感じ猛烈に勉強した。西洋は師であった。自分が師に就いて学ぶ生徒である間は、頭が上がらない。そのような立場にいると劣等感に囚《とら》われやすくなる。その期間は長く続いた。

ところが私自身が外国語で自己主張ができるようになると、相手との対等の感覚が身についたせいか、往年の劣等感がいつのまにか消え失せて、歴史に対する見方そのものにも変化が微妙に生じた。私は外国でも率直に語ることにした。それだけ気楽に外国語が話せるようになったから、はじめてできたことでもあった。ただ外国にさらされる身となってからも、違和感を覚える節があり、外国語で日本のために反論することがあるからと言って、過剰反応はするまい、常習的日本弁護人にはなるまい、と私は自戒している。

敗戦後二、三十年ほどの間は米国の日本研究者は西洋も知り、日本も知っている。金回りの良い彼らは世界を、空間的にも時間的にも、広く旅している。当然、歴史的パースペクティヴも彼らの方が広い。だがそのうちに、私の方が広く深く見ていることもある、と感じるようになっていた。

それでそんな体験を遠慮せずに語らせていただく。

## 市民と軍人の死傷者の比率

一九七八年春、インディアナ大学に招かれた折、フレンズ学部長に見込まれて、秋にライシャワー博士が基調講演をしに来るから、そのときはディスカサントを務めてくれ、と依頼された。

そして十一月三日学会第一日の最後にライシャワー博士が講演すると、一晩おいて翌四日の午前に私が三十分批判的意見を述べることとなった。その一晩時間が与えられたお蔭で、きちんと論を用意して、翌日講堂に臨むことができた。基調講演者が有名人であるだけに講堂は今朝も満席である。前年に出たライシャワー博士の『ザ・ジャパニーズ』が全米ベストセラーとして評判なことを讃えたのち、私はこう付言した。

しかし日米関係が緊迫するとライシャワー大使のカリスマ的な雄弁や著述をもってしても打ち勝てないものがある。それは日本の真珠湾奇襲直後にアメリカ側のプロパガンダによって創られた日本人とはこういう奴だ、という米国全土に広まったイメージである。これは皆さま方の見方に左右されるが、皆さま方の何人かにとってはハワイを奇襲した日本人は今でも狡《ずる》い、信用できぬ、陰険な連中であろう。しかし世の中には様々な見方が有り得る。そしてすべては何を基準にして比較するかで話は変わる。その比較の物差しが大切だということを我々比較研究者は知っている。私にとってあらゆる空襲は、対米戦争であれ対日戦争であれ、ドレスデン空爆であれハノイ空爆であれ、それを判断すべき基準は市民の死傷者と軍人の死傷者の比率によって測られるべきものである。もしこの比較の物差しを日本海軍のハワイ攻撃に当てはめるならば、その比率の極端に低いことに驚かれるであろう。日本海軍航空部隊が殺傷したのは極めて僅かのアメリカ市民だった。もし米国人がこの面を強調するならば、真珠湾攻撃は別様に記憶されることになるだろう（原英文）。

私は比較文化の国際学会の席を利用して、この種のデリケートな問題にもあえて言及したのである。[75] 反ベトナム戦争世代の聴衆が大勢いたからかもしれないが、私の講演はなんと大喝采である。[76] 学会誌にも載せたい、英文テクストをくれ、と日系二世の米国人教授が声をかけに来る。そして初対面の別の教授から自分のいる大学へ一年間教えに来ないかという招聘《しょうへい》を受けた。私は社交辞令と思っていただけに、三年後それが現実となったとき、このアメリカはいい国だなと思わずにはいられなかった。

## 「君命ヲ辱メズ」

インディアナ大学を去り、ブルーミントン空港を出ると、機中でほっとした。機窓から黄色い月が空のやや斜め下に見えた。これで日本に帰ってもいいな、という使命を一つ果たした気持であった。「君命ヲ辱メズ」という古風な言葉が私の口をついた。ニューワーク空港まで車で出迎えに来ていた家内に向かい「平川祐弘タダイマ帰投セリ」と右手を耳まで挙げて報告した。

もっとも平川講演に別の意味で印象を受けた米国人教授もいた。マリウス・ジャンセン教授は私がプリンストンを去る送別会で「お国のために乾杯」と日本語で発声した。日本では国際派にみなされている私だが、ジャンセンの目には戦後日本の学界にめずらしいナショナリスト教授があらわれて、毎月のように各地へ出かけて講演をしている。そんな活動をした私を、温かさとユーモアをまじえた表現で送ってくれたのである（そんな関係で私的会話の中でジャンセン教授と「あの戦争」と東京裁判について話したことを時々挿入させていただく）。

## ライシャワーの見方

ここでライシャワーがいかなる人物か、なぜ米国の日本学界であれほど重きをなし得たのか、また安保闘争で荒れた後の日本へケネディ大統領に抜擢され駐日大使として着任、わが国で人気を博したか、その実像と虚像に迫りたい。

戦争中、三十一歳のハーヴァード大学日本語講師ライシャワーは当時の米国で唯一人といえるほどの日本通であった。陸軍省に求められて、日米開戦後一年も経たぬ一九四二（昭和十七）年九月十四日に彼は《対日政策覚書》（Memorandum on Policy towards Japan）を提出したが、それは日本に対する戦時下のライシャワーの見方を露わに示していて、その老成した、老獪《ろうかい》ともいえる勧告内容に私は真に驚かされた。インディアナ大学でディスカサントを務めたときはまだ知らなかったが、そこには、強制収容所に入れられた日系人を米軍の兵役につかせるがよい、そうすればアメリカ合衆国が人種差別をしない国であるという宣伝効果が黄色人種や黒色人種に大いに効くであろう、などという具体的な提言も含まれており、日系人を都合よく道具として利用しようとする態度が露骨である。

天皇については以下のような対日政策をとるようその功利主義的利用法を提案していた。米国の軍事的勝利はまず間違いない。ライシャワーは戦争終結後の平和的勝利のためにはどうすればよいか。それが大事なのだと言う、戦後は、日本をわれわれと友好的で協力的な国民の中に引き戻さない限りは極東に政治経済的に健康な状況は創れません。ところが日独伊三国で独伊は敗北したときに、敗北の重荷をナチスやファシストにすべて負わせればよい。ヒトラーとムッソリーニは専制主義の権化《ごんげ》だからそのための格好のスケープゴートです。独伊国民はそれで悪いのは自分たちの指導者で、自分たちではないと思いこむことができます。

ところが日本にはこんな面子《めんつ》を救うような処分すべき指導者がいない。昭和天皇に責任がないことは日本国民には良くわかっています。天皇を処分しろと言うのは国旗を処分しろと言うのと同じようなものです。……我々は綿密に計画した戦略によってイデオロギー戦に勝利しなければならない。日本はアジア各地で親日の傀儡《かいらい》政権を樹立したがおおむね失敗しました。しかし日本には、我々の目的にかない、我々の側に立ち、連合国側と協力するであろう、非常な権威のある傀儡が存在します。（昭和）天皇です。天皇はその教育、親しくした股肱《ここう》の臣などから察するに、自由主義者で、心は平和主義の人です。おそらく多数の臣下の誰よりも連合国との協力的な政策に力を貸すのが今の天皇だと考えてまず間違いではないでしょう。おそらく天皇だけが軍部専制を止めさせる影響力を国民に行使し得るのではないか。昭和天皇が祖父の明治天皇のような真の指導者としての素質があればそれこそまことに結構ですが、父の大正天皇のように半ば精神異常であったとしても、善意と協力の象徴としての利用価値は依然として極めて高い。……戦後、天皇をこの目的のために利用するためには天皇のイメージを悪いものにしてはなりません。アジアにおけるヒトラーやムッソリーニでもあるかのように新聞ラジオが罵ることはよくない。戦後に使い物にならなくなってしまう。

悪者に仕立てるのは東條英機か山本五十六が最適でしょう。

そしてライシャワーは強調する。

今度の戦争は民族としての日本人を破るためでなく、軍閥が仕掛けた野蛮な企みを打ち破り、日本を再び国際協力の輪の中に引き戻すことが目的なのです。

ただしその目的のためだからといって、日系の米国在住の若者に対して「収容所に残るか、志願して米軍兵士になるか」という二者択一を迫る政策を提言するのは、いかにも威圧強制、英語でいうcoercionの米国の伝統的政治手法に基くもので、私には不快で、腑に落ちない気がする。

# 第十一章　インドやビルマから見た「あの戦争」

## 第三国からの視点

私は東京大学では駒場の外国語科に属し、一二年生にはフランス語を教え、第三外国語としてイタリア語を教えていた。ヨーロッパでも長さの順から言えば仏・伊・独・英の諸国に学んだ者で、北米の長期滞在は教授となってからが初めてだが、自分が英語専門の学者でないから、英語の冠詞の使い方など間違えて話しても平気で、それで北米滞在二年目からはにわかに活発に英語で弁じるようになったのかもしれない。

その際、アメリカ人に向かって「日本ではこうだ」と言ってもたいてい話を聞いてくれないが「フランスではこうだ」というと耳を傾ける。そんなことにも気がついた。イタリアのことを言っても無視されたが、ダンテを話題にすると敬意の眼で見られた。米寿を過ぎたこの私の話が、日本でいまなお読者に新鮮な視角を開くことがあるとすれば、それは複数の言葉と文化を学んだ私が複眼で歴史を見ているからにちがいない。

　そんな私は文化について二つを比較するとともに、三点測量をすることの利点をも早くから自覚した。「あの戦争」について米国側から見ると共に日本側からも見たが、東大大学院の最後の年は「文学にあらわれた太平洋戦争と大東亜戦争」と題して双方の交戦国の作品を読んだ。その際、第三国からの視点も加えることで、戦争の正体をより明確にするようつとめた。敵国として米国だけでなく英国を視野に入れるだけでも、たちまち別様に見えてくる。太平洋戦争か、大東亜戦争か——例によって少年時代の私自身の回顧から始めさせていただく。

## 大英帝国の宰相チャーチル

　私が生まれた昭和六（一九三一）年に満洲事変が始まった。昭和十年代前半の日本にとり世界の第一の大国はイギリスで、大英帝国は七つの海を制し、インド、ビルマ、マレー、北ボルネオも、またオーストラリア、ニュージーランド、カナダも、その領地だった。幼稚園で「日英米独仏伊西露中」の順で覚えた。日本は別格で外国では英国が先頭だ。当時はわが海軍も大蔵省も最優秀の若者を選抜して英国に派遣した。大学でも英文学は教えたが米文学はまだ眼中になかった。中学でも「キングズ・イングリッシュを教える」といい、綴《つづ》りも英国式だった。福沢諭吉以来、日本は漢籍よりも英書を一生懸命学んだ。産業革命以後の英国を文明の模範に考えたからだが、しかしその英国は「東亜侵略百年」の悪者の筆頭でもあった。

　ドイツがポーランドに侵入した一九三九年九月、英仏はドイツに宣戦した。子供心によく憶えている。それというのは父はドイツで化学の仕事をしていたが、難を避けノルウェー経由で北米へ移ったからである。照国丸《てるくにまる》が英仏海峡で機雷に触れて沈没したことが新聞に出た。当時のドイツは破竹《はちく》の勢いであった。

だが英国に戦時宰相チャーチルが登場する。この敵国の首相は我が国でも人気があり、私たちのクラスにもチャーチルと呼ばれた級友がいた。その少年は天皇陛下の侍医の坊ちゃんで、そんな綽名《あだな》は迷惑なはずだが、チャー坊の呼び名には笑いがあった。ヒトラーと違い、チャーチルの人間性は戦時下の日本にも伝わったらしい。

## 二十世紀の二大巨人

ところでドイツ・イタリア・日本の枢軸《すうじく》国と死闘を演じ、大英帝国をあくまで護持しようとしたチャーチルと、英国の支配からインドを独立させたガンディーは二十世紀の二大巨人と呼んでよいだろう。その二人を並べて語るアーサー・ハーマンの『ガンディーとチャーチル』(白水社)の守田道夫訳が出た。この本は二人の伝記を縦軸に、その対抗関係を横軸に叙した、英国とインドに跨《また》がる大河史伝で、特色は比較史である。従来は、ガンディーはインド史で、チャーチルは英国史中でもっぱら扱われたが、アメリカの歴史家ハーマンは一国単位の歴史学のナショナルな枠をとりはずし、英印関係をダイナミックに把握し、西洋とアジアの歴史的取り組みを劇的に描いている。

チャーチルは英米人にはヒトラー・ドイツを倒したヒーローである。「救国の英雄」といっていい。そしてそのような西洋史上のチャーチル像は日本にもそのまま伝わり、英国の勝利はまた正義の勝利とみなされた。それはその通りだと思う。しかし第二次大戦に勝利し戦争目的を完遂《かんすい》したかに見えたチャーチルだが、戦後に現出した事態はこの大政治家の期待を完全に裏切った。大英帝国は実質的に瓦解《がかい》し、植民地は次々と独立してしまったからである。

二十世紀の二大偉人は米英人にとってはルーズベルトとチャーチルだった。しかしそれは西洋史の枠内で歴史を見てきたからそう言えたまでである。いまガンディーと並べて見ると、英国の大偉人チャーチルも、別様に見えてくる。そもそもチャーチルが支持した植民地支配は肯定すべきことなのか。植民地経営を目して大英帝国は「白人の責務」を担うといった。するとそんな白人支配に対して有色人種のある者は独立回復を試みた。その主張は否定すべきものなのか。イギリスの支配から植民地だったインドを非暴力という抗議の仕方で独立に導こうとしたインドの道徳的指導者がガンディーだが、ガンディーはインド国内だけでなく広く世界的に尊敬されている。ガンディーとチャーチルの対抗関係を読むと、チャーチルが体現した大英帝国主義の暗黒面が明るみに出る。それればかりか英国をはじめ連合国という勝者の側にも不正があったことがおのずと感得される。

## 白人の責務

しかしチャーチルばかりでなく、戦後のサッチャー首相も、安倍談話を批判した駐日大使をつとめたコータッツィなども、大英帝国が世界に植民地をこしらえたことは文明開化の事業であると主張してはばからない。白人がその重荷を担って文明開化の事業を推進したと英国人は自負した。ハワイやフィリピンを領有したアメリカ大統領マッキンリーは植民地化は「フィリピンを向上させ、文明化し、キリスト教化する」ためだと演説した。それと同じ考えが露骨に出ているのが十九世紀の末、一八九九年に書かれたイギリス詩人キプリングの《白人の重荷》である。拙訳を掲げる。

白人の荷を背負え、――
　君たちが育てた最良の息子を送れ
君たちの捕虜の需《もと》めに応ずるために
君たちの息子に義務を課し流浪《るろう》の地へやるのだ。
重い武装をつけたまま
　動揺した野蛮な民の世話をやくためだ――
君たちが新たに捕《つか》まえた、無愛想《ぶあいそ》な
なかば悪魔で、なかば子供のような連中だ。

白人の荷を背負え、――
　忍耐強く待ち構え、
恐怖の威嚇《いかく》をヴェールでおおい、
　得意満面の表情を見せぬよう気をつけろ。

単純明快な言葉で
　百遍も嚙みくだいてわからせるのだ。
他人の利益を求め、
　他人のために働いているのだということを。

白人の荷を背負え、――
　平和のための野蛮な戦《いくさ》だ、
餓えた口をいっぱいに満たし
　病気の蔓延《まんえん》を防ぐよう心がけろ。
そして他人のために求めてきた
　君たちの目的がほぼ達成された暁《あかつき》には
異教徒の愚行か懶惰《らんだ》が
　君たちの希望を無にすることのないよう気をつけろ。

白人の荷を背負え、――
　王さまたちの安ピカの統治ではなく、
農奴や掃除人のする辛い仕事だ、
　月並な物事の物語だ。
君たちがはいることのないであろう港を、

君たちが踏むことのないであろう道路を、
君たちは生きている仲間とともに行って作り、
その港や道の端《はた》に君たちの死んだ仲間の名を記すことになるのだ。

白人の荷を背負え、――
そして白人の古くからの報酬を受けろ。
君たちが良くしてやっている連中の非難、
君たちが番をしてやっている連中の憎悪、
君たちが（ああ、いかにも遅々《ちち》と）光に向かうよう
機嫌を取っている連中の大勢の喚き声、
「なぜあなた方はわたしらをわたしらが愛した
エジプトの夜の束縛から解き放したのですか？」

白人の荷を背負え、――
君たちは卑小なものに向かって身を屈《かが》めてはならない、
君たちの疲れを隠すために
あまり大きな声をたてて「自由」を叫んでもならない、
君たちが叫ぶことや君たちが呟《つぶや》くこと
君たちが放置することや君たちが行なうこと、

そうしたことによって唖黙《おしだま》った無愛想《ぶあいそ》な連中は
　君たちの神々や君たちの重みを計るのだ。

白人の荷を背負え、——
　子供っぽい日々はもうおしまいにするのだ、
簡単に差し出された月桂樹《げっけいじゅ》や、
　安直な、手放しの褒めっぷりはおしまいにするのだ。
君たちが成熟したか否かをためすために
　長い感謝されない歳月を過して
高くついた叡智《えいち》で冷たく研《と》ぎすまされた刃《やいば》をもって
　君たちの同類の判決がいま近づいてくるのだ。

　この詩は、植民地事業については先進国であるイギリス帝国の詩人として、キプリングが「君たち」アメリカ人に呼びかけたという形式を取っている。フィリピンを植民地として経営するためにはどのような心構えで臨むべきか、というのがこの詩の眼目なのである。それが利害関係を度外視した文明開化の事業であるという白人キプリングの主張は第二連の「他人の利益を求め、他人のために働いているのだ」という句に示される。そしてその利他的な事業を遂行する動機は、あるいはキリスト教化の使命感であり、あるいはそれが世俗化した文明開化のミッションの意識であったりするのである。

## 黄人の重荷

《白人の重荷》は一八九九年二月四日にロンドンの『タイムズ』紙に発表された。この詩に対する明治の日本人の反応は『国民新聞』に一九〇六（明治三十九）年一月になって出た。

我が大和民族は、自から僭《せん》して、黄人種の首長たるものにあらず。我が大和民族の眼中には、人類ありて、人種なし。白と云《い》ひ黄といふが如き、皮相的の差別は、殆《ほと》んど歯牙にだも掛けざる也。然も自から求めざるも、世界の二大人種の一なる、黄色人種は、何《いず》れも我が大和民族を仰がざるものなし。単に支那、朝鮮、暹羅《シャム》等の黄色人種のみならず、印度、波斯《ペルシャ》、亜拉比亜《アラビア》、埃及《エジプト》、土耳古《トルコ》等、凡《およ》そ白晳人種の仲間以外に属し、若《も》しくは属するものと認定せられたる各人種は、何れも大和民族を以て、其の希望を繋《つな》ぐ標的となしつつあるが如し。吾人は日露戦争が、世界の表面に散在する白晳人種以外の人種に、絶大なる感化を与へたることを、無視する能はず。

英米人が野蛮な民のために「白人の重荷」を背負うというのなら、われわれ日本人は遅れたアジア人の重荷を背負わなければならないだろう、というのが『国民新聞』主筆の徳富蘇峰の主張で「黄人の重荷」といった、アジアで唯一の独立国と言っていいのは日本だけという現実があり、その日本は日露戦争に勝利した。そうであるならば我が国こそが黄人の重荷を背負うべき責務があると蘇峰は言い出したが、この主張こそが後に大東亜戦争のイデオロギーとなるのである。

## セポイの反乱から日露戦争を経て

それでは英国によって植民地化された国の実情はどのようだったか。イギリスが支配するインドでは、英国東インド会社に雇われていたセポイと呼ばれた傭兵《ようへい》たちが日本の安政四年にあたる一八五七年五月に大反乱を起こした。このセポイの反乱は、その十年後の日本の明治維新と並んで、アジアにおける二大民族運動と呼ばれるが、両者は質的に違う。西洋列強の支配を免れるために先手を打って中央集権国家の体制を整え近代国家の建設に邁進《まいしん》した日本の維新の運動と、外国支配に反抗し蜂起したものの失敗に終わったインドの運動では、結果がはなはだ異なるものとなったからである。セポイの反乱の際は農民もインド各地で蜂起し、反乱軍は一時デリーを占領したが英軍に制圧された。以後インドの植民地化は決定的となり、イギリスの直接統治が始まった。それでもインド史家はこの「セポイの反乱」はインドのその後九十年に及ぶ闘争の始まりとしている。なおセポイ sepoy とは軍隊・兵士を意味するウルドゥー語のシパーヒー sipāhi がポルトガル語を経て英語化したものである。

日本人はセポイの反乱のことは詳しくは知らない。それを原語主義とかでシパーヒーの反乱などといえばいよいよ通じない。それでもこんな縁もあった。日本と関係深い英語作家に一八五〇年生まれのラフカディオ・ハーン（小泉八雲）がいるが、ハーンは七歳のとき、再婚した父親と生き別れる。それは英国陸軍の軍医であった父親が反乱鎮圧後のインドでの英軍補強のために一八五七年八月インドに赴任したからであった。

そのインドの独立闘争は黄色人種の日本が白色人種のロシアを破るに及んで激化する。日本人は日露戦争における日本の勝利が当時のインド人に与えた感銘についてあまり知らない。だがガンディーとともにインド独立運動を指導して一九四七年、インド独立後初代の首相となったネルー（一八八九－一九六四）はその『自伝』で次のように述べている。――十五、六歳のころは日露戦争で、日本が次々に勝利をおさめる様に興奮し、毎日、新聞が待ち遠しくてたまらなかった。日本関係の英書をしこたま買い込んで読もうとしたが、日本史はこんがらがってよくわからなかった。それに反して好きだったのは古い武士道の国日本の物語とラフカディオ・ハーンの心地よい散文だった、云々《うんぬん》。(77)

## 坂の上の雲の時代

日本が西洋の大国ロシアに勝った一九〇五年は明治三十八年である。この年、白人不敗の神話が破れるや、それが一大刺戟《しげき》となってアジアの英仏領植民地で独立運動が活発化した。

チャーチルとガンディーの二人が生きた時代の日本はこうだった。日本人の多くは一八六八年の明治維新から一九〇五年の日露戦争の勝利にいたるまでの日本を「坂の上の雲」の時代として認識している。これは明治日本の陸海軍の建設と活躍を描いた同名の司馬遼太郎の歴史小説が広く愛読された結果だが、その明治のネーション・ビルディングは坂の上に輝く白い雲を目指して進む上昇の歴史として理解された。

すると、すでに述べたように、日本はアジアで唯一の独立維持に成功した国として、我が国こそが黄人の重荷を背負うべきだとする主張が唱え出された。その日本は自身が、西洋列強に見習いつつ、まずは台湾を、ついで朝鮮を領有した。その植民地帝国となりつつあった日本に住み、大日本帝国万歳を唱えながら、それでいて西洋列強が植民地支配を続けることは批判し、白閥《はくばつ》打破を叫び、黄色人種の解放を唱える。それはおかしくないのか。自国がアジアに植民地を持ちながら、アジアの解放を唱える、その手前勝手に気づかないのか。そういう批判は当然あってしかるべきだろう。

「あの戦争」は大東亜解放の義戦だ——そう主張する人々は、その矛盾を何と説明するのか。だが問題はその矛盾を嗤《わら》い物にするだけでは、公平な結論は得られないことにある。矛盾があるのは、その単純な頭脳の愛国的な日本人だけではない、連合国側の戦いを「聖戦」とみなす立場の人にもあるという点こそが解明すべきさらに大切な問題点なのである。

なお私は、植民地化には文明開化の側面もあったこと、軍事的統治には、時と場合によって、国連の平和維持活動に通じる面があったこともきちんと評価すべきだと考える。

# 第十二章　大東亜解放

## 一方的な正義の主張に与してよいのか

日本人の中に西洋人がアジアに植民地を建設したことを非難する向きがいると同じように、西洋人の中に日本が植民地を持つことは悪い、と考えた人がいる。それだけならまだよい。西洋が植民地を持つことは正しいが、日本がそれの解放を唱えたことは悪い、——そうみなす人がいた。実は極東国際軍事裁判に連なる判事の少なからぬ人が、その考え方だったのである。日本人がアジア人のためのアジアを唱えたこと自体がよろしくない、という考え方の持ち主たちも多数いたのである。

「あの戦争」は大東亜戦争などではなかった、と考える人は今の日本には多いだろう。「先の戦争」は「アジア太平洋戦争」とか「十五年戦争」とか呼べばよいと考える歴史学教授もいるだろう。だが、問題なのはそのような日本人の中にも、その連合国側判事多数派の考え方に傾きがちな人――あえてどぎつい表現を用いるなら――脳内白人化した人もまたまじっているということである。しかしこんな言い方は用いない方が良いだろう。東京裁判から七十年、あの当時の多数派判事の判定は間違いだとする白人も少なからずふえた今日だからである。

## 複眼で歴史を見る

ここで問題は日本人読者諸賢にもあるのではないか。ひょっとして右に述べた多数派判事流の考え方に染まっているかいないか。試《ため》しに読者に質問させていただく。今日の日本人の多くは、西洋旧植民地に聳《そび》え立つ支配のシンボルでもあった建築物――堂々たる総督府、豪華な大ホテル、燦然《さんぜん》たるキリスト教会――を眺め感心したこともあるだろう。たとえば私もカナダのヴィクトリアなどでその三点セットを眺めて大したものだと思った。

だがそう感じる日本人観光客の目は、知らず知らずのうちに西洋本位になっている。その証拠に、私たちの多くは、マニラやサイゴンのカトリック大聖堂を、たとえ宗教心の無い人でも、文明の事業の名残として肯定的に受け止めている。だがそれに感心する割には、台北や京城にあった、そして戦後取り壊されてしまった、台湾神宮などのことは侵略のシンボルだと頭から決めてかかってはしないだろうか。そして神道のことはなんとなくネガティヴに見る癖がついてはいはしないだろうか。(78) 戦争中はもとより、戦後も十数年ほどの間は、ハワイには神道にとっては信仰の自由は無かった。戦時中に神官は拘束され米本国へ送られ、神道施設は競売に出されたりした。しかし米国人だけでなく、戦後の日本人の多くも、それをとくに異常とは感じなかったのではあ

るまいか。(79)

## インドとの関係でチャーチルを見る

そしてそれと同じように歴史を眺める私たちは、知らず知らずのうちに西洋文明本位になっていはしないだろうか。その証拠に私たちの多くはたいていの西洋人同様、チャーチルを大変な偉物と思っている。だが、インドとの関係で眺めると、チャーチルはインド支配にこだわった相当な悪者なのだ。そもそも植民地支配はどこまで肯定されるべきことなのか。

問題点の一、西洋が植民地を持ったのは正しいことか。西洋には植民地化を正当化する歴史観があった。植民地化はキリスト教化であり、それは文明開化であるとする見方がそれである。私は、メイフラワー号以来のピュリタンによるアメリカ大陸のコロナイゼーションも、ウラル山脈以東へシベリア大陸を開拓したロシア人によるコロナイゼーションも、彼らの側の民族発展の見地からは健康な文明の事業と考える。それだから、先住民には大迷惑だろうが、それでもって植民地化の功績を頭から否定する立場には与《くみ》しない。

しかし問題点の二は、大英帝国は「白人の責務」を担うといったが、それに対する有色人種の自主独立回復の主張は否定さるべきものなのか。

ガンディーとチャーチルの対抗関係を読むと、あくまで植民地支配の現状を維持しようとするチャーチルと彼が体現した大英帝国主義には、植民地帝国主義の負の部分が露骨に浮かび上がる。そしてそのことは、とりもなおさず、第二次世界大戦に勝利した連合国の側にも正義の部分だけでなく、不正の部分があったことをおのずと示唆している。重光葵は日本の戦時下の外務大臣として英国のアジア差別概念を逆用して日本の大東亜政策の正義性を訴えようとした。

## 大東亜会議に集った指導者たち

戦後話題にのぼらなくなった史実を一つ挙げたい。あの戦争がいかにも大東亜戦争らしかったのは、一九四三（昭和十八）年秋、東京で大東亜会議が開かれたときである。あの会議で日本の戦争目的が東洋の解放、建設、発展であることもはっきりした。採択された《大東亜共同宣言》には大東亜各国は「共存共栄の秩序を建設す」「相互に自主独立を尊重す」「相互にその伝統を尊重す」「互恵のもと緊密に提携す」「人種的差別を撤廃す」などがあった。

八紘一宇《はっこういちう》の標語の内容は右の五項目のようなものと考えればいいのだろう。国名がイロハ順で呼ばれたが、それがニホンが一番に来るための小細工とは当時の私は知らなかった。日本が議長国でイニシアティヴを取った以上、一番は当然で、だからといって、その順番に示された思想が「日本国民は他の民族に優越するという超国家主義的考え方」だったとは言えない。

会議が開かれた国会議事堂の貴族院予算委員会室は現在の参議院第一委員会室の由だが、新聞には中央に日本の東條首相、後方に重光外相、[80] 東條首相の左手に中華民国の汪精衛（汪兆銘）中華民国行政院長、満洲国の張景恵《ちょうけいけい》総理、ビルマのバー・モウ長官、右手にタイのワン・ワイタヤコン殿下、フィリピンのラウレル大統領、そしてすぐ次にふれるインドのチャンドラ・ボースなども写っている。『読売報知』はこう報じた。

全世界の視聴をこの一点に集めて空前の盛儀たる「大東亜会議」は、十一月五日午前、秋気あくまで澄み渡る帝都において開催された。東亜の一大解放と新秩序建設のため過去数世紀に亘《わた》り十億の民族を奴隷視し、その国土を横領してきたアングロ・サクソンに対する大東亜の大同団結は遺憾なく顕現されたのである。

チャーチルとルーズベルトが二年前に署名した「大西洋憲章」には第三項に民族自決の原則が掲げられていた。しかし実際にはインドなどの英国植民地には適用されていない。東條首相は演説した。

米英が大西洋憲章で標榜《ひょうぼう》するところと、現にインドで行なっていることとを見て、全世界の人々は、欺瞞《ぎまん》と偽装《ぎそう》と迷彩《めいさい》こそ彼らの本性《ほんしょう》であることを熟知しているのであります。大日本帝国は、米英の桎梏《しっこく》より解放し、大東亜の復興、興隆をはからんとするものであります。

続いて演説した中華民国の汪精衛は、孫文の大アジア主義の理想がいまや実現されつつあるとして、日本が中国に対し租界を還付し、治外法権を撤廃したことに謝意を表した。これはアメリカの『タイム』誌にも報道された。

## バー・モウ長官の子供たち

この日を待ち望んでいたというビルマのバー・モウ長官は「アジア人がアジアはアジアのものであると宣言するのは正当な権利であって、世界の他の地域に対しアジアはアジアのブロックで対抗する」と述べた。日本が独立を認めた東南アジアの国でいちはやく英米に対し宣戦布告したのはビルマで、大東亜会議にもっとも心酔したのもバー・モウであるといわれる。[81] それに対し小学校の地理の時間にフィリピンのことを佐藤保太郎先生が非難がましく言ったことなど思い出す。ちなみに独立したフィリピンは米英に対しすぐに宣戦布告することはしなかった。

私にとって大東亜会議が生き生きと感じられたのは、バー・モウ長官の息子と甥《おい》が中学に入ってきたからである。一人はザリ・モウといったが、もう一人の名は忘れた。二人は二、三年上の学年に編入されたので、口をきいたことはない。一九四四（昭和十九）年ともなると、東京高師付属中学校で五年生こそ従来の紺の海軍士官そっくりなスマートな制服をまだ着ていたが、四年生以下はカーキ色の野暮な配給の国防服を着ていた。ところがバー・モウの息子と甥は英国のパブリック・スクールの生徒のような、仕立てのいい洋服で颯爽としていた。当時の日本の中学生は全員頭は丸坊主だが、二人は髪をふさふさ生やしていた。ビルマ人より英国のヤング・ジェントルマンといった感じで、運動場を駆けまわって皆と一緒に蹴球をした。

しかしあの頃は知らなかったが、バー・モウたちは来日する際、途中サイゴンを離陸直後、飛行機が墜落する事故に遭っていた。

私は戦後三十年経って、大東亜会議当時フィリピンから来日していた南方特別留学生レオカディオ・デアシスから思い出を聞いたことがある。会議に出席するため来日したラウレル大統領は藤山愛一郎の邸宅に宿泊した。フィリピン留学生たちも会議前夜、藤山宅で開かれたパーティーに招かれ、ラウレル大統領やアキノ国会議長らと同席することができ感激した。大統領は留学生の一人一人に御祝儀として十円ずつくれた。

ラウレルの大東亜会議での演説は全文が英字紙（*The Nippon Times*）に掲載された。デアシスの日記にはこう出ている。ラウレルは「日本語訳をあらかじめ作るから」という日本側の申し入れを断った。演説を即興でするからではない。あらかじめ草稿を手渡すと、日本側が手直しを要求するのを警戒したのである。十一月七日のデアシスの日記（Leocadio de Asis, *From Bataan to Tokyo: Diary of a Filipino Student in Wartime Japan 1943-1944*, Center for East Asian Studies,The University of Kansas.）から紹介する。

大統領は共栄圏の基礎たる三原則、共存・協力・共栄にふれ、東條首相自身の言葉を引くことで自己の主張を強調した。共栄という考えの重要な前提は東洋の全国家の主権と保全を尊重し承認することである。なぜなら「全体の繁栄とはその全体を構成するすべての部分の繁栄を意味するが、一個ないしは数個の繁栄は必ずしも全体の繁栄を意味しはしないからである」

## ガンディーのインド

二十世紀前半、大英帝国の軛《くびき》を脱してインドに平和裡《り》に独立をもたらした道徳的指導者はガンディーで、その志を継いだのが二十歳年下のネルーである。

ガンディーは一八六九年、日本暦の明治二年に生まれ、一九四八年、日本暦の昭和二十三年に亡くなった。ガンディーは civil disobedience と英語でいう「市民的不服従」で抗議した。その非暴力の抵抗という主張を繰返すことで何度も逮捕された。逮捕されると断食を宣言する。英国側もガンディーの影響力をおそれた。万一断食の結果ガンディーが死亡したら、インドに手の付けようのない大暴動が起こるだろう。それでインド独立を目指すガンディーの主張はゆっくりとではあったが次第に通るようになった。非暴力の思想とは、キリスト教とヒンズー教の思想を踏まえている由である。

だがインドが独立に近づいたとき、インド内にある二大勢力、ヒンズー教徒とイスラム教徒が反目し、それでインドはいわゆるインドとパキスタンの二つに分かれ、結局暴力沙汰になった。そしてガンディーはイスラム教徒に対して十分に厳しくないという理由で、過激なヒンズー教徒の手で一九四八年に暗殺された。ガンディーも自分の理想である非暴力による統一インド独立は達成できなかったのである。今日の地球上で時々戦火をまじえる二国はインドとパキスタンだが、両国は共に原子爆弾を保有している。

## 大英帝国の瓦解

十二月八日の宣戦の詔勅《しょうちょく》には日本の自存自衛の立場が強調されていたが、ハル・ノートのことなど知らない子供の私は、英米の東亜侵略百年の野望を挫《くじ》くための戦争だと思っていた。日本の庶民も「アジア解放」のための「大東亜戦争」に突入したと思った人が多かったにちがいない。緒戦《しょせん》の輝かしい戦果に幻惑された国民は、日本がよもや勝算もなく戦争に突入したとは思っていなかった。一九四一（昭和十六）年十二月八日に「米英に対して宣戦を布告」と「英米」の順が「米英」に変わったことを子供心に異なことに感じた。「アングロ・アメリカン」と言っていた西洋人が「アメリカノ・アングロ」と聞かされたらやはり違和感を覚えるに違いない。しかし国力からいえば米国はとうの昔に第一次世界大戦で疲弊した英国を抜いていたのである。

矢継ぎ早の戦果は真に目ざましかった。十二月十日にはイギリス東洋艦隊の二大戦艦プリンス・オブ・ウェールズとレパルスを撃沈した。レパルスは一分以内に沈没したから轟沈《ごうちん》と呼ばれた。チャーチルは豪放磊落《ごうほうらいらく》な外観だが存外神経質で、(82) 回想録に電話で報告を受けたとき「私が一人だったのはありがたかった。戦争の全局面を通じて、私がこれほど直接衝撃を受けたことはなかった」と書いている。シンガポール陥落の報に接したときは心臓発作を起こしかけたが、世間には隠し続けたという。日本軍は英領植民地である香港、マレー半島、シンガポール、ビルマで次々に英国軍を破った。「東亜侵略百年の野望をここに打ち砕く」と私たちは合唱した。アヘン戦争以来ちょうど百年の年に日本軍の手で香港が陥落したからである。

一九四二（昭和十七）年二月十五日シンガポールは陥落し、私は十八日の第一回戦捷《せんしょう》記念日に東京都の少国民を代表して日本陸軍に感謝する放送をした。戦後三十年経って母が亡くなり、仏壇の裏から放送している小学校四年生の私の写真が出てきた。戦時中の日本人がシンガポール陥落をいかにすなおに喜んだか、その写真を見たとき当時の母親の気持も一緒によみがえった。シンガポール陥落こそチャーチルにとって生涯の最悪の日であったという。

## インド国民軍は反逆者か

私たちは存外知らないが、マレー半島やシンガポールで日本が戦ったイギリス軍の多数を構成していたのはインド人兵士である。それが日本軍に降伏して捕虜となり、シンガポールだけでも四万五千人、そのうちのきわめて多くが日本側についてインド国民軍、通称ＩＮＡとなった。Indian National Army の頭文字である。日本軍のチェックというか選別はきわめて簡単明瞭だった。英国王に忠誠を誓うインド人はそのまま捕虜とし、「ガンディーか」と日本語で聞かれて頷《うなず》いた者は、インド国民軍に参加する者として釈放され、新たな部隊に編入されることとなる。こうして二万人以上のインド兵が日本側についた。

イギリスから見ればインド国民軍は英国を裏切り日本側に寝返った悪者である。しかもそのインド国民軍は一九四三年晩春、カリスマ的指導者ボースを迎えるに及んで、にわかに影響力を持ち始めた。彼らは「デリーへ、デリーへ」とインド進軍を叫び出したのである。英国に反逆したからには、イギリスは、対日戦に勝利した暁《あかつき》には、今後の英国植民地統治のためにも、インド国民軍の指導者をみせしめに厳重に処罰せねばならぬ。だが大英帝国の威信を維持しようとして戦後いちはやく開いた軍事裁判の結果はどうなったか。

## 潜水艦を乗り継いで

インドでいまもなお国民的英雄として有名な人は、インド独立運動の巨頭スバス・チャンドラ・ボース（一八九七－一九四五）である。彼は、中心がガンディーで、その後継者と目されている政治家がネルーであるところの、インド国民会議派 Indian National Congress の急進派であった。急進派とは何か。非暴力を掲げるガンディー以下の主流派に対し、チャンドラ・ボースは武力闘争をしてでもインド独立を達成しようとしていた。その際は英国の敵ならばどの国であろうとも手を組んでいい、と考えていた闘士である。

このインド独立運動の志士は、英当局からインド出国を禁止されていたが、第二次大戦が勃発《ぼっぱつ》するや脱出してまずドイツに亡命した。ナチス・ドイツであろうが英国の敵ならばいいのである。しかし遠隔の地ドイツにいては、現実の政治力となり得ない。ボースは日本占領下のシンガポールでインド国民軍を指揮するべく、一九四三年二月九日、北ドイツのキール軍港でウェルナー・ムーゼンベルク司令の潜水艦U１８０に乗艦した。潜水艦はスペインの沖で給油、夜だけ浮上して大西洋を南下、四月十八日に西アフリカ沖で英国商船コルビスを撃沈、アフリカの南端をまわってインド洋に入った。

一方、四月二十日、日本の伊号第二十九潜水艦（司令寺岡正雄大佐）はマレー半島北西岸のペナン島基地を出港、四月二十六日南緯二十五度、東経六十度、マダガスカル島の東四百海里に到着、独日両国の潜水艦はそこで接触に成功した。波が荒れていたが、ドイツ士官と水兵が泳いで日本潜水艦との間の海上に綱を張り、ゴムボートでチャンドラ・ボースと秘書を日本潜水艦に引き渡した。伊号第二十九では艦長は艦長室をボースに提供した。四月二十九日、艦中で日本天皇の天長節を祝賀し「われわれは遂にアジアの一国民のもとに帰ってきた」We had come back to an Asian nation. と挨拶した。スマトラの北のサバンに五月八日到着、そこで「この潜水艦に乗って航海できたことは大いなる喜びであった。これは日本軍とインド国民が手を携えて勝利と平和回復のために闘う記念すべき第一歩となるだろう」It was a great pleasure to sail aboard this submarine. I believe this will mark a milestone in our fight for victory and peace. と語った。サバンに寄ったのは、ペナン港の周辺には敵潜水艦が潜《ひそ》んでいたからである。そこにはドイツで接触していたベルリン日本陸軍武官府の山本敏大佐が出迎えに来ていた。山本は一足先にシベリア経由で帰国して対インド工作の実行機関光機関の長に就任していた。一行はそこからペナン、サイゴン、マニラ、台北、浜松と飛行機を乗り継いで東京着。「私はチャンドラ・ボースである。東アジアに住むインド同胞の皆さん」This is Subhas Chandra Bose speaking to his countrymen in East Asia. と東京から放送した。こうして彼がインド国民軍の指導者となったのである。

戦争中、渋谷区代々木西原の私の家の道をはさんだ南東の小さな二階家に背の高いもの静かなインド人が住んでいた。同じ隣組だが、出てくる人は同棲のおだやかな日本人女性で、彼の方は高い鉤鼻《かぎばな》の横顔しか記憶にない。このインドの人は内幸町の日本放送協会へ通勤して、毎日、短波でインド向けに放送していたのであった。

## チャンドラ・ボース来たる

東條首相と面会したチャンドラ・ボースは七月二日、シンガポールへ引き返し、七月四日そこで開かれたインド独立連盟 Indian Independence League 代表者大会で自由インド仮政府樹立構想を明らかにした。

ボースと呼ばれる人は二人いた。一人はビハリ・ボース（一八八六―一九四四）といい、インド独立運動の指導者で一九一五年、イギリスの追及を逃れて来日、インド独立連盟総裁として日本に協力した。新宿中村屋の創業者相馬夫妻の援助を受け、その娘を妻とした。中村屋の名物料理がライスカレーであるのはその関係である。ただあまりに日本化したこのビハリ・ボースに代ってチャンドラ・ボースが仮政府主席に推されたのはきわめて自然な成り行きであった。

七月五日、一万五千のインド国民軍将兵をシンガポール市庁舎前の広場で閲兵し、「チェロ、デリー」Chalo Delhi!「デリーへ、デリーへ」と叫んだ。デリーはインドの古都である。

一九四三（昭和十八）年十一月五日、大東亜会議[83]の第一日、ビルマのバー・モウ長官は「我々多くの者が長いあいだ彷《さまよ》い、救いを求めて与えられなかった荒野から、我々を救い出してくれたのは、東洋の指導的国家日本であった」と言い、いまだに解放されず独立していない隣国インドの為にこう熱弁をふるった。すなわちインド解放の重要性に言及し、「アジアにおけるアジア侵略の武器庫であり、宝庫であり、足場である。インドの自由なくしてビルマの自由独立なく、インドの自由なくしてアジアの自由はない」。

その翌十一月六日、チャンドラ・ボースが明快で美しい英語で演説した。

インドにとりましては、英帝国主義に対する徹底的抗戦以外に途はないのであります。対英妥協は奴隷化との妥協を意味するものである。奴隷化との妥協は決してこれを行なわざる決意であります。……

今、われわれは、日本という無敵の友と各代表の支援を得て、解放の日の近きことを確信して、戦場に赴かんとするものであります。……

個人の生死は関係ない。生きのびてインドの解放を目撃できるか否かは私の意に介するところではない。唯一の関心事はインドが英米から解放されるという事実である。……

大東亜共栄圏の建設は全アジア民族、全人類の重大関心事であり、これは強奪者の聯盟に非ずして真の国家共同体への道を啓《ひら》くものである。……

そして《大東亜共同宣言》が「全世界の被抑圧国民の憲章たらんことを祈る」と結んだ。自由インド仮政府代表のチャンドラ・ボースは、独立を認められた東南アジア諸国の代表と異なり、会議には陪席者として連なった。オブザーヴァーである。だがボースの演説が、他の誰の演説よりも、出席者の頭に訴え、心に響いた。大東亜会議の全議場を魅了したこの人がさながら主役のごとくであった。拍手鳴りやまぬ中を、東條首相が立ち上がって発言した。

インド独立の第一の階梯として、帝国政府と致しまして、目下帝国軍に於《お》いて占領中のインド領でありまするアンダマン諸島及びニコバル諸島を、近く自由インド仮政府に帰属せしむるの用意ある旨を本席上に於て闡明《せんめい》致す次第であります。

## ボースはこの戦争をどうとらえたか

チャンドラ・ボースは大東亜会議の際、中華民国の汪精衛と会談、戦局を打開する方策は重慶政権に対する和平工作であるとした。その類の話は子供たちの間でも話題になったほどで、戦争末期の疎開先でも日本は中国の国民党と和解して八路軍を叩くべきだ、などと私たちも言っていた。しかし同じことでも汪精衛に招かれて大東亜会議後南京に飛んだボースが南京から十一月二十日、上海から二十一日、(84)ラジオによって二回にわたり重慶側に和平工作を呼びかけたとなると、これは大東亜戦争をボースがどのように捉えたか、その解釈を示すだけに歴史的な意味合いを帯びてくる。

重慶の諸君、諸君は孫文を近代中国の父と仰ぐが、われわれインドにとっても、孫文はそれ以上の存在である。孫文がインドの友であることは、彼が終始インド独立の確固たる支持者であったこと、英帝国主義の頑強なる反対者であったこと、それに加え忠実なアジア解放者であったことを見てもわかる。……

これまでアジア諸民族の解放と結集の障害となっていたのは、一つは西洋帝国主義の存在であり、いま一つはアジア弱小諸国へ援助の手を差し伸べるアジア勢力の欠如であった。いまそれができるのはひとり日本のみである。……

日本がその役割を果たすためには、日本が西洋帝国主義と決裂しない限りできなかった。その待ちに待ったときが一九四一年十二月、ついに到来した。日本は米英に対し敢然として決裂の運命的宣言をし、国運を賭して闘争に突入したのである。……

私は中国が過去において日本に対して抱いた不満の数々をよく承知している。中国が日本に対し戦火を交えた経緯も承知している。しかし五年前の日本はもはや存在しない。日本には大変革が起きた。私は東アジアに戻って以来、インド独立連盟総裁として日本と密接な協力の下に活動している。もし日本の誠意に疑わしい節があるなら、私のような民族主義者、私のような革命家には、日本との協力は絶対不可能だったはずである。……

十一月五日と六日に開かれた大東亜会議は日本の誠意と信実を確信させてくれた。そうである以上、重慶の諸君、諸君は何者と戦っているのか。

重慶の諸君は、敵と手を組み、味方と戦っているのではないか。諸君はしばらく手を休め、よく考えよ。そうして意を新たに決せよ。


昭和十六年十二月八日、日本人はこれで戦争の質が変わったと感じて奮い立った。支那事変が大東亜戦争となり「有色の民に所得しめる」戦争となった――かつて日本の中国侵略に批判的だったボースも、一九四三年の日本は一九三七年当時の日本とは変わった、と判断し、その思いを放送で蔣介石以下の国民党幹部に訴えたのである。そのスピーチの英文には遠からぬ将来「名誉ある和平により日本は中国から軍隊を撤収するであろう」と出ていた。

しかし『チャンドラ・ボース伝』を書いたスガタ・ボースによると、一九四三年十一月二十二日、カイロでルーズベルトとチャーチルにより連合国のハイ・テーブルの一席を与えられた蔣介石には、自由インドを代表する闘士と話をする意思はさらさらなかったという。そのとき日独伊三国同盟の中のイタリアはすでに降伏、連合軍の終局的勝利はまず間違いないものとなっていたからであろう。

かつての国民党の同志で重慶を脱出して日本側についた汪精衛は、汪逆精衛と呼ばれ、秦檜《しんかい》と同様の奸物《かんぶつ》と見做《みな》された。今日の英雄は明日の罪人となる。汪精衛は一九四四年秋、病没するが、その墓は戦後国民党によってダイナマイトで破壊された。しかし対日戦に勝利したかに見えた蔣介石も戦後、中国本土を追われる。「今世的英雄是明天的罪人」とは蔣介石自身の運命であり、そしてまた、今はまだ生きている、中国共産党幹部の運命であるかもしれない。

## 誰がインドでは勝利したのか

インドの国民会議派の主流は、急進派のボースと違って、イギリスと武力闘争には踏みきらなかった。だが不服従運動はする。イギリス軍を援《たす》けはしない。ストライキはする。ガンディーもその後継者と目されているネルーも、チャンドラ・ボースとインド国民軍がインド人の間で人気が高いことをよく承知していた。ボースはボースで、母国インドの首都デリーへの進軍を目指すビルマ戦線のインド国民軍の精鋭を、ガンディー部隊とネルー部隊と命名した。そうすることによって、インド国内の国民会議派への連帯と服従を表明したのである。

日本軍が一九四四年にビルマからのインド進入のインパール作戦に踏み切ったのはボースの要請もあったからだろう。だが当初から食糧弾薬ともに不十分なインパール作戦は、軍事的には失敗し、おびただしい犠牲者を出した。竹山道雄の『ビルマの竪琴』にもその話は出てくる。日本軍が敗走した路は死屍累々《ししるいるい》、白骨街道といわれた。インド国民軍も日本軍とともに英軍と戦ったが、劣勢いかんともしがたく敗退した。

イギリスの英印軍は一九四五年五月二日にはビルマのラングーンを奪回した。ドイツは降伏し、チャーチルは戦争目的を完遂《かんすい》したかに見えた。

一九四五（昭和二十）年七月二十八日、中学二年生の特別科学組の私の同級生古山洋三は疎開先の金沢の第四高等学校の北寮で、『北国新聞』を読んで得たニュースに添えて、こんな感想を日記に書いた。

英国内閣倒る。労働党選挙に大勝、チャーチル退陣アトリー後継内閣組織、チャーチルも可哀さうだ、戦争中散々こき使はれて、やっと戦争が終ったと思ったら潰されて了《しま》ふ。而《しか》し結局、社会主義者があらゆる点で勝つのだ。

社会主義への期待は、驚くべきことだが、戦時下の日本の早熟な十四歳の少年の耳にまで伝わっていたのである。大英帝国主義で植民地維持派のチャーチルは、対独戦に勝利したにもかかわらず国内の総選挙で敗れ、植民地独立承認の方向に動こうとする労働党のアトリーが首相となった。

一九四五年八月、日本は降伏する。ボースは今度はソ連へ渡ってインド独立のために反英闘争を続けようとしたのではあるまいか。南方からまず日本へ帰ろうとした。途中、台北飛行場を飛び立ったところで飛行機が墜落、一九四五年八月十八日に亡くなった。

## デリー裁判

ニュルンベルク裁判や東京裁判に先立つ、勝者の威信回復を意図した軍事法廷に、インドのデリーで開かれた裁判がある。戦後英国は、日本軍に協力してインドに向けて進軍しようとしたインド国民軍の将兵を反逆罪で裁こうとした。裁判はムガール王朝の王城であったデリー市のレッドフォート城で一九四五年十一月五日に開かれた。六日に英国軍は、インド国民軍の主謀者四百名を向こう六カ月間に裁判に付す予定と発表した。すると彼らを英雄視するインド民衆はボースの生地のカルカッタや、デリーやラホール、マドラスなどの各地で蜂起《ほうき》し、何万人という人がデモに参加した。

当時の日本の新聞にはデリー裁判の詳細は報じられなかったが、それでもその裁判の模様を生き生きと伝える証言が残されている。それというのは、裁判に際しインド側の弁護士が法廷に日本側証人として、松本俊一元外務次官、澤田廉三前ビルマ大使、戦争中インド国民軍との連絡にあたったF機関の藤原岩市中佐（一九〇八－一九八六）以下を証人に呼んだからである(85)。

インド側は裁判の公開を求めており、インド会議派が弁護権を握り、フラバイ・デサイ博士以下が大弁護団を組んだ。藤原は一九四五年十一月十八日にデリーに到着したが、インド国民軍の将兵には顔見知りも多く、「メイジャー・フジワラ」と声がかかった。自分は中佐に昇進しているのだがと藤原は思った。メイジャーは陸軍少佐なのである。敗戦後もそんな軍の階級にこだわる藤原だった。「フレンドシップ、フリーダム、フジワラ」の頭文字をとってＦ機関と称して工作を続けた中野学校出身の藤原岩市には、戦争は大東亜解放の義戦そのものであったろう。

　収容されているインド国民軍の将兵がＩＮＡの軍歌を合唱する。英国軍はそれを制止することもできない。将兵は「ネタージ・ボースから授かった」といってビルマの戦陣の汚れた戎衣《じゅうい》をまとってそのまま昂然としていた。ネタージとは総帥の意味である。キャンプのボーイが斥候となって藤原にもいろいろ情報を伝えてくれる。十一月二十一日から二十六日にかけてカルカッタでゼネスト、デリーで暴動が起こった。弁護側は言う、チャンドラ・ボースの自由インド仮政府は、日本、ドイツ、満洲国、南京政府、タイ国、ビルマに承認された合法政府である、被告の英国王に対する反逆というが、彼らが英軍の手から日本軍に接収されたとき、英国王に対する忠誠の義務は解かれたのであるから、反逆罪は成立しない。インド国民軍が日本軍とともに戦闘に参加したのは、アメリカの独立戦争に比すべき行為であって、戦場で軍規を紊《みだ》した将兵を軍事刑法に従って処断したのは独立国家の軍隊に共通の正当な行為である。隷属《れいぞく》民族には闘う権利がある。

……

　デリー市中では「ＩＮＡ裁判の即時中止」「被告の釈放」「インド統治権の返還」「英人の引揚げ」などの叫び声が強くなり、藤原流の表現を借りれば、「全印度は鼎《かなえ》の沸騰する総起《そうだ》ちの騒ぎ」となった。デリーのレッドフォート裁判は形を変えたインパール作戦である、と藤原は観察した。日本軍とともにインド独立を目指して戦ったインド国民軍はインドでは英雄視されていたのである。英国側が意図したような裁判は成り立たず、その反英暴動はついにインド独立につながった。

十二月三十一日に軍事裁判は終了し、判事は極秘裏に、英国王に対して戦争を挑発した者として被告を無期流刑に処すという判決を下した。しかしインド民衆に対する衝撃を恐れて発表を避けた。そして一九四六年一月三日、インド総司令官ホーヒンレック大将は「被告を無期流刑に処すという軍事法廷の判決は正当なりと認めるも、総司令官の権限において、刑の執行を停止する」と発表して被告を釈放したのである。

イギリスは在印英権益を守りつつインドから名誉ある撤退を模索し始めた。三月七日、日本降伏戦勝記念祝賀会を企画したが、それにインド人側は参加しようとしない。そして一九四七年八月十五日にインドは独立するのである。

戦争中にシンガポールのパダン広場に建てられたインド国民軍発足記念の碑は、日本軍が降伏し、英国が再びシンガポールを統治し始めた戦後はまだそのまま建っていた。一九四六年、ネルーがシンガポールへ来た際はその前に跪いた。これはインド国民会議派主流がインド国民軍に深い敬意を表したことのあらわれである。その記念碑はイギリス当局の手で一旦《いったん》は取り壊された。しかしシンガポールが独立するや、インド系住民の努力でその碑は再建され、一九九五年には英語、ヒンディー語の説明のほかに中国語でも印度国民軍紀念碑と刻まれている。

## 本当の敗北だったのか

このように複眼の歴史観で振返ると、過去の再解釈を迫られる。印・独・日、三つの軍事法廷を並べて見直すと、独・日を一括して悪者とみなす史観に揺るぎが生じ、旧来とは異なる視野が開けてくる。日本の政治家や知識人はあの戦争についてあくまで連合国側の立場に立って正邪の判断を下すべきなのか。

だが宗主国英国と植民地インドとの関係で見ると、正義・不正義の区分は逆になる。日本はアジア解放を唱えた。その「大東亜戦争」とは口実で、日本のアジア支配を意図した侵略戦争と断ずべきなのか。それとも日本の主張に三分の理はあったのか。

なおライシャワーは先に引いた《対日政策覚書》で「もし中国が対日戦から脱落するような事態になれば、今度の戦争は日本が主張する通り有色人種の解放戦争になりかねない」と危惧《きぐ》を表明した。そして日本側の聖戦という主張を正当化させないためにも、北米で日系人を抑留することは不可であるとし、日系人を収容所から出して、連合軍側の兵士として戦わせよ、と提案した。一九四二年九月の執筆当時、ライシャワーは、日本側の大東亜を解放するという戦争プロパガンダは、タイや東南アジアの旧欧米植民地、そして中国の一部にも浸透しそれなりに成功している、と述べている。

しかし日本の敗戦によって大東亜共栄圏の夢ははかなく消えたかに見えた。

ビルマのバー・モウ長官は敗戦後、新潟県南魚沼郡石打村の薬照寺に身をひそめ敗戦後の日本人の様変わりを観察して、これがあの神風特別攻撃隊の国であったかと驚いた。しかし日本はようやくこれでリアリズムを欠いた軍人の自己中心的な世界観から解き放たれた、とも感じた。

バー・モウ自身は敗戦の年の十二月に英軍のもとに出頭し巣鴨拘置所に入れられたが翌年夏には釈放、八月に帰国した。ビルマ政界の主流に復帰することはなかったようだが、日本の敗北後二十三年の一九六八年に出した自伝 *Breakthrough in Burma, Memoir of Dr. Ba Maw*（バー・モウ『ビルマの夜明け』）にはこんな観察を述べている。

この筆舌に尽くせぬ（日本人の米国占領軍に対する）屈従ぶりは、私が日本にいる間中続いていた。こうした現実主義がようやく成果を現わしたのは、幾年も後になってからのことであった。日本の戦後の奇跡的な経済復興、そして政治的、軍事的にも立ち直りの道を開いて彼らを全面的復興の段階にまで導き、その偉大な躍進をみせて、世界は日本の戦後政策に先見の明があったことを知らされた。ときどき私は長い目でみて、日本の敗戦は歴史的意味での本当の敗北だったのか、それとも国民に新しい現実主義を教え、軍人の抑圧を破ることで、敗戦が日本に真の偉大さを発揮させ世界の仲間入りをさせたのではなかったかと考える。(86)

# 第十三章　石油

## 子供心に映じた戦争

西洋と東洋の対立を巨視的に考察した世界史は、我が国でも意外に教えられていない。第二次世界大戦は子供心にはこんな経過をたどった。

戦争は当初は「支那事変」として始まった。それは大陸にある日本の権益が侵され在留邦人に危害が加えられる、などの受身的な面と、日本が華北で勢力を増大させようとする面と、二つがまじっていた。満洲事変以来、筆の立つ記者を現地に特派して日本軍の勇戦奮闘を記事にすることで売行きを伸ばした『朝日新聞』の見出しには「暴戻《ぼうれい》なる支那兵、日本の権益侵害」などの文字が大きく印刷されていた。日本軍は「暴支膺懲《ぼうしようちよう》」のために出兵している、と子供心には受けとめていた。

当時の日本側の小学校低学年の私はこう教えられた。日本は東亜の盟主としてアジア解放のために立ち上がった。日本と手を組もうとする反共親日の中国の同志には汪兆銘（字は精衛、一八八三–一九四四）などもいるが、蔣介石の国民党はアメリカと手を組んで日本に手向かい、毛沢東の共産党はロシアと組んで奥地に立てこもっている。当時の日本は日独伊防共協定をすでに結んでいた。小学生の私は赤都蘭州という言い方を知っていた。それは一学年上の松尾少年の兄君の松尾少尉が蘭州爆撃に参加して戦死したからである。

しかし日本の内地はまだ穏やかだった。山田洋次監督の『小さいおうち』の映画が実に正確にその雰囲気を伝えている。平川家にも山形から女中さんが奉公に来ていた。南京陥落で祝賀の花電車が明るい豆電球を光らせてゆっくり通っていった。昭和十六年の夏まで平川家は房総へ避暑に行くのがしきたりだった。沖には軍艦が浮かび、空には下駄ばきと呼ばれたフロート付きの水上機が飛んでいる。それはアンリ・ルソーの絵のような平和な光景だったのである。

だが一九二〇年代以降の日本は「孤独な帝国」（クローデル大使の観察）だった。日英同盟の消滅にともない、日本は国際社会の中で漂流を始めたのである。第一次大戦後、五大国の一つとも、三大海軍国の一つとも数えられたが、西洋列強に伍して非西洋の国日本だけは異質だった。その昭和初期の日本は、内部的にも問題を抱えていた。政府と軍部と考えること、することが食い違っており、国家意思の統一ができていない、みっともない国であった。内閣はころころ変わる。陸軍は中国戦線を拡大するという失策を重ね、わが国は大陸から撤兵する決断も下せずにいたのである。

## ルーズベルトとハルの日本観

日本の野村吉三郎大使は、一九四一（昭和十六）年一月二十三日に東京を出、鎌倉丸でハワイに寄港し、二月六日サンフランシスコ着、鉄路ワシントンへ向かい二月十一日に到着した。野村大使が信任状を捧呈した二月十四日、旧知であるルーズベルト大統領はこう言ったと野村吉三郎の『米国に使して』に出ている。

大統領は「余は日本の友であり、君は米国を能《よ》く知つて居る米国の友である。随つてお互は充分率直に話が出来る訳である。日米の関係は国務省に於《お》いて二百数十の抗議書を日本に出して居り、其の結果輿論《よろん》は刺戟《しげき》されて今や両国国交は悪化（deteriorate）の状況にある。殊に昔のメイン号の例もあり、彼のパネー号事件のやうな際は、自分及び国務長官（同席）に於て輿論を抑へなかつたならば、真に危険の状態に陥つたであらう。日本は今や海南島からスプラットレー（新南群島）、仏印及びタイ国方面にまで進まん形勢にあり、日本の南進は時に緩急あるも殆《ほとん》ど既定の国策の如くに思はれる。米国の援英は米国独自の意思に基くも、日本は三国同盟あるが為に其の行動に充分独立的の自由がなく、却て独伊両国が日本を強制（force）するの惧《おそれ》もある」とて心配の意向を洩《も》らし（た）(87)。

ハル国務長官は三月八日に野村大使にこう話した。

ヒトラーの武力制覇の大望は、ナポレオン、アレキサンダー、成吉思汗《ジンギスカン》の如く限りないものである。日本は之《これ》に共鳴せられつゝあつて、其の唱へられる東亜新秩序なるものは要するに武力で大東亜を制覇せんとするものと見られて居る。(88)

ルーズベルトも三月十四日、野村大使に、

日本の対支（中国）政策に関して「既に数千年の文化を有する支那を一時はいざ知らず、永久に日本が統治することが出来るとは信じて居ない」と語り、更にハル国務長官を顧みて、「ヒトラーの政策は世界制覇（World conquest）であらう」と云《い》ひ、長官は「疑ひもなく World conquest である」と同意した。大統領は語をついで「ヒトラーの世界制覇は疑ひもなくニアー・イースト及びイラクにも及んで、アフリカ迄《まで》も之を植民地とせんとして居る。ヒトラーが戦捷《せんしょう》を得た暁《あかつき》は、日本の謂《い》ふ東亜の新秩序と相俟《あいま》つて米国は極めて苦境に立つことになるから、これは到底容認しがたい」旨を述べ(89)(た)。

ルーズベルトのヒトラー・ドイツの認識が本当にこの通りだったのか、それとも野村大使に誇大な解釈を伝えたのか、そこはよくわからない。しかし米国大統領や国務長官がドイツを非常に危険視していたことは確かだろう。そして日本という国を前年の一九四〇（昭和十五）年秋に日本が同盟を結んだドイツとの関係で考え、独日を欧亜の二大脅威と目していたことは確かである。

次に大統領は、三国同盟に関し、これは非常に米国人を刺戟した。同盟条約の文字だけ見れば大したことはないけれども、これは文面以上に発展する處大なりとて、日本がドイツと協調して南方進出をなすにあらずやと懸念《けねん》された。

## 野村吉三郎大使の英語力

明治海軍は東郷平八郎のように英国で教育を受けた人、斎藤實のように米国留学経験のある人などが中枢にいた。昭和の海軍でも山本五十六は、どこまで読んだかは知らぬが *Complete Works of Shakespeare* も持っていた。その『シェイクスピア全集』の原本はいま長岡の山本五十六記念館に保存されている。シェイクスピアの名句がすらすらと口から出てきた人は山梨勝之進大将で、戦後、明仁皇太子殿下の家庭教師として招かれたヴァイニング夫人も山梨の博覧強記に驚嘆した。

野村吉三郎大将は山梨より一期下だが、海軍でも英語がよくできる人として知られた。野村は山梨と同じ一八七七年生まれ、少尉中尉のとき戦艦三笠受領のため英国滞在、大尉少佐のとき独墺に駐在三年、中佐大佐のとき米国に三年八カ月勤務、パリ講和会議及びワシントン軍縮会議に全権随員として参加した。一九三九年、阿部信行内閣の外相もつとめた。しかし駐米大使となるに及んで、通信機能の発達した今では大使の職は畢竟《ひっきょう》伝声管の役目に過ぎないと自覚した。外交技術については門外漢であると感じ、来栖三郎大使の応援を求めた。国交調整が難しくなってきたことを痛感したからである。――これだけ海外体験の豊かな野村でも、ルーズベルトやハルとの交渉の際、英語の能力が十分でなかったと私は感じている。米国側に野村の話す英語がよくからない、という記録が残されている由だが、やはりそうか、という気がした。

世間は東大の外国語教授であるとか、外務省の大使であるとかいうと、相手の国の人と同様に外国語が流暢《りゅうちょう》に話せると思いがちだが、実際はそうでない。東大の外国語教室で主任もつとめ、外務省研修所で教えたこともある私がいうのだから、信じてもらいたい。野村大使は時と場合によっては、有能な部下に通訳させるべきであったろう。通訳を使えば応答の間に考えるゆとりができて話にもゆとりが生まれるのである。

こんなエピソードがある。着任当時、あるとき、長時間ハル国務長官室に居て野村が出てきた。

「大使、一体そんなに長いこと話をするのはどんな用談があるのですか」

アメリカの記者が訊《たず》ねた。野村が、

「自分は英語が下手だし、自分の言うことを長官によく分ってもらうために、二度、三度、繰返すこともあり、また長官の言うことを二度、三度繰返し聞くことなどがあるので内容は大したことはないが、こう長くなるのだ(90)」

そう言ったものだから、皆哄笑《こうしょう》した。野村はこの答弁で記者たちを煙《けむ》にまいたのではなく、これがハルと野村との会話の実相だったのだろう。

## ルーズベルト大統領との第四次会見

一九四一（昭和十六）年八月十七日、野村大使は先方の求めにより、ルーズベルト大統領に面会した。当日は大統領がチャーチル英首相との洋上会談から帰った日で、日曜日にもかかわらず、ルーズベルトはワシントンに帰るやハル国務長官と数時間会談し、次に他の何人《なんぴと》よりも先に日本大使を引見した。それは日米関係がいかに重大であるかを物語っていた。そして「斯《か》かることは申上げたくなきも、併《しか》しはっきりしておく方が宜《よろ》しからうと考へて敢《あ》へて申す次第である」と述べ、ルーズベルトは次の書き物を明晰な発音で読み上げた。

日本政府は極東に於《おい》て、種々の地点に於て兵力を用ひ、遂に印度支那をも占領した。若《も》しも日本政府が隣接諸国に武力を行使し、若しくは武力の脅迫に依り武力支配の政策を今以上に続けるならば、米国政府は直ちに米国及び米国民の正当なる権益を護り、且《か》つ米国の安全及び保全を保護するに必要なる凡《あら》ゆる手段を採るの已《や》むを得ざるに至るべし。

## ＡＢＣＤ包囲網

日米の関係は急速に緊迫していた。一九四一年の日本は経済的に封鎖された。日本の在米資産は七月二十五日凍結され、英国、蘭印もそれに続いた。日本はヴィシー政権の承諾を得た上で、七月二十八日、南部仏印に進駐した。八月一日には米国は対日石油輸出を全面停止した。日本国民はＡＢＣＤ包囲網に囲まれたという気分になった。Ａはアメリカ、Ｂはブリテン、Ｃはチャイナ、Ｄはダッチ・イースト・インディーズである。小学校でも時事問題の講演があった。講堂に全校生徒が集まる。講師がアメリカの産油量を示すグラフを黒板に大きく貼り出す。それに対し「日本の石油産出量はこれだけです」と講師が二センチ四方くらいの小さな紙切れを鼻先に掲げて見せ、ふっと口で吹いてみせた。白い紙切れが花びらのように舞って講壇の下に散っていった。小学生たちは一斉に笑った。

しかし要路の人にとり笑いごとではなかった。日本に比べてアメリカの原油生産量は七百倍だったのである。

## 決断を迫られた東條内閣

東條英機陸相は、第三次近衛内閣総辞職のあと、首相の大命を受け、一九四一（昭和十六）年十月十八日、内閣を組織した。新内閣は政府・大本営の協力のもと、白紙に戻って重要国策の検討にはいった。十月二十三日から十一月二日にわたり、外交・国力・軍事にわたり審議を重ねた。その結果を踏まえて、米国側の十月二日の要求――その際のハル四原則とはすべての国家の領土と主権の尊重、内政不干渉、通商平等、現状維持、である――を参酌《さんしゃく》し、対米交渉に関する要領案を決定した。日本側の最終案とされた乙案は十一月二十日に野村吉三郎大使が先方に提出した。それは南部仏印からの日本軍の撤退により米国の石油輸出停止措置の解除等を求める妥協案で、その第三点にはこうある。日米政府は資産凍結以前の商業関係に復するよう相互につとめる。米国政府は日本に必要な石油を供給する。日米交渉は英語で行なわれたので、乙案でも大切なこの箇所は英文も引用する。

The Governments of Japan and the United States mutually undertake to restore their commercial relations to those prevailing prior to the freezing of the assets.
The Government of the United States shall supply Japan a required quantity of oil.

東京裁判での《東條口供書》にはこの石油問題についてこう出ている。[91] 東條は述べた。

　しかして最も重要なる問題は液体燃料の取得である。これさえ何とか片付けばどうにか耐えて行けるものではあるまいか、それ故人造石油を取上げ必要の最小限度の製造に努力しようではないかというにあった。この案に対する反対意見は国家の生存に要する物資は米英蘭の封鎖以来致命的打撃を受け、特に液体燃料において然りである。もしこの儘《まま》推移すれば、海軍と航空は二年を出でず活動を停止される。

そしてそこから、戦うべきか、否か、が議論の焦点となる。対日石油輸出が解除されない限り、

　この際隠忍自重《いんにんじちょう》臥薪嘗胆《がしんしょうたん》するということは帝国の死滅を意味する。ここに坐して死滅を待つよりも死を決して包囲環を突破し、生きる道を発見する必要がある。

このような主張の主戦派が勢いを増す。そして作戦上の有利不利の見地から、石油の貯蔵量と

の関係で、開戦の時期は決定された。戦うならば早きにしくはない、という見方である。そのときに一九四一年十一月二十六日、先方からハル・ノートが手交された。その強硬な文面を見て、日本側関係者は全員絶句した。米国国務長官ハルが手渡したノートには次のような要求が述べられていた。一、日本は中国・インドシナから軍隊を全面撤収すること。二、日本は重慶の国民党政府以外の政権、いいかえると汪兆銘政権は否認すること。三、日独伊三国同盟を否認すること。日本がこのような要求を呑めるはずがない。東條内閣は自存自衛のため一《いち》か八《ばち》かの開戦に踏み切った。「豈朕《あにちん》ガ志《こころざし》ナラムヤ」という開戦の詔勅《しょうちょく》の言葉は単なる修辞ではない。

国際間の関係を武力で解決しようとするのは、そもそも愚策である。勝てる確信もないのに、戦争に踏み切るような決断はするべきではない。破壊力が増大した近代戦がもたらす被害は開戦時の予想を必ず越える。だが東條内閣の閣僚は、誰一人反対することもなく、全員揃って宣戦の大詔に署名した。指導者たちはそれほどまでに日本が経済封鎖によって不当に押し詰められたと感じていた。

## 石炭液化

「石炭液化」という話は子供の頃よく聞かされたが、開戦前夜の閣議でこれほど話題となっていたとは知らなかった。(22)

私の父の平川善蔵は一九一八年、京都大学応用化学科卒業で日産化学に勤めていた。一九三九(昭和十四)年二月、インド洋経由でドイツへ向かった。石炭液化の研究の為という業界新聞記事を後年見つけたとき、「そんなのは外国出張の単なる名義でしょう」と大学生の私がシニカルな口調で尋ねたら「いや、石炭液化はできたがコストが合わなかった」との合理的《ラショナル》な返事だった。

　同年九月、ヨーロッパで戦争が勃発《ぼっぱつ》するや、日本大使館の勧告で、父はドイツ滞在を切り上げノルウェーのベルゲン経由で北米へ移った。小学二年生の私も照国丸が機雷にふれて英仏海峡で沈没したなどの記事を読んで心配したころである。父はヨーロッパでもアメリカでも移動に飛行機を利用した。カリフォルニアの石油産地で写真を撮り、脇に「全ク林ノ如クヤグラ立チ居リ壮観ヲ極ム。吾等石炭ヨリ液化セント努力スルモ此《この》ヤグラ一基カ二基ノ能力ヨリナシ。此石油産出状況ヲ見テ米ト戦ハン等、疾《はや》ル人ノ夢タルノミ。在外武官ハ何ヲ視察シ調査、報告シタルヤ」と書いてあった。父の死後この感想を見つけたときはおっと思った。

　日本の石油生産量が吹けば飛ぶ程度であったにせよ、秋田の土崎や新潟で石油がわずかながら出ていた。男鹿半島で秋田・土崎・船川の間は蒸気機関車が牽《ひ》く列車とディーゼル・カーが交互に走っていた。土崎の日本石油秋田製油所は昭和二十年八月十四日夜から十五日にかけて爆撃され、二百数十人が亡くなった。その前後、父は日本鉱業の技術重役で、日本油脂の工場長もしていた。そんなことを私が知っているのは、昭和十九年五月、姉の良子が日本鉱業の船川製油所で働いていた石油エンジニアの森川章二と結婚し、その夏休み、中学一年生の私が船川まで行ったからである。石油技師は徴兵されることはなかった。船川の製油所は空爆をまぬかれた。

　油脂の仕事がロケット燃料と関係したからだろう、戦争末期にドイツ潜水艦がインド洋経由で届けたロケットの設計図の青写真のコピーが家にも届いた。秘密だから何も話さない。しかし父が偉い人に見えた。もっともそれを活用するだけの力はもはや日本にはなかったのかもしれない。

ドイツ渡来の設計図は、敗戦後、一旦《いったん》は屋根裏に隠したが、後に焼却処分してしまった。「惜しいことをした。保存しておけばテレビの《開運！なんでも鑑定団》に出せたのに」とは善蔵の曾《ひ》孫《まご》たちと交わした私の冗談である。

# 第十四章　ドイツと日本とインドの場合

## 三つの軍事法廷

過去の戦争に対する国際政治の上の判断は、第二次世界大戦直後に開かれた三つの裁判の結果に示される。ただしそれはいずれも勝者の裁判だったことを忘れてはならない。が、ともかくその裁判で下された判決をまず参考にしたい。歴史における正義・不正義とはいかなるものか。

第二次世界大戦の後で開かれた軍事法廷で、ドイツのニュルンベルク裁判と日本の東京裁判は有名である。それはドイツや日本の戦時指導者を裁いたからだ。それに対し、先に述べたインドのデリー裁判が世界に知られていないのは、被告がインド国民軍の指導者であったこと、そして軍事裁判を開廷し国家への反逆罪を訴因とした英国側の狙いが大はずれに終わったことが関係しよう。

ナチス・ドイツの指導者を裁いたニュルンベルク裁判では、一九四六年十月に判決が下され、有罪者は十九名、うち十二名は絞首刑とされた。この裁判に対しても「ニュルンベルク裁判は、戦争をして負けることを犯罪とした。敗者側の将軍たちは裁判に付され、絞首刑に処せられるというわけだから」という批判が出た（英国のハンキー卿『戦犯裁判の錯誤』）。だがナチス・ドイツはユダヤ人を絶滅させようとする、あまりにも異常な「人道に対する罪」を犯したから、ニュルンベルク裁判の判決に対する反対意見は強く成り得ず、開廷した連合国軍側の狙い通りの判決が出たと言えよう。

日本の指導者たちを裁いた東京裁判は、このニュルンベルク裁判の前例に則って開かれた。ただしドイツが無条件降伏をしたのに対し、日本は有条件降伏をした。ポツダム宣言はその第五項に「吾等ノ条件ハ左ノ如シ」と出ているのだから、その受諾は有条件降伏なのである。清瀬一郎弁護人が東京裁判の裁判所の権限について、また戦争法規以外の事後法によって人を裁こうとすることについて、疑義申し立てを行なった。すでに『25被告の表情』に寄せた清瀬の序文で紹介したが、

一、本裁判所はポツダム宣言第十項を根源として設置されたものであり、……同条項に規定されている以外の戦争犯罪人裁判は行ない得ない。

二、裁判所条例には平和、人道に対する罪なるものが規定されているが、ポツダム宣言にはそのようなものは含まれていない。従って、連合国にも最高司令官にも、かかる規定を設ける権限はない。

三、ポツダム宣言にいう「戦争犯罪人」の意義を考えるに当っては、……戦争法規違反の罪

を犯した者をいうのであって、戦争の計画・準備・開始・遂行を「戦争犯罪」であるとする観念は、ポツダム宣言発出当時、文明国間には存在しなかった。

という動議である。しかし日本側弁護人のこの動議は、却下の理由は将来発表する、とウェッブ裁判長が述べたまま裁判は続けられることとなる。

ニュルンベルク裁判に対し異論が少ないのに東京裁判に対して異論が多いのはこのような違いにもよる。東京裁判の場合には判事たちの中からも独自の相違に気づく人が出、多数派判決と異なる判決を書く人も出たのである。

## 廣田弘毅元首相の死刑判決をめぐる異論

一九四六（昭和二十一）年五月三日から一九四八（昭和二十三）年十一月にかけて行なわれた東京裁判では、日米英開戦時の東條英機首相だけでなく、一九三六年の二・二六事件の後に首相となった廣田弘毅も絞首刑に処せられた。その裁判に示された判断に基づく歴史解釈を世間は「東京裁判史観」と呼ぶが、その判断は正しかったのか。廣田に対する死刑判決に対しては異論が多い。そのことはニュルンベルク裁判でナチス・ドイツの指導者を罰したことに対する異論が少ないことと対照的で、東京裁判の公正を疑わせるに足る。そのような疑念が生じて今日に至るまで尾を曳《ひ》いているのは、判事側や検事側の先入主や判断や裁判の運営に問題があり、判事たちの内部でもすでに意見が割れていたからである。

ここでは日本のキャリヤー外交官で首相や外務大臣をつとめた廣田弘毅（一八七八－一九四八）がはたして死刑に値する人であったか否かを歴史解釈の問題としてとりあげたい。

一九九六年に邦訳の出た『レーリンク判事の東京裁判――歴史的証言と展望』ほど日本人の蒙《もう》を啓《ひら》いてくれる東京裁判関係者の書物は少ない。質問者のイタリア人国際法学者アントニオ・カッセーゼがレーリングに対し、ニュルンベルクで訴追されたドイツ人と、東京で訴追された日本人との間に本質的な違い[94]があるかと思うか、と質問したのに対しオランダ人判事は「もちろんあります」とこう答えた。この戦争犯罪とは戦争法規違反のことである。

類似点などあり得ませんでした。日本人被告には良心の痛みはありませんでした[95]。そしてそう感じていたのはおそらく正しかったのでしょう。東京裁判の被告は指導者で、証拠の示す限り、誰も戦争犯罪を犯したり、犯すように命じたりはしていませんでした。ニュルンベルクの被告人とは話が全く違っていたのです[96]。

レーリングは日本人被告はならず者やサディストではなく、殺人を目的にしていたのではなかった、としてナチス・ドイツのユダヤ人虐殺と質的に違う、と指摘した[97]。先に私が丸山眞男に関して独日比較論をするならばこの点に触れるべきだ、と述べたのはナチス・ドイツと日本帝国のこの本質的相違である。「東京裁判では、中央が出した犯罪的な命令は一件も摘発されませんでした」。廣田弘毅に対する死刑判決の理由の一つとなったいわゆる南京事件当時の外務大臣としての責任について、レーリングはこう述べている。重光葵、東郷茂徳、廣田弘毅の三人の外務大

臣について、

彼らは外務大臣として戦場で起こったことを知るようになり、（交戦国から）抗議を受け取り、行動を起そうとしたことが証明されています。彼らは陸軍大臣にその抗議を伝え、陸軍の犯罪的行為を止めさせる行動をとるよう要請しました。それ以上のどんなことが彼らにできたでしょうか？　彼らは戦場にいる司令官たちと直接に連絡をとることはできませんでした。彼らが行動する可能性は、彼らがその役割を果たしているシステムによって制限されていたのです。彼らにはそれ以上何もできませんでした。[98]

この「不作為」の責任で処刑された司令官には山下奉文もいる。マニラのアメリカ軍事法廷はアメリカ軍がフィリピンの再占領の時期に、山下司令官が日本軍の犯罪行為を阻止しなかったとして死刑判決を下した。山下がこの犯罪行為の命令を下したわけではなく、アメリカ軍の爆撃によって山下は部下との一切の連絡手段を失っていたにもかかわらずである。勝者が敗者の日本人にたいしてこのような理由をこじつけて裁いたことは許されることとか。それに疑問を抱いたハーヴァード大学法学部出身の弁護士資格のある軍人については後でふれる。

## 「アジア人のためのアジア」の主張は悪なのか

この「不作為」の責任で処刑された人が出たのも問題だが、さらに重要なのは次のような歴史解釈について処刑された人が出たことだと、レーリング判事はカッセーゼとの対談で述べた。

廣田弘毅に対する死刑判決の理由の一つは次の点にあった。

一九三六年（昭和十一年）八月七日に廣田内閣は「国策ノ基準」[99]を決めた。この極秘文書の中で「列強ノ覇道政策ヲ排除」して「アジア人のためのアジア」を造ろうとした。ただし軍事行動によってこの排除を達成するというわけではなく「列国トノ友好関係ニ留意ス……他国ニ対スル刺戟《しげき》ヲ避ケツツ漸進的和平的手段ニヨリ我勢力ノ進出ヲ計リ」と述べている。しかし「この広範囲に及ぶ政策が最終的に一九四一年の日本と西洋列強との間の戦争につながった」ということが東京裁判の判決理由とされた。日本側には侵略戦争の共同謀議があったというのである。米国流の共同謀議論は人を有罪にするにはきわめて有効な立論方法だが、判決は世間を納得させるものではなかった。しかも廣田内閣が考えたことがはたして悪であったのか。アングロ・サクソン系の判事は大悪と思ったのかもしれない。だがレーリング判事は一九七七年のカッセーゼとの対談で、それについて実に大切な以下の指摘をしている。

……後に起きた事件がそのことをさらに劇的なものにしました。国連憲章は人権を推進しようという共通の欲求に基づいています。一九六六年の二つの人権に関する規約には、それぞれ自決権に対する民族の権利について同趣旨の条項があります。人権、とくに民族の自決権の普遍的承認は、植民地システムと相容れないものです。

ですから、ほどなく植民地システムが廃止されたのは当然至極のことでした。一九六〇年の植民地独立付与宣言で植民地を持つことは違法とみなされ、後の国連総会の決議では犯罪とさえ決議されたのです。そうした中で国連総会は民族自決のための闘争を促すことになりました。「自由の戦士」を合法的戦闘員と認め、国連加盟国に自由の戦士に支援を与えるよう要請しました。要するに、国連は民族自決の推進について「転覆活動」それ自体を良しとするようになったのです。四半世紀も経たぬうちに、国連は、廣田がそれで死刑になったと同じことをしようとしたのです。(100)

レーリングは来日した当初は、日本が戦争をしたためインドネシアで独立運動が起こり、オランダが東インドの植民地を失いつつあることに苛立ちを感じていたらしい。だが二年後には意見が変った。皇太子明仁殿下の家庭教師として来日していたヴァイニング夫人にこう語ったと彼女の『皇太子の窓』に出ている。

「私はオランダ人として日本に対する憎悪をもってこの国へ来た。しかし法廷に判事として連なるうちに私の意見は変った。被告たちの中には実に立派な人物がいる。彼等はナチスの指導者とは違う。……私はやがてこの日本から帰らねばならぬと思うと残念だ」

レーリングは一九五八年、西ニューギニアの独立を認めることがオランダにとっての急務であることを説いた小著を出し、そのためにオランダの外務大臣の激怒を買い、国連のオランダ代表リストから外された。旧植民地体制維持の狙いもあって開かれた東京裁判であったが、裁判に連なるうちにレーリングは「アジア人のためのアジア」という主張に理解を示す人に変わっていったのである。ただしそれを日本が軍事力によって実現しようとしたことに対してレーリングは不可とした。

## 銅像が建っている人

廣田の死刑判決に対してはインド人パル判事も、オランダ人レーリング判事も反対意見であり、廣田は無罪と少数意見を出した。レーリングと同様、パルもまた南京事件の際に外務大臣であったということで廣田弘毅が刑に処せられることの異常を指摘した。戦前十年間アメリカの駐日大使をつとめたグルーも公然と反対し、アメリカで廣田の助命運動をした。これは公正な裁判をしたかのように装って罪のない人を死刑にした judicial murder「裁判による殺人」ではないかと主張をするオーストラリア人も出た[101]。

きわめて多くの日本人も廣田の死刑判決はおかしいと感じた[102]。故郷の福岡の大濠公園にはいまは廣田の大きな銅像が建っている。死刑が正義の正しい判決と思うなら、誰も銅像を建てようなどと思うまい。A級戦争犯罪人の銅像建設に市長以下が奔走し、そのことに非難は起きなかった。喜んだ人の方が多かったにちがいない。故人の名誉が回復されることを願ったからであろう。

ナチス・ドイツの戦争犯罪人で処刑された人の銅像などが一つも建っていないことを思うと、このことはどう判断すべきか。廣田元首相の銅像を建てた日本人がおかしいのか、それとも廣田首相を死刑にしたような東京裁判がおかしかったのか。そもそも西洋列強の勢力をアジアから排除しようとした日本の国策の基準は悪なのか。そのような基準を考えたことが犯罪を構成する共同謀議なのか。西洋列強のアジア植民地化の政策は善なのか。一九三六年当時の廣田内閣の考えはひらたく言えば「アジアはアジア人に返せ」という主張だった。それは軍や政府ばかりか、あのころは日本の大衆も「アジア人のためのアジア」という考え方を支持していた。少年の私も山中峯太郎の『亜細亜の曙《あけぼの》』などを夢中になって読んでいた。「列強ノ覇道政策ヲ排除スベ」しと述べたからといって、武力でそれを実現しようなどという大それたことを廣田内閣が考えていたわけではない。そんなあの頃の日本だったのである。

当時の外務省内で廣田はどのように見られていたか、西洋にも名前の知れた人を例にあげる。ロシア語をはじめ多くの言葉を駆使し得た若き外交官杉原千畝《すぎはらちうね》（一九〇〇－一九八六）は満洲時代、日本の若い職業軍人の驕慢、無責任、出世主義にホトホト嫌気を覚えた人だった。杉原がリトアニアのカウナスで勤務していた一九四〇年七月から八月にかけて、ポーランドなど欧州各地から逃げてきたユダヤ系難民に対して夥《おびただ》しい数の通過ビザを発行してその命を救った話は知られている。その杉原が長男に弘樹と名付けたのは外務省の先輩廣田弘毅を尊敬していたからである。弘樹が生まれた一九三六（昭和十一）年こそ首相廣田弘毅が「国策ノ基準」を定めた年であった。

「廣田弘毅像」福岡市大濠公園。平川依子画。

# 第十五章　キーナン検事と東條被告

## キーナン首席検事の論告

一九四六年五月三日、東京市ヶ谷の元日本陸軍士官学校大講堂で極東国際軍事法廷は開廷した。当時のアメリカの日本理解がどの程度であったのか、次に引くのは冒頭でキーナン首席検察官が日本の指導者を論難した陳述である。

a　第二次世界大戦に際してこの法廷の被告たちを含む極めて少数の人間が自己の個人的意志を人類に押しつけようとした。
b　彼らは文明に対し宣戦を布告した。
c　彼らは民主主義とその本質的基礎、すなわち人格の自由と尊重を破壊せんと決意した。
d　彼らは人民による人民のための人民の政治は根絶さるべきで彼らのいわゆる「新秩序」

が確立さるべきだと決意した。

e　彼らはヒトラー一派と手を握った。

侵略戦争非難だが、もし事実この通りであったならば、日本の開戦時の指導者は真に悪玉ということになる。断罪されて当然だ、ということになる。だが私はこの中で確実に正しいとして◯をつけることができるのは、日本の指導者が「ヒトラー一派と手を握った」という歴史的事実だけだと思う。

このような主張はピントがずれている、と今日の日本の多くの読者も感じるだろう。――いやこれが日本のA級戦犯だ、と旧連合国の人の中にはいまなお主張する人もいるかもしれない。旧連合国以外にも中華人民共和国であるとか韓国の一部であるとか、いや日本でもそう言い張る人はいるだろう。しかし一九四六（昭和二十一）年、「難癖《なんくせ》をつけられた」と感じた日本人は多かったのではあるまいか。ただキーナンはこう言うことによって、少数の悪者の指導者と日本国民とを分断するつもりか、さては法廷戦術か、ととった人もいたようである。

## 対外侵略計画の欠如

東條内閣の閣僚がこんな誇大妄想狂《こだいもうそうきょう》だったと昔も今も私は思わない。米国でもかなりの数の日本研究者はもはやそうは思っていないだろう。「キーナンの主張はおかしい」と私が言ったら、「ギャング退治で名をはせた検事だが日本のことは何も知らなかった」とプリンストン大学のマリウス・ジャンセン教授が釈明したことがある。私的会話の一端だが、やはりここに書き留めておきたい。

ヒトラーは自己の個人的意志を人類に押しつけようとしたと論難することはできる。ユダヤ人の絶滅を図ったナチス・ドイツが文明に対し宣戦を布告したと言える。彼らについては民主主義とその本質的基礎、すなわち人格の自由と尊重を破壊せんと決意した、とも言えるだろう。日本について知ることの少ないキーナンとそのスタッフは、日本を東アジアにおけるナチス・ドイツに見立てていたからこそ、こうした非難を口にすることができたのだ。

ジャンセンは日本側に東亜制覇の緻密な共同謀議などはなかったと知るや、

「なんだ、日本は場当たり的にあの戦争をやったのか」

とそのグランド・デザインの欠如を嗤《わら》った。その会話の際は私まで馬鹿にされたような気がした。日本は世界制覇の大陰謀を仕組んだとして共同謀議を疑われ、東京裁判にかけられた。廣田・東條はその首謀者と判定されて絞首刑にされた。その後そんな大計画などなかったとわかって、今度はまた嗤われるのでは、たまらない。まだ若かったジャンセンは南京事件やバターン死の行進のニュースを聞いて「日本討つべし」と思ったそうである[103]。

## 田中上奏文

戦前・戦中・戦後の世界には『田中上奏文』という怪文書が出まわった。これは田中義一首相が昭和天皇に提出した日本の対外侵略計画書といわれるもので、英語では Tanaka Memorandum

あるいはTanaka Memorialといわれる。大陸中国では『田中義一上日皇之奏章』といわれ、今でも歴史教科書に載っている。内外蒙古《もうこ》への軍人スパイの派遣、鉱山の獲得、朝鮮人の移住、鉄道の建設、満蒙特産品の専売など全二十一条にわたり満蒙の征服・経営の方策が具体的に述べてある。一九二七年七月二十五日に田中首相から昭和天皇に上奏されたことになっている。

　これはすでに国際聯盟《れんめい》の場でも話題となり東京裁判でも国家意思の発動による計画的犯行を裏付けるものとして話題となった。『田中上奏文』には「支那を征服せんと欲せば、まず満蒙を征せざるべからず。世界を征服せんと欲せば、必ずまず支那を征せざるべからず。これ乃《すなわ》ち明治大帝の遺策にして」とあるから、これこそが日本側の満洲支配、ついでアジアからの米英駆逐の共同謀議の証拠となると関係者は思ったのであろう。しかし一九二二年二月一日に死んだ山縣有朋がその後に締結された九ヵ国条約の打開策について会議したとか、日本人が読めばおかしいと気づく箇所がいくつもある。その日本語原文はもちろん出てこない。そして今では作者が王家禎《おうかてい》という張学良の秘書で後に中国国民政府の外交次長となった男だということもわかっている。[104]

　連合国軍総司令部内部では、日本を侵略国家と規定し、日本の旧体制を崩壊させ、国民の旧指導者に対する反感や不信を掻き立て、日本の非軍事化というか民主化というか占領統治政策を遂行するためにこの市ヶ谷の法廷を宣伝の場として活用すればいい、という程度の考えだったのだろう。ニュルンベルクで敵国ドイツの指導者を裁いたのだから、その日本版を行なえばよい、とした。

　しかしその安直な類推による日本理解が数々の誤解を生み出した。東京裁判当時、法廷で声高に語られた軍国日本非難の起訴状や検察官の論告、裁判官の判決は、当時の日本の新聞ラジオで繰返し報じられ、そのため日本に定着したかに見えた。だが、そのようにして敗北を抱きしめた人々の歴史理解は、はたしてどこまで妥当するのか。後世の検証にどこまで耐え得るのか。

## 日本の三代目の指導体制

ハワイ・マレー沖海戦に始まる緒戦《しょせん》の輝かしい勝利は、日本には強力な指導体制があり、よく練られた世界制覇の意図があるのだ、という印象を外国に与えた。それだからこそ日本側にあらかじめ共同謀議があったと検事側は信じて裁判に臨んだのではなかったか。

だが日清・日露を戦った当時の日本と違って昭和の日本は、いかにも三代目らしく、国を束ねる一元的な中心はなくなっていた。「将の将」たる指導者は不在だったのである。明治は、維新の元勲といわれた伊藤、山縣、松方、黒田、大山、桂、西園寺らの元老という法律的にいえば憲法とは無関係の存在がいたからこそ国がきちんと機能した時代であった。それならば元老たちは自分たちの死後も国家が一元的な有機体として機能するよう日本国憲法をいちはやく改正して、国務と統帥の乖離《かいり》が生じないようにしておくべきだったのである。だが大正の日本は憲法を改正しなかった。元老が減りつつあったが、そのあとは前総理経験者などによる重臣で、その役割を補完させようとした。

五・一五事件や二・二六事件は元老に代わる重臣を殺害したばかりか、当時は右も左も革新ブームで、軍隊にも社会にも下剋上《げこくじょう》の風潮がひろまっていた。軍隊内部で下から上へ突き上げる。組織内で中堅が勝手に自己主張をする。軍事と外交がちぐはぐで、国内と出先に統一がなくなる。

強力な非有機体と化した陸軍が、大陸で中国ナショナリズムの泥沼にはまりこみ、はっきりした大義名分のない戦争をいつまでも続けたのだから、国際社会で日本の評判が悪くなったのは避けられない。当時のフランス・ベルギーの少年向けの漫画本『タンタン』にも出っ歯で眼鏡をかけた日本兵が醜く描かれていた。

　中国大陸で事変が起こってから四年半も経つが解決の目処《めど》も立たない。そんな国がこの上、さらに米国や英国と事を構えていいのか。杉山元《すぎやまはじめ》参謀総長に昭和天皇は不安の念を洩《も》らしたが、天皇ならずとも常識ある人は懸念《けねん》した。

　だが多くの人は、シナ事変が解決しないのは米国や英国が援蔣ルートを建設して蔣介石政権を支援するからだ、と考えた[105]。

　日本陸軍のトップにいた将官で大陸からの軍の撤収を考えていた人は何人かはいた。東條は一九四一（昭和十六）年十月大命が降下し首相に就任した際は、少なくともその可能性を考えていた[106]。だが不名誉な撤退に反対する軍人が暴発し、不穏な行動に出るかもしれない。東條首相が陸相と内相を兼任したのは反乱に備えてのことである。しかし米国では東條大将の首相就任は日本がいよいよ対米戦に突入するものとして受け取られた。

## 反日プロパガンダと反米プロパガンダ

　戦争中、米国では敵愾心《てきがいしん》を煽ろうとして反日宣伝が執拗《しつよう》に繰返された。正確・不正確はもはやたいした問題ではなかった。だがそうして拵《こしら》えられた悪者としての日本イメージは、当時の人の脳裡《のうり》に刷り込まれたばかりか、再生産されて今も米国人の根本的な日本認識の一部となっている。しかし「日本のA級戦犯を含む極めて少数の人間が自己の個人的意志を人類に押しつけようとした」とするキーナン検事の論告が日本人を納得させないのは、キーナンが戦時中の連合国側の反日プロパガンダを鵜呑《うの》みにして、それをまた述べていたからである。

戦前の日本の国会はどのようであったか。「議会は全く無視されていた」と昭和二十二年十二月二十八日の『朝日』の社説は、戦争回避の努力をしたというA級被告たちの申し立てについて、批判的言辞を弄したが、昭和十六年十一月十八日日本の衆議院は各派共同提案の国策完遂《かんすい》決議案を全会一致で可決している。そして政界の古参の島田俊雄議員が提案理由を述べ「支那事変の解決しないのは米国等の妨害による」とし、シンガポール、グアム、フィリピン、ハワイ等に対日包囲陣を強化しつつあると非難、「東亜諸民族が有無相通、共存共栄の平和境たる大東亜共栄圏を確立して世界平和に貢献しようとする皇国の主張のどこに侵略的意図があるか……凡《およ》そ話をしても解らぬ者には尚《なお》解らせる方法工夫がある。しかし解っておりながらなお解らぬという理屈を捏《こ》ねて止まざる者に対してなすべきことは、ただ一つあるのみではないか……ここまで来ればもはや、やる外はないというのが全国民の気持である」と大演説をして政府に断《だん》のほかないことを迫っていた。この島田演説で議場の緊張は極度に達したというが、政府は日米交渉になお望みをつなぎ、後にふれる乙案をアメリカ側に提示するまだ二日前であったから、このような先走った演説をされては困る、と東條首相以下は発言内容には同意しつつも内心困惑したのではあるまいか。日本の国会は外交決定に関与できる立場にはなかったが、東條内閣に向けて強い姿勢で開戦を迫っていたのである。

日本は「東アジアにおけるドイツ」として当初米国人に把握された。それは政治的・軍事的次元でのきわめて大づかみな日本把握であった。だが戦時指導者について東條英機は「日本のヒトラー」といえるだろうか。東條はユダヤ人虐殺などを命ずる人ではなかった。国際法を意図的に破る人ではなかった。その違いを無視して、同じような裁判に仕立てようとしたからこそ、弁護側が法廷に提出すべく準備した弁護資料の大部分が、検察官の異議ないしは裁判長の裁量によって、却下されるという無理が行なわれたのではなかったか。検察側の証人や伝聞証拠によってでしか辻褄が合わなくなることをおそれたからではなかったか。

## ハル・ノートと日本の対米戦争責任

一九四一年十一月二十六日、米国国務長官コーデル・ハルが手渡したノートには次のような要求が含まれていた。

一、日本は中国・インドシナから軍隊を全面撤収すること。
二、日本は重慶の国民党政府以外の政権、いいかえると汪兆銘政権は否認すること。
三、日独伊三国同盟を否認すること。

当時の日本がこのような要求を呑めるはずがない。日本の大陸における権益はまったく水泡に帰し、日本のアジアにおける威信は地に墜ち、日本を日露戦争以前の状況に還そうとするものだ。日米間の平和維持のために苦心した東條内閣の東郷茂徳外相もウェッブ裁判長との質疑応答[107]でこう答えている。

裁判長「内閣の戦争決意は満場一致、つまり全員が同意でなければいけなかったのか？」
東郷「閣議の決定は全員の同意を必要とします」

そして東條内閣の外務大臣はさらに説明した。

東郷「ハル・ノートは日本に対し全面的に屈服かまた戦争かということでもって日本を戦争に追い込むものという解釈であったわけであります。もしハル・ノートを日本が承諾するならば日本は東亜における大国の地位を維持することはできぬのみならず、また三流国以下になるということが当時ハル・ノートを知っておるものの全部の意見でありました。従って日本は当時戦争か、自殺か、ということを迫られているという感じでありました。かくのごとき情勢において自衛戦争をすることもいたし方がないということの考えに一致したわけであります」

そうした交渉の結果だったからこそ、宣戦の詔書《しょうしょ》にも「東亜安定ニ関スル帝国積年ノ努力ハ悉《ことごと》ク水泡ニ帰シ、帝国ノ存立亦《また》正ニ危殆《きたい》ニ瀕セリ。事既《ことすで》ニ此《ここ》ニ至ル、帝国ハ今ヤ自存自衛ノ為」という言葉がはいったのだ。「洵《まこと》ニ已《や》ムヲ得ザルモノアリ豈朕《あにちん》ガ志《こころざし》ナラムヤ」には昭和天皇の気持がそのまま出ている印象を受ける。

ハル・ノートなるものは当時の閣僚誰しもが戦争不可避と思わざるを得なかったほど強硬な内

容であった。しかしこうした要求は、それでもって日米交渉を頓挫させ、日本に先に手を出させることで、それをきっかけに米国を大戦に参加させようとするルーズベルトの高等政策でもあったことを考えると、日本はその挑発に乗らず、その要求内容を公開して米国世論にその理不尽を訴え、米国世論分断を図る式の、別様の対応もあり得たのではないか、などと後知恵ながら思わずにはいられない。

当時のワシントン政府は日本を小馬鹿にした節もあった。ハルの特別補佐官だったスタンリー・ホーンベックは、辛亥革命のすぐ後の四年間、中国各地の大学で教えたことのある外交官で、国務省で長年にわたり東アジア担当の局長をつとめたが、露骨に偏頗《へんぱ》な日本観の持ち主だった。強硬な「ハル・ノート」をハルのために作成した[108]のはホーンベックだが、これを日本側に手交しても日本が絶望から戦争に突入することはない、五対一で賭ける。来年三月まで開戦しなければ米国の戦争準備は進み、米国の戦力の方が優勢になる、とホーンベックはメモに書いてわざわざサインまでしていた。

戦争が始まって九カ月、日米の外交団は交換船でそれぞれ帰国した。ワシントンへ帰着したグルー大使が国務省に報告に出向いた。するとしばらくしてドアの外までハル国務長官の怒声が響いた。「そんな書類は焼いてしまえ」。グルーはルーズベルト・近衛会談を行ないさえすれば日米開戦はなお回避し得た、という報告を持参した。そのために長官の逆鱗《げきりん》にふれたのである。

## 東條大将ならずとも

だがこのような日本のアジア大陸からの撤収、三国同盟からの脱退、汪兆銘政権の否認などを要求する「ハル・ノート」を突き付けられたなら、東條大将ならずとも開戦に踏み切らずにはいられなかったろう。そうした意味で私は東條英機首相は対アメリカとの関係で開戦責任者として死刑に処されるべき責任者とは思わない。だが、結果として悲惨な敗戦となる戦争に踏み切った首相として日本国民に対しては非常な責任がある。ただし、それとこれとを混同することは絶対してはならない。東條英機は口供書の終わりにのぞみ、一九四七（昭和二十二）年十二月十九日にこう書いた。

日本帝国の国策ないし……方針は、侵略でもなく、搾取でもなかった。一歩は一歩より進み、又適法に選ばれた各内閣はそれぞれ相承けて、憲法及び法律に定められた手続に従い、事を処理して行ったが、遂に我が国は彼の冷厳なる現実に逢着したのである。当年国家の運命を商量較計するの責任を負荷した我々としては、国家自衛のために起つということがただ一つ残された途であった。我々は国家の命運を賭した。しかして敗れた。しかして眼前に見るが如き事態を惹起したのである。戦争が国際法により見て正しき戦争であったか否かの問題と、敗戦の責任如何との問題とは、明白に分別の出来る二つの異なった問題である。第一の問題は外国との問題でありかつ法律的性質の問題である。私は最後までこの戦争は自衛戦であり、現時承認せられたる国際法には違反せぬ戦争なりと主張する。私は未だかつてわが国が本戦争をなしたことを以て国際犯罪なりとして勝者より訴追せられ、又敗戦国の適法なる官吏たりし者が個人的の国際法上の犯人なり、又条約の違反者なりとして糾弾《きゅうだん》せられるとは考えた事とてはない。

第二の問題、即ち敗戦の責任については当時の総理大臣たりし私の責任である。この意味における責任は私はこれを受諾するのみならず、衷心より進んでこれを負荷せんことを希望するものである。

## 「裁判ノ不公正……面白シ」

東京裁判では日本が主張した自存自衛のための戦争を根拠づけるような証拠は、米国側の出版物を含めてほとんど却下された。一九四六（昭和二十一）年八月六日、東條被告はこんな所感を書いている。

日本ノ主張タル自衛戦争ヲ根拠ヅケル敵側ノ根拠アル経済的対日圧迫ノ証拠（例ヘバ『真珠湾攻撃調査委員会報告』ソノ他米国国務省ノ刊行物等）殆《ほと》ンド却下ノ圧迫ヲ受ク。不公平モ甚ダシ。遂ニ担当米弁護人ヨリ「日本ノ自衛戦ヲ証拠立テルモノハ受付ラレヌノカ裁判所指示ヲ乞フ」トノ質問アリ。裁判所ハ急所ヲツカレ言葉ヲニゴス。

軍事圧迫ニ就イテモ恐ラク亦然ラン。興味ヲ以テ見ル。……裁判ノ不公正ヲ世界ニ示スコトナリ、面白シ。

担当のアメリカ人弁護人はウィリアム・ローガンだった。(109)

## 日本の新聞はどちらに肩入れしたか

しかし歴史の実態を知らない人の脳裡には第二次世界大戦はデモクラシー対ファシズムの正義の戦争という構図ができあがった。これは戦争中の連合国側のプロパガンダが宣伝した見取り図だが、それがそのまま固定した。内外の左翼の歴史学者もそう言っている。東京裁判を被告の側からではなく検察の側に肩入れして報道した（ないしは報道することを余儀なくされた）日本の大新聞もその見方に同調した。東京裁判は公正に行なわれたと思いこんでいる人も少なくない。というか東京裁判は正義の裁きであったという見方は今日まで尾を引いている（ちなみに「戦勝国は、戦敗国にたいして、憐憫から復讐までどんなものでも施しうる。しかし戦勝国が敗戦国に与えることのできない一つのものは、正義である」とは『パル判決書』第七部勧告にある言葉（下巻、七三九頁）である）。法律的外貌《がいぼう》をまとってはいるが、本質的に政治的な目的を達成するために設置された東京裁判に示された歴史観を護持する人の守旧性には驚かされるが、その誤った点を指摘しようとすると、「歴史の修正は許さない」とまで気色ばんで言う人もいる。

東京裁判で判決が下り、七名の被告は一九四八（昭和二十三）年十二月二十三日、明仁皇太子の誕生日に、絞首刑に処せられた。

その三年後、国際法の田岡良一京大教授は渡米して国際法の大家ハンス・ケルゼン教授と面会した。ケルゼンはいちはやく次のように指摘していた。

枢軸《すうじく》国の憎むべき犯罪の犠牲となった〔連合国の〕国民が、これらの犯罪人を罰するために、自己の手に処罰権を握りたいと望むのは、無理からぬ話である。しかし戦争終結後は、われわれは再び、つぎのことを考慮する心の余裕をもつであろう。すなわち被害を受けた国が、敵国国民にたいして刑事裁判権を行使することは、犯罪者側の国民からは、正義というよりはむしろ復讐であると考えられ、したがって将来の平和保障の最善策ではない、ということである。戦争犯罪人の処罰は、国際正義の行為であるべきであって、復讐にたいする渇望を満たすものであってはならない。戦敗国だけが自己の国民を国際裁判所に引き渡して戦争犯罪にたいする処罰を受けさせねばならないというのは、国際正義の観念に合致しないものである。(110)

田岡教授によると、そのケルゼン博士は日本が「国をあげて〈無条件降伏〉した」という俗説の誤謬《ごびゅう》を「笑った」由である。問題は田岡博士がその旨を《会見記》に記したところ、原稿を依頼した『朝日新聞』が、記事が占領政策批判と見做《みな》されることをおそれて、自主的に掲載を見合わせてしまったことである。竹山道雄は東京裁判傍聴記《ハイド氏の裁き》を一九四七（昭和二十二）年一月号の『新潮』に載せようとして掲載禁止された。だが竹山はまだ占領下の一九五一（昭和二十六）年、単行本『樅の木と薔薇』に収めて新潮社から出している。『朝日新聞』が田岡教授の記事の掲載をためらったのは怯懦《きょうだ》か、惰性か、それとも『朝日新聞』自体が屈服し、東京裁判の判定なるものを、いまや全面的に肯定したためか。

ちなみに田岡教授は《終戦後ノ日本ノ法的地位》[11]という論文を日本外務省条約局の依頼により一九四六年一月ごろに執筆している。官庁の内部資料として書かれたから米軍に検閲され没収されることもなかったが、田岡もそして日本外務省も、日本の降伏をアメリカ側が理解していたように征服による敗北ではなく、合意による敗北と解釈していた。

## 複眼で東京裁判を見た人

レーリング判事は来日に先立ちニュルンベルク裁判を傍聴する労をとった。それだからこそ東京裁判を別の裁判との比較裡に判断できたのである。彼が日本とナチス・ドイツの違いを強く自覚して数々の大事な指摘をしたことはすでに見た。

東京裁判をそれとは別の裁判と比較した、もう一人の人がいた。名前をラダ・ビノード・パル（一八八六－一九六七）という。前にネルーが日露戦争当時、日本軍の勝利にいかばかり興奮したか、『ネルー自伝』の一節を紹介したが、この人も同じような感想を洩らした。

一九〇五年、日露戦争当時は、私はまだ学生でした。ちょうどカルカッタ大学に入学したときで私は学生時代から平和主義者でしたが、それにもかかわらず、今日は日本軍が旅順を落とした。今日は奉天の会戦で大勝した。対馬海峡で東郷艦隊がロシア艦隊を全滅させた、といってまるでわがことのように喜んだものです。試験勉強もそっちのけで、学校では毎日そのニュースでもちきりでした[112]。

だが坂の上の雲を目指して進んだわが国は、日露戦争後四十年、坂の下の泥沼に落ち込んだ。日本は敗北し、一九四八年に東條英機元首相、廣田弘毅元首相らは東京裁判で死刑に処せられ、ナチス・ドイツと並んで日本は国際社会の悪者と認定された。

ところがその東京裁判で被告たちは全訴因につき無罪と述べることで、死刑判決に異議を明確にした判事がいた。右のインド人判事パルである。インドから見ると、二十世紀前半の歴史は別様に見えた。大英帝国の世界支配を肯定する側と否定する側とでは世界史の解釈も自ずと別に分かれたのは当然だろう。

この人はデリーの英国軍軍事法廷がどのような終わり方をしたかを知っていた。その結末を見聞きした上で、東京の軍事法廷に着任した。この人の個別意見『パル判決書[113]』は学術的にもきわめてすぐれた労作で、読者の眼を開かせる。デリーで開かれた英国軍軍事法廷は歴史観の対立に発する争いの場でもあったが、パルはその際のインド国民会議派の立場から、いいかえると日本軍とともに戦ったインド国民軍を無罪とする弁護団の立場から、東京裁判に連なったと見るべきだろう。インド国民会議派の指導者ガンディーは一九四五年五月、対日平和について発言し、「膺懲《ようちょう》的、復讐的に堕してはならず、ドイツ・日本をも友とするの用意」を各国に求める旨の発言もしていた。

## 『パル判決書』

いわゆる『パル判決書』の横田喜三郎監修の翻訳は、法廷で配布されたパルの意見書を、清瀬一郎・伊藤清弁護人から見せてもらった田中正明が、アルバイト学生を使って筆記保存しておいた。それを一九五二年秋、パル招聘《しょうへい》のホスト役を務めた平凡社社長下中弥三郎に依頼、パル滞在中に日本書房版『極東国際軍事裁判所印度代表判事R・パール述　全訳　日本無罪論』として世に出た。その後、東京裁判研究会編が出、一九八四年、上下二冊で講談社学術文庫に収められた。

パルは東京裁判に連なった判事の中でも、アングロ・サクソンの法律にも精通した、学識豊かな人だった。その法律家としての発言はきわめて説得力があり、透徹した観察眼が光っている。二年半の裁判中に、参考資料をどのようにして集めたのだろう。よくぞこれだけの書類を読み、その一つ一つに理路整然と判断を下し得たもの、と舌を巻かざるを得ない。驚くべき能力と努力である。それを吟味《ぎんみ》しつつ、一人だけ多数派とは異なるDissentient Judgmentを書いた。パルは裁判中、日比谷の帝国ホテルの一室でひとり筆で戦った。真理を求めて戦った。その英文は整然としており、見事な大著である。パル判事はまず言う。

勝者によって今日与えられた犯罪の定義に従っていわゆる裁判を行なうことは、敗戦者を即時殺戮《さつりく》した昔と我々の時代との間に横たわるところの数世紀にわたる文明を抹殺《まっさつ》するものである。このようにして定められた法律に照らして行なわれる裁判は、復讐の欲望を満たすために、法律的手続を踏んでいるふりをするものにほかならない。それはいやしくも正義の観念とは全く合致しない。このような裁判を行なうとすれば、本件において見られるような裁判所の成立は、法律事項というよりむしろ政治事項、すなわち本質的に政治的な目的のために司法的外貌をかぶせたもの、という感じを与えるし、またそう解釈されるとしてもきわめて当然である。[114]

これは裁判の冒頭に清瀬弁護人がしたと同じ根本的な指摘で、同感する人は多いであろう。東京裁判は「法ナケレバ罪ナク、法ナケレバ罰ナシ」の罪刑法定主義の原則に背いているからである。

## 組織的に特定民族を鏖殺した国との違い

次に戦場での日本軍の残虐行為に対して法廷に連なる被告たちに責任があるか否かについて。この問題を論ずるに際してパルはナチス・ドイツと日本の場合の違いを指摘しており、それがまず注目に値する。

本裁判の対象である事件は、枢軸国ドイツの重大な戦争犯罪人の裁判において、証拠によりて立証されたと判決されたところのそれとは、まったく異なった立脚点に立っているのである。

本官がすでに指摘したように、ニュルンベルク裁判では、あのような無謀にして無残な方法で戦争を遂行することが、かれらの政策であったということを示すような重大な戦争犯罪人から発せられた多くの命令、通牒《つうちょう》および指令が証拠として提出されたのである。

ところが日本の指導者は国際法に違反するという訴因に訴追されているような犯行を命じ、授権し、また許可したという主張を裏づける材料は検察側が提出したものにまったく載っていない。パル判事の見事さは、適切な歴史的先例を引くことで、自己の見解の説得性を裏付けるその学識である。

われわれは第一次欧州大戦中にも、またドイツ皇帝がかような指令を発したとの罪に問われていることを知っている。ドイツ皇帝ヴィルヘルム二世は、かの戦争の初期に、オーストリア皇帝フランツ・ヨゼフに宛てて、次のような旨を述べた書簡を送ったとされている。すなわち、

「予は断腸《だんちょう》の思いである。しかしすべては火と剣の生贄《いけにえ》とされなければならない。老若男女《ろうにゃくなんにょ》を問わず殺戮《さつりく》し、一本の木でも、一軒の家でも立っていることを許してはならない。フランス人のような堕落《だらく》した国民に影響を及ぼしうるただ一つのかような暴虐《ぼうぎゃく》をもってすれば、戦争は二カ月で終焉《しゅうえん》するであろう。ところが、もし予が人道を考慮することを容認すれば、戦争は幾年間も長びくであろう。したがって予は、みずからの嫌悪《けんお》の念をも押しきって、前者の方法を選ぶことを余儀なくされたのである」

これは彼（ヴィルヘルム二世）の残虐な政策を示したものであり、戦争を短期に終わらせるためのこの無差別殺人の政策は、一つの犯罪であると考えられたのである。

ここまで読めばパル判事が、このヴィルヘルム二世という具体的先例をあげることによって、どこの国のいかなる無差別殺人の政策を話題とし、誰の責任を追及しているかが明らかだろう。連合国側の判事や検事はもとより米国占領軍当局、さらにはトルーマン大統領その人の権威をも動揺させるに足る、原爆投下にふれた意見であった[115]。

もちろん中には自分たちの国は戦勝国であるから、国際法違反は不問に付されるはずだとたかをくくる関係者もいたであろう。パルはインド人だ、とてんからパルの個別反対意見を読まなかった人種差別的な白人判事や検事もまた多数いたであろう。

## 闇の世を照らすひかり

パル判事は続ける。

われわれの考察のもとにある太平洋戦争においては、もし前述のドイツ皇帝の書翰に示されていることに近いものがあるとするならば、それは連合国によってなされた原子爆弾使用の決定である。この悲惨な決定にたいする判決は後世がくだすであろう。

……国民全体の戦争遂行の意志を粉砕することをもって勝利をうるという、かような無差別鏖殺《おうさつ》が、法に適《かな》ったものとなったかどうかを歴史が示すであろう。……

もし非戦闘員の生命財産の無差別破壊というものが、いまだに戦争において違法であるならば、太平洋戦争においては、この原子爆弾使用の決定が、第一次世界大戦中におけるドイツ皇帝の指令および第二次世界大戦中におけるナチス指導者たちの指令に近似した唯一のものであることを示すだけで、本官の現在の目的のためには十分である。このようなものを現在の被告の所為《しょい》には見出しえないのである。

日本人被告の何人かは刑死する前にパル判決書を読むことを得た由である。それを聞いてよかったと私はすなおに感じた。死刑宣告を受けた木村兵太郎が死刑執行までのいついかなるときに判決書を読むことを得、謝恩の念を綴《つづ》ったみそひと文字をパル判事に渡すことを得たか不明だが、パル判事の秘書センが保管している木村大将のこの歌のコピーは箱根のパール下中記念館に展示されている。

闇の世を照らすひかりのふみ仰ぎ
こゝち安けく逝くぞうれしき
　　　　　　　　兵太郎
印度判事パール閣下

## 原子爆弾

日本政府は一九四五（昭和二十）年八月十日、この原子爆弾投下について抗議文をスイス政府を通じて提出した。

……米国政府は今次世界の戦乱勃発《ぼっぱつ》以来再三にわたり毒ガス乃至《ないし》その他の非人道的戦争方法の使用は文明社会の輿論《よろん》により不法とせられをれりとし、相手国側において、まづこれを使用せざる限り、これを使用することなかるべき旨声明したるが、米国が今回使用したる本件爆弾は、その性能の無差別性かつ残虐性において、従来かゝる性能を有するが故に使用を禁止せられをる毒ガスその他の兵器を遥かに凌駕《りょうが》しをれり。米国は国際法および人道の根本原則を無視して、すでに広範囲にわたり帝国の諸都市に対して無差別爆撃を実施し来り……。而していまや新奇にして、かつ従来のいかなる兵器、投射物にも比し得ざる無差別性残虐性を有する本件爆弾を使用せるは人類文化に対する新たなる罪悪なり。帝国政府はこゝに自からの名において、かつまた全人類および文明の名に於《お》いて米国政府を糾弾《きゅうだん》すると共に即時かゝる非人道的兵器の使用を放棄すべきことを厳重に要求す。

これは翌八月十一日の『朝日新聞』などにも掲載された。そして東京裁判の間も、多くの日本人が心中に抱いていた気持であった。法学者のパルはアメリカ政府による原子爆弾使用の決定は、ナチス指導者たちのユダヤ人鏖殺《おうさつ》指令に近い、同性質である、というカテゴリーに入れることによって、問題を明確化したのである。現に八月六日、中立国スイスの新聞『ガゼット・ド・ローザンヌ』は「米国の日本都市無差別爆撃はドイツのブッヘンワルトのユダヤ人強制収容所の残虐にも比すべきものだ。スイスは米国のこの暴挙の停止を勧告すべきだ」という社説を掲げた。

# 第十六章　戦犯裁判について新聞は何と言ったか

## 正義とフェア・プレイの弁護人

　私自身は、日本軍部が主導した戦争が悪であろうとも、広島に原子爆弾を投下した時点で善悪はひっくり返り、というか米国がより大きな悪になった、と考えている。かつて一フランス作家の日記にそう書かれていたのを読んで同感した。しかしそんな見方をアメリカ人が受付けるはずもない、と若い頃の私は頭からきめていた。そのためだろうか、その作家の名前すら記憶にとどめなかった。(116)

　正義は力なりを標榜《ひょうぼう》するが、内心は力は正義なりを信ずる米国人である以上、原子爆弾の使用や無辜《むこ》の国民殺傷を戦争犯罪であるどころか国際法違反とも云《い》わぬ人が昔も今も過半だろう。それが平均的アメリカ人なのではあるまいか。

　だがここで特筆すべきは何人かのアメリカ人弁護士の態度である。彼らは依頼人のためには母国アメリカを批判することも辞さなかった。東京裁判開廷後の五日目、一九四六（昭和二十一）年五月十四日ブレークニー弁護人が動議でこう述べた。

国家の行為である戦争の個人責任を問うことは、法律的に誤りである。なぜならば、国際法は国家に対して適用されるものであって、個人に対してではない。個人による戦争行為という新らしい犯罪を、この法廷が裁くのは誤りである。戦争での殺人は罪にならない。戦争は合法的だからです。たとえ嫌悪すべき行為でも、犯罪の責任は問われなかった。キッド提督の死が真珠湾爆撃による殺人罪になるならば、我々はヒロシマに原爆を投下した者の名を挙げることができる。投下を計画した参謀長の名も承知している。その国の元首の名前も、我々は承知している。彼等は殺人罪を意識していたか。してはいまい。我々もそう思う。それは、彼等の戦闘行為が正義で、敵の行為が不正義だからではなく、戦争自体が犯罪ではないからである。何の罪科《ざいか》で、いかなる証拠で、戦争による殺人が違法なのか。原爆を投下した者がいる！　この投下を計画し、その実行を命じ、これを黙認した者がいる！　その人たちが裁いている。

今の日本人に憶えておいてもらいたいことは、東京裁判でこの部分は日本語通訳が途中からイヤホーンで聞こえなくなってしまったことである。開廷後しばらくの間は通訳システム不良のためか、意図的遮断か、はっきりしないが、和文速記録には「以下通訳なし」の箇所がいくつもある。全東京裁判を傍聴した冨士信夫がこの箇所の日本語のナレーションを初めて知ったのは、そのときから三十七年後、長編記録映画『東京裁判』を見たときだった。冨士は合計七回観て、目はスクリーンに向けながら、手は膝の上に置いた紙の上を走らせた。右の引用はその冨士の筆記に基づく[117]。

ニュルンベルク裁判と東京裁判の違いの一つは、前者にはアメリカ人弁護士はつかなかったが、後者にはついたことである。なぜ東京裁判にアメリカ人弁護士が加わったのか。その発想は意外にも日本側から出たらしい。外務省の太田三郎公使は戦犯裁判について米軍総司令部と折衝に当たった人だが、敗戦直後、F機関の藤原岩市らとともにデリーの軍事法廷へインド側の要請で証人として赴いた。日本軍とともに戦ったインド国民軍の指導者たちがその法廷で反逆者の烙印《らくいん》を捺《お》されるどころか、実質的に無罪放免となった。それにはデサイ博士以下の弁護団の活躍が目覚ましかったからである。

太田の念頭に何があったのか。米国人弁護士の助けを借りれば日本人弁護士と裁判所の仲介に役立つと思った程度のことだったのか、どうか。またGHQがインド人判事の参加を求めたとき念頭に何があったのか。フィリピン人判事を加えたときと同程度の考えでもあったのか。東京裁判は文明の装いをまとった大いなる茶番劇であったかもしれないが、当事者の予測を越える場面が展開したところに深い意味がある。

## オクラホマから来た偉大なる法律家

裁判が進行中のころも、これが将来に向かって国際正義を確立するための国際裁判所の先例となるなどと十代後半の私は思わなかった。そんなことを口にする国際法学者は知的水準の低い人と当時も思ったし、今でも思っている。そんな私だったから勝者の裁判は趣味の悪いショーだとアメリカへ行ったときも平気で学会の席で口にした。

しかしそんな悪口を言いながら、深く感心したことがあった。米国人弁護人の努力である[118]。牛村圭『「文明の裁き」をこえて』の中の《弁護人ベン・ブルース・ブレークニー》の章にはあらためて心打たれたが、ブレークニーは他のアメリカ人弁護人のように裁判長に楯突くことなく、いつもわかってもらえるように礼儀をつくして話す人だったという。それでも審理をいそぐウェッブ裁判長とこんなやりとりをする場面があった。

The President: My concern is to save time.
Mr. Blakeney: My concern is to save my clients' lives.

動詞 save には「節約する」と「救う」の意味がある。東京裁判でウェッブ裁判長は時間を口実に強引な法廷運営をした。話が前後辻褄があわず、誤訳が検察側資料として用いられていることがわかり、判決には正しい訳を使おうとレーリング判事が提案したが、裁判長は「そのためにはもう一度開廷して審理を行なう必要がでてくる」と時間節約の理由で提案を拒んだという[119]。その誤訳は廣田判決に影響を与えたかもしれぬとレーリングは回想している[120]。

ブレークニー弁護人の活動は重光葵『巣鴨日記』にも活写された。これは重光が英語で聴くことができたからこそ、これだけ生き生きと記録できたのであろう。一九四七（昭和二十二）年六月四日にはこう出ている。

……日ソ中立条約とソ連との関係に入り、ソ連が中立条約遵守の保障を数度に亘《わた》って日本側に与へたことを中心として、佐藤駐ソ大使の口供書が提出せられて、ソ連関係の根本問題に触れて来た。ソ連検事ワシレフ少佐は、ソ連が参戦したのはテヘラン会議やヤルタ会議の結果であつて、日本が侵略国であることは同盟国間に已《すで》に定まつて居た事である。然《しか》るに今日ソ連と侵略国たる日本との中立問題を討議してソ連が中立違反をしたと云《い》ふ證拠を法廷に受理することは大なる矛盾であつて、ソ連を裁判する様なもので、斯る権限は極東国際裁判所にはない。従つて佐藤口供書は却下さるべきものであると云ふのである。

ブレークニーの反駁《はんばく》は実に堂々たるものであつた。被告を侵略の共同謀議者として殺人の罪にも問はんとする訴追国の一方が、寧ろ侵略国である場合に、其の訴追を覆《くつがえ》す根本的の材料を受理せずして如何にして公平なる裁判は愚か裁判が出来るかと云ふのである。

裁判所は長時間休廷して、遂に直接ソ連の参戦に関することは訴追に関係がないと云ふことに裁決した。若《も》しブレークニーの理窟を承認すれば、ソ連は中立条約に違反して参戦し、而かも予告なしに満洲に侵入して戦闘行為を行ふこととなり、真珠湾の予告なしの攻撃と何等差異のない事となり、直に太平洋戦争の責任問題に影響する。極東法廷はソ連の参戦問題は裁判管轄外とせざるを得ぬ。然し之が為めに侵略なりや否やの根本問題に付て、将来に向つて国際正義を確立せんとの抱負を以て設けられた国際裁判所に於《お》いて、戦勝者が一方的に材料を取捨した事は、極東軍事法廷が勝者の一方的軍事裁判たることを遺憾なく示したと云ふべきである。……

今日のブレークニーの法廷に於ける言論は実に極東法廷の圧巻であつて、偉大なる法律家great man from Oklahoma の観があつた。

六月五日には「本日はブレークニーの大立廻りの日」とありその日の長い日記を重光はこうくくっている。

ブレークニーの弁論を聞くのは恰《あたか》も歌舞伎の羽左衛門を舞台に見るが如し。

## 東京裁判に提出された個別意見書

ニュルンベルク裁判と東京裁判の違いの一つは、本判決一つで明確な判断が示された前者と違って、後者には本判決と別に五つもの個別意見書が出たことである。インド人判事パルの意見は、国際法の該博なバランスのとれた知識と西洋・非西洋に跨《また》がる知識によって、あきらかに異色で、多数派判事団の見方と鋭く対照をなした。

いかなる戦争も国際法上は犯罪ではなく、被告間に国際的犯罪を企図する共同謀議はなかった。敗戦国だけでなく戦争に関わったすべての国も通常の戦争犯罪と無縁ではない。そして「以上述べてきた理由にもとづいて、本官は各被告はすべての起訴状中の各起訴事実全部につき無罪と決定されなければならず、またこれらの起訴事実の全部から免除されるべきであると強く主張するものである」と《勧告》の冒頭に明記した。

　総司令部の意向に結果として重なる連合国本位の多数派判事とは、米・英・中・フィリピン・ニュージーランド・カナダなどだが、日本を悪玉に描くことで、そのイメージを内外に植え付けようとする線に沿う結果となった。ところがパルは、日本の行動を裁く前に西洋列強の過去の行為を考えてみる必要があると説いた。パルは言う、「東半球内におけるいわゆる西洋諸国の権益は、おおむね西洋人たちが過去において軍事的暴力を変じて商業的利潤となすことの上に築かれたものである」。そして『パル判決書』第四部「全面的共同謀議のDのａ「国民の心理的戦争準備」では従来の「西洋諸国の行動が人種的差別にもとづいている」事実を指摘した。圧巻は、パルが第一次大戦後、国際連盟規約起草の際に牧野伸顕代表が提議した人種平等決議案がウィルソン大統領によって却下された条《くだ》りの論述であろう。

　パル自身は自分はあくまで真実の為に正しい判決を下したと考えていた。下中弥三郎に招かれて来日したある歓迎会の席上で「同情ある判決をいただいて感謝に堪えない」という一日本人の挨拶に対して、

「私が日本に同情ある判決を行なったと考えられるならば、それはとんでもない誤解です。私は日本に同情して判決したのでもなく、西欧を憎んで判決したのでもない。真実を真実と認め、これに対する私の信ずる正しい法を適用したに過ぎない。それ以上のものでも、またそれ以下のものでもない[121]」

　とすぐに発言を求めて答えた由である。

## 「日本の法律家よ、戦犯論争に加われ」

昭和二十三（一九四八）年晩秋、パル判事がすべての被告に対し全訴因について無罪であるとの判決を出した、というニュースが流れた。少なからぬ数の日本人は舞い上がったが、当初はその例外的な判決は奇異な感じを与えた。なにしろその個別意見書は法廷では朗読されず、英文・和文もタイプ印刷が出まわったのみで、内容が世間に知られなかったからである。カルカッタで出版されたのは一九五三年四月になってからのことであった。そのために多くの日本人は『パル判決書』の内容を精読せず「パル博士の日本無罪論」と聞いただけで小躍りしたのである。

そんな日本人の手放しのパル判事偶像化を批判する人は当時もいたが、半世紀後にもいる。中島岳志もその一人で、彼は『パール判事――東京裁判批判と絶対平和主義』（白水社、二〇〇七年）の《利用される『パール判決書』》の章でパル判決を「都合よく切り取って、大東亜戦争肯定論に援用することは、断じて避けなければならない」と注意した。(122) 中島はなかなか筆巧みで、箱根のパール下中記念館が、いまや訪ねる人もなく放置されている様の記述から章を始めるが、この皮肉は効いている。

一九七四年に造られたこの記念館はパル判事や平凡社の創業者の下中弥三郎賞讃の言葉を集めているが、しかしそれだけでこの記念館を訪ねる人が続くわけはない。常駐の管理人もいないから資料は黴臭《かびくさ》くなった。それでも電話でアポイントメントを取って訪ねる人もいる。

パル博士は日本の法律家の前で「これだけ世界的に問題になっている東京裁判のことを、日本の法律家はなぜもっと研究しないのか」と繰返し述べたと田中正明はA・M・ナイルらとの対談でこう述べている。

パール判決が正しいかどうかという論文や著書が各国で出されており、世界の国際法の学者たちが、東京とニュルンベルクの二つの裁判に対して、賛否両論に分れてはげしく論争しているとき、肝心の日本の学者からは一言の発言もない。

講演の中で博士は、例えばロンドン・タイムズの何号から何号までこういう論争が掲載されているとか、また誰れそれはこういう本を出しているとか、いろいろデータをあげて、日本の法律家もこれらを参考にして論争に参加して欲しいと、繰りかえし述べておられました。[123]

私見ではこの記念館の決定的な欠陥は、入場者に配布される資料には右のような談話が出ているにもかかわらず、記念館がパル判事について学術的な資料を揃える努力をしていない点にある。東京裁判が終わった後も、パル判事は下中弥三郎らに招かれて再三来日した。しかしそのときの講演テープとか、巣鴨拘置所で戦犯に語りかけるパルの写真とか、肝心な記録が保存されていない。[124] ましてやパル判決に対する欧米の新聞の論評や法学雑誌の書評などが取り揃えられていない。こうした記念館を建て国際的に宣伝までしていながらこの体たらくは誠に残念である。[125]

なおパル自身に対しても批判する人には南アジア近現代史の中里成章がいる。[126] 氏はイギリスのパトリック判事などの「東京裁判が不法な裁判だと考えるのならば、辞任するのが筋だろう」という意見を引いている。[127] しかしそのような政治的に偏した見方に対して、フランスのベルナール判事は法律家としてこう述べている。

かりに裁判所憲章の起草者自身が平和に対する罪、通例の戦争犯罪、または人道に対する罪という表題の下に列挙された事実を犯罪とする意思をもっていたとしても、本裁判所は職務上当然にこれらの実体的な規定の合法性を検討し、それが起草者の権限を超えたものと認めたならば、それを適用することを拒絶する権限をもっているという事実は依然として変わらない。[128]

中里氏に問いたい、イギリス人判事とフランス人判事と、この場合いずれがより公平であると思うか、と。ちなみにオランダのレーリング判事も一九四六年十二月六日の妻宛の手紙で東京裁判に疑問を感じ始めた自分の立場をこう説明している。

判決を考え始めねばならない時が来た。……死にもの狂いで国際法に取り組んでいる。その結果、まずいことに、私はどんどん悪い道に進んでいく。いや、良い道というべきか。それは、世論や同僚が支持しない方向だ。こうなると、大変つらい。私は、侵略戦争を始めた被告を有罪にしたくないのだから。「それなら、判事を引き受けるべきではなかった」という人もいる。だが、判事には定まった意見しか認めないなんて、私は受け入れられない。[129]

## 《天声人語》は何と言ったか

日本人が東京裁判について書いた文章は、当時も今も、しばしば重みに欠ける。米国にも日本にも東京裁判史観を肯定する人の中に知的に不誠実な人がいる。実はそれだけではない。東京裁判史観を否定する米国人や日本人の中にも問題なしとしない人が結構いる。[130]

朝日新聞法廷記者団著『東京裁判』は資料として貴重だが、あいだにはさまる記者の感想やコメントがありきたりという印象を禁じ得ないことがある。たとえば三冊本の同書中巻九六三頁以下に東條キーナン一騎打ちの際の東條を評した『朝日新聞』の《天声人語》の言葉が出てくる。いまそれを全文引用する。

キーナン検事の尋問に対して東條被告は「首相として戦争を起したことは道徳的にも法律的にも正しかった」と答えている▲東條が法廷で何を言おうとそれはかまわぬ。思った通りをそのまま言えばよい。東條一人が前非を悔いてしおらしいことを言ってみても今さら何の足しにもならぬ。われわれもまた東條の言辞を相手に論争しようとも思わぬ▲問題は、東條の陳述に国民がどんな反応を起すかである。アルカリ反応するか酸性反応を示すかである。諸外国の注意もそこにある▲外人記者も言っておる。「世界は東條の口許を見てはいない。東條の言を聞いた国民の表情を注視しているのだ」と▲このごろ電車の中などで「東條は人気を取りもどしたね」などと言うのを耳にすることがある。本社への投書などにも東條礼賛のものを時に見受ける。沈黙している大部分の国民は、今さら東條らのカストリ的、璽光様的迷句に酔うとは思われない。が一部に東條陳述共鳴の気分が隠見していることは見のがしてはならない▲それは歴史のフィルムを速く回すことだ。民主主義のプールに飛込んだはずの水泳選手が、開戦前の侵略的飛込台に逆もどりするにひとしい。それはまた、美しいワイマール憲法を作ったドイツ国民が、ナチスの毒虫にむしばまれてしまったことを連想させる。

ちなみにカストリとはあのころ出まわった粗造酒で、璽光様とは当時の新興宗教の女性教主璽光尊で、警官が逮捕に向かったとき幹部の一人だった元横綱双葉山が大立ち廻りをしたとかで当時ニュースを賑わわせた存在である。

## キーナン・東條の一騎打ち

私はこのたび、朝日新聞法廷記者団著『東京裁判』でキーナン首席検事の反対尋問とそれに答える東條英機被告のやりとりを読んだ。尋問第四日の一九四八年一月五日から引用する。一九四一(昭和十六)年十一月五日御前会議決定となった日米交渉の日本の最後案、甲乙案についてである(まず甲案で米国政府と交渉し、甲案で交渉成立の目処《めど》が立たない場合は乙案で交渉することになっていた)。

キーナン「若《も》し米国が乙案の条件をうけ入れたならば真珠湾攻撃にはじまった開戦はなかっ

たろうか」東條「乙案をきいていただけば勿論起りません。その半分でもきいていただけば起らなかったでしょう。……若し米国が太平洋の平和ということを真に望んでおりますならば……それだけ付け加えます」

キーナン「一寸待ちなさい。乙案のうちのどの条項を受諾したならば……それを指摘されたい」東條「どの項目でもです……あなたのお国が、真に太平洋の平和を欲し、譲歩をもってのぞんでくるならば、――」

キーナン「それは面白い、乙案のどの項目でも一項目でもアメリカが受諾したなら戦争は起らなかったというのか」東條「そういう意味です。米国が互譲の意思をもってのぞんでくるならば、条件の緩和は出来ると思っていた」

キーナン「この甲、乙両案を決定したときあなたはいたか」東條「勿論、居合せただけではなく、一番最高の責任者です」

キーナン「東郷外相は野村、来栖両大使にこれこそ日本最後の案で、一歩でもこれから譲歩してはならぬと訓令したことは知っているでしょう」東條「知っている。しかし外交には駆引もあるし……彼は外相であり私は総理で、総理としてはまた私の肚《はら》もあった」

キーナンは東條に開戦責任者であることを認めさせようと繰返し同じ質問をする。

キーナン「私はできるだけ我慢してきいているが、私の質問は簡単なもので、外相としての東郷が、両案は日本が譲歩しうる最大限のものとして云《い》ってやったならば、それはあんたの意図にもとづいたものかどうかである」東條「いや、それは私の意図に反してやったものではありません。私の意図によって外交の処置として打った手として、そういうふうにするのであります」

キーナン「これに対する責任もあなたはとるのですね」東條「当然です」

（ついで翌日キーナン検事がすでに書証として提出されていたハル・ノートを示し）

キーナン「貴方はこれを見たことがあるか」東條「これはもう一生涯忘れません」

ハル・ノートの内容を知ったときの驚き、失望、怒り等のすべてを、この一言にこめたような答を東條被告はした、と冨士信夫は書いている。ハル・ノートの写しを見せられた法廷の東條が「（感慨深げにしばし見入る）一生涯忘れませんッ」と言ったと朝日の記者は記録している。緊迫したやりとりを私は息をつがずに読んだ。いま日米交渉をめぐるやりとりのごく一部しか引用しなかったが、四日間にわたり鋭い応酬が続く。非常な迫力である。——この応酬の日本語版は歴史教科書に載せるがいいだろう。そして英語版は英語教科書に載せるがいいだろう。

私たち少年は、戦争当時は、先に引いた島田俊雄議員のような考え方（二一二頁）をしていた。政府が開戦回避になお努力していたからこそ宣戦の詔勅《しょうちょく》が、むしろディフェンシヴな「豈朕《あにちん》ガ志《こころざし》ナラムヤ」という、戦争が自存自衛の為であることを強調した書き方である理由は、こうした交渉努力の反映だったのかと、ずっと後になってから合点した。

確かにあの戦争は近隣諸国、そして日本の国民に多大な犠牲を強いた。しかし、その責任者が東條であると決めつけるには無理がある。昭和十六（一九四一）年十月という時点で、東條大将以外の誰が首相になろうとも、日本が仏印や大陸から撤兵しない限り、もはや日米開戦は不可避だったであろう。ただしそれについてはそれまでの四年間、大陸に軍を出して引くに引けなくなった日本陸軍の態度が良くなかった。しかし戦争の継続の場でもあった東京裁判の法廷で、日本が一方的に犯罪国家と呼ばれぬためにも、また昭和天皇の真意を後世に伝えるためにも、きちんと言うべきことを述べた人は、被告中の誰よりも東條英機であった。

## 私が覚える違和感

東京裁判当時の私は、受験勉強に追われて、キーナン東條の一騎打ちの詳細は読まなかった。また新聞に詳しくは載らなかったのだろう。それだから『朝日』のコラム程度の感想が少年の私自身の感想になっていた。国民の多くもそんなものだったろう。その《天声人語》は東條被告の言葉について「沈黙している大部分の国民は今さら東條らのカストリ的、爾光様的迷句に酔うとは思われない」と貶《けな》している。東條の発言は悪い酒に酔った男の迷句ないしは新興宗教の御託宣の類だ、と評したのである。

だがこのたび五〇頁に及ぶキーナン検察官の東條尋問録を読み終えた後は、《天声人語》の文章に私は違和感を覚えた。コラムは東條を他人事《ひとごと》のように批評している。なにか『朝日』の記者というお偉いさんが東條を小馬鹿にした口をきいているみたいだ。なんだか日本人の顔をした占領軍のお方のような気がする……

なぜそこまで貶すのか。のっけから理解する必要のない犯罪人のように東條英機を扱っていいものか。

十月十六日に近衛第三次内閣が総辞職した後、陸相であった東條英機が首相に指名され内閣を組織した。そして首相として開戦回避のために努力した。甲案とは九月二十五日の日本の提案を基礎とし米国側の希望をできるだけ取り入れた最後的譲歩案で、乙案とは甲案不成立の場合、従来の行きがかりから離れて、日本は南部仏印進駐以前の状態にかえり、米国もまた凍結令の廃止その他日本の生存上最も枢要とし、また緊急を要する物資取得の最小限度の要求を認め、一応緊迫した日米関係を平静にして、改めて全般的日米交渉を続けようとしたものだった。日本は時間稼ぎのために日米交渉を続けていたわけではない。日本の外務省が来栖大使を渡米させたのはパール・ハーバー奇襲のカムフラージュだったわけでもない。

## パル判事の判断

日本側に背信行為があったとする見方は正しいのか。パルは個別意見で検察側の主張は容認できないとして次のような理由を指摘した。

――外交交渉が行われていた間に戦争準備が進められていたことに疑いがなかろう。しかしこのような準備は双方によってなされていたのである。もし日本側で「来栖・野村による交渉がその目的を達するということにはほとんど確信がなかった」というのならば、本官は、同時に米国側が外交上の成果にたいしてそれ以上の確信をもっていたとは考えない。交渉期間を通じてとられた米国の種々の手段方法は交渉の最後的結果にたいして、米国側に大きな確信が存していたことを示唆するものではない。すくなくとも一九四一年七月以降においては、米国は、その態度や措置がどう日本に響くかを十分承知のうえで行動していた。日本としては交渉が終局的において失敗に終わった場合にとる奇襲攻撃の準備を進めていたのであり、また実際交渉継続に時間的制限を付したのである。しかしながら本官は、それが交渉にたいする日本の誠実という問題と矛盾していたとは思われない。

戦時宰相の東條英機の首相としての力量はどうだったのか。日露戦争当時の首相桂太郎大将よりも東條英機大将の方が上ではないか、という岡崎久彦の人物評を聞いたとき、私は「えっ」と驚いた。東條首相の精神主義的な強がりの演説を敗戦後何十年か経ってテレビで聞かされるたびに、尊大で無内容だ、と反撥《はんぱつ》していた。そんな先入主が強過ぎたせいか、桂太郎と東條英機の比較などはまったく思いもよらなかった。それだけに、岡崎評のあまりの意想外に私はなんとも言えなかったのである。だが、キーナンに対する応答の鋭さに「剃刀《かみそり》」という東條の綽名《あだな》はなるほどとうなずいた。

## 行間を読まねばならないのか

《天声人語》に私が不満を覚えるのは、その執筆者の荒垣秀雄は、名コラムニストとして知られるが、満州事変当時は花形従軍記者だった。その戦況報道でもって『朝日新聞』の売上を飛躍的に増進させた社の功労者である。「砲火の下に嫩江《のんこう》激戦を観る　新聞記者の一番乗り　決死・前線へ進む　不意打に我軍の苦戦　忽《たちま》ち鮮血の河！」などの大見出しが当時の『朝日新聞』には躍っていた。

そんな前歴の記者が出世してコラム担当になっていたのである。「ひどいじゃないか、日本国家が不当なレッテルを貼られることのないよう東條は弁明しているのではないか、敗戦国民が東條の言葉にいまさら酔うはずもないだろう」と私が言うと、訳知りが世間知らずの私をさとすようにこう言った。

——東條をあのように貶《けな》したのは《天声人語》の執筆者がそのすこし前に「このごろ電車の中などで『東條は人気を取りもどしたね』などと言うのを耳にすることがある。本社への投書などにも東條礼賛のものを時に見受ける」と法廷での東條キーナン一騎打ちでどちらに軍配があがったか、その実相を読者にそれとなく知らせた。しかしそれを書いただけだと総司令部の検閲に引っかかる。それだから、東條発言を質の悪い密造酒にたとえ、国民が悪酔いするとは思われないと付け足したのだという。占領下では、あの《天声人語》は実は東條への褒言葉だったのだ、と。(131)

本当だろうか。では私が鈍感で察しが悪いのがいけないのか。現代の訳知りにあらためて鑑定をお願いしたいところだが、だがそこまで勘ぐらねばならない〈奴隷の言葉〉でしか話すことのできない言論空間とは一体何であったのか。

重光葵は軍追随でなく、外務省主導による外交を貫いた見識のある外務大臣だが、やはりA級戦犯の一人として、法廷に連なった。検察官の詰問は英語で聴いていたのであろう。キーナンと対峙《たいじ》した東條被告の答弁について『巣鴨日記』にこう記した。

東條は少しも責任を避けず部下、同僚を擁護し、天皇陛下の御仁徳を頌し、法廷に対しては謙譲の態度を示し、検事に対しては堂々と主張を明かにす。キーナン敗北とは米人弁護人等の批評なり。

## 『朝日新聞』の社説

『朝日新聞』の昭和二十二年十二月二十八日の「社説」は初めにこう述べている。

(冒頭提出された)東條口供書には、太平洋戦争の政治的責任を一身に負うという彼が、その戦争責任についてどのように弁明するか、全世界の注目をひいたが、その内容は彼が責任の地位にあった満四年間の出来事を、彼一流の筆法で記録的に陳述したものにすぎず、特に目新しい事実は見出されない。ただ今まで証人台に立った多くの被告が、消極的な個人弁護に終始した傾きがあるに対し、彼は積極的に、何故日本が戦争をえらばねばならなかったかを説明し、合せてその立場を正当化しようと試みている点に特異性を見出すことが出来る。

そして「社説」は戦争前夜の日本にふれて、

……多くの被告は証人台に立ってはじめて戦争を避けたかったという意思を表現している。

その言葉がかりに正しいとしても、戦争に真向から反対する立場を表明することが、当時はたして何人に許され得たであろうか。反戦的な言論はすべて弾圧されていた。国民の代表であるべき議会は全く無視されていた[132]。恐怖の憲兵政治は国内に横行していた。

と述べた。だが検閲が恐ろしくて閣僚も論説委員も対米開戦反対と言えなかった、とでも言うつもりか。そもそも今回のこの社説自体がアメリカ占領軍の検閲の下に書かれたのである。そしてその日の社説は、本人は敗戦の結果自由に文筆を揮《ふる》える人になったかのごとく、次のような結び方をしている。――『朝日』を弁護する人は「平川よ、いまさらそんな文句を言うな。占領軍に真向から反対する立場を表明することが、当時はたして何人に許され得たであろうか」というだろう。――だがそれにしても、この社説の結びは白々しくはないか。

われわれは敗戦の結果、自由かつ平等な民主国家の国民として更生した。戦争を永遠に放棄した平和国家として再出発した。閣僚はすべて文民でなければならなくなった。しかし本当に平和な、民主的な国民として再起するためには、過去のわが軍閥が惹起した戦争が、如何に世界平和に大きな罪悪を流したかという自覚が、個人個人の心の底に銘記されねばならない。東條口供書はこのためにのみ読まるべきである。

当時のアメリカ占領軍総司令部の方針は、戦争に対する日本人の罪の意識を自覚徹底させるという心理作戦計画に従い、東京裁判は日本側の戦時指導者を逮捕し、悪者として世に示し、日本を犯罪国家として裁くことだった。それによって、日本国民に末永く戦争贖罪意識を植え付けるために裁判は行なわれるべきものだった。そして日本の新聞人の多くはその方針に協力し、論説を書き、そらぞらしいコラムを書いた。そして書くうちにいつかその流れに乗ったばかりか、本人たちはそうすることにより、自分たちも正義のペンを揮っているつもりになっていたのである。ペンの力はその執筆者をも洗脳するほど強いのである。

## 冨士信夫が見た東京裁判

レーリング判事は「東條は法廷での態度によって、日本人の尊敬をふたたび勝ち得た」と言い、その裁判でのスピーチが非常に印象的だったことを述べた。

東條は、自分の動機や日本政府の政治的到達点について説明しました。東條は自分の責任を否定しませんでしたが、「アジア人のためのアジア」という概念、日本が敵対勢力に包囲されるようになっていた事実、そして石油の供給制限のため日本の命運に関わる利権が危機にさらされたことを強調しました。あのスピーチは二日間続きましたが、日本の国民の目には堂々たるものと映ったようです。(13)

狼狽《ろうばい》したのは総司令部民政局であった。先にふれたウォー・ギルト・インフォーメーション・プログラムの再点検の日付が一九四八年二月六日であるのは意味深長である。そこに「総司令部参謀第二部民間諜報局局長と民間情報教育局局長、およびその代理者間の最近の会談にもとづき……東京裁判中に吹聴されている超国家主義的宣伝への一連の対抗措置を含むものにまでこのプログラムを拡大する」とあるのは東條発言とそれに引き続く日本世論の動向にかんがみ、それへの対抗措置を講ぜねばならない、と米国側が感じたことを示している。戦争は心理戦として戦後も言論の場で続いていたのである。

冨士信夫は第二復員省の法廷係として、省内の大臣官房臨時調査部の弁護資料作成の便をはかるために毎日の審理を傍聴してその概要を作るべく東京裁判の全審理を傍聴した。その記録は『私の見た東京裁判』にまとめられている。反対尋問の最後で、口述書中の最後の供述に関連して、キーナン検察官が発した言葉に東條はこう答えた。

キーナン「貴方は日本の首相として、いかなる行為をしたにせよ、そのすべての貴方のした行為、それは真珠湾攻撃に始まった西欧諸国との戦争に関する行為だが、それを為すに当って、貴方はなんら法律的にも道徳的にも間違った事をした覚えはない、それが貴方の立場か」東條「間違った事はないと考える。正しい事を実行したと思う」
キーナン（一段と声を張り上げて）「それでは、もし本審理において貴方が無罪釈放となった場合には、再び貴方の同僚と共に連れ立って、同じような事を平気で繰返す用意があるのか」

冨士によるとキーナンは「感情丸出しの、議論を吹掛けるような」質問をした。当然のことながら、ブルーエット弁護人が異議を申し立て、裁判長もキーナンの質問を却下した。するとキーナンは「これで検察側の反対訊問を終ります」と発言台を去り、正味四日間に及んだキーナン・東條の一騎打ちは終わった。[134]

その冨士の目にも話しおえて「席に着いた東條被告の顔には〈云《い》いたい事は全部云った。もう思い残す事はない〉との満足感が漂っているように思えた」[135]。

そして冨士は当時の新聞社の報道についてはこう書いている。

各社の社説も各種のコラム内容も、東條証言には厳しい論評を下している。が、外人記者は別として、それらを執筆した論説委員及びコラム欄担当者は、東條口述書の内容及び東條証言を、真実彼等が社説、コラム欄に書いてある内容そのもののように受取り、いつわりのない気持、意見をそのまま率直に書いたのだろうか、それとも、東條被告の主張・見解等にある程度の理解を持ち共鳴を覚えた点はあったとしても、連合国軍の占領下、新聞は総司令部の検閲を受けなければならない事情にあったため、現に連合国側の裁判を受けつつある東條被告の証言内容に共鳴し、これに理解を示し、その言動を少しでも礼賛するような内容の評論を書く事は、結果的に連合国側の戦前の行動を批判し、連合国の占領政策に違反する事になって、記事の掲載禁止、新聞の発行差止め等の措置が執られるのみならず、累《るい》が我が身にも及び兼ねないところから、心ならずも、已《や》むを得ず、（右に紹介した『朝日新聞』の社説やコラムの）内容のような書き振りをせざるを得なかったのであろうか。[136]

昭和十年代の戦争中は軍当局の意向に従った新聞であり日本放送協会であったが、戦後は戦後で連合軍総司令部の意向に従った新聞でありＮＨＫであった。従わざるを得ない雰囲気の中にあった、という釈明もあり得よう。その事情は諒《りょう》とする。だがそれならば、独立回復後、なぜ正直に占領期には検閲があったのだ、心ならずも書かされた記事もあった、とその実態を明らかにしなかったのか。それを言うことはできたはずであるし、もしそう言ってくれたならば、国民の蒙《もう》はさぞかし啓《ひら》かれたことであったろう。

# 第十七章　後世が下す判決

## 淡々たる心境

東條英機被告はキーナン首席検事との応酬を終えた後、言うべきことは言ったと晴れ晴れとした気持だったにちがいない。外国記者の求めに応じて初めてその心境を公表した（一九四八年一月八日）。

この際特に申上げることはありませんが、私の心境は淡々たるもので、ただ靖国神社の祭霊と戦争により戦災をこうむられた方々の心になって述べたつもりです。言葉は完全に意をつくしておりませんが事柄だけは正しく述べたつもりです。もし私にここで希望をいうことが許されるならば、二つ希望が残っている。この裁判の事件は昭和三年来の事柄に限って審理しているが、三百年以前、少なくとも阿片戦争までにさかのぼって調査されたら事件の原因結果がよく判ると思う。またおよそ戦争にしろ外交にしろすべて相手のあることであり、相手の人々、相手の政府と共に審理の対象となったならば事件の本質は一層明確になるでしょう。

児島襄《こじまのぼる》の『東京裁判』には、キーナン検事との問答のあと、勝子夫人が法廷控室に東條大将を訪ねたときのことが記されている。キーナンが「釈放されたらまた戦争をするつもりか」と質問した。勝子がそのときの心境を訊《き》いたときも英機はニコニコと平静だった。東條大将は細心だが同時に短気でもあるので夫人は気が気でなかったのである。

「いや、返答したとしても、たいしたことはなかったろう」

と東條は答えた。

「もし、あくまで答えろというのであれば、こう答えるつもりであった。もし、私に自由が与えられたならば、私は君（キーナン）を含めて全アメリカ人がアメリカを愛するごとく日本人として日本を愛するだけである、と」[137]

自決に失敗し日本人からも嗤《わら》い物にされた東條だったが、死刑を覚悟し責任を転嫁せず言うべきことをきちんと述べた。失敗したからこそ、きちんと弁じることもできたので、そのことを思うと、東條に対し重光葵と同様の感想を抱く私だが、運命にたいして不思議な思いを抱かずにはいられない。

ちなみにキーナン検事は最終論告で、日本側の誰もがこの戦争を欲しなかったと述べたことに対し「驚くべきだ」と強調し、何が侵略戦争かという定義は何人にも下すことはできないかもしれぬが、しかし「日本が全東亜を征服し支配せんとする大計画にのりだしたことを防御的である……米国が自国やその同盟国に対して使用されるであろう戦争資材の供給を日本に拒んだが故に、米国を攻撃するのが自衛である、と主張するのは暴慢無礼のほかはない。被告は「人類の知る最重刑」に値する」と述べた。私は日本にそんな大計画があったとは思わないが、戦争を始めるならどうやって戦争を終えるか、そこまできちんと見通しを立てるべきで、それもなしに開戦に踏み切ったのはやはり愚かであったと思うのである。

## 歴史を測るタイム・スパン

東京裁判の過程で示された連合国側の歴史観にも、またメイド・イン・アメリカの日本観、――それも戦時下の「日本憎し」に発する米国製の日本観にも、私は従うつもりはない。しかしだからといって昭和初年の軍部主導の日本の政策がすべて正しかった、などというつもりはない。近ごろ見かける全面的な日本善玉論は、敗戦後に流行った全面的な日本悪玉論の裏返しにしか過ぎない。

重光葵は、この裁判は「米国流の共同謀議の論法を以て英国流の条約論を楯として」行なわれた、と『巣鴨日記』に記したが、英国側はコミンズ・カー検事が、日本は一九二八年のパリ不戦条約に違反して侵略戦争したとして有罪にもちこんだのである。

だがフランスのアンリ・ベルナール判事は多数派判事の判断の多くに疑義を呈した。満洲事変時の関東軍の行動を「正当な自衛権の発動」と承認した陸軍大臣南次郎に対し強い非難が出た際も、これは非難すべきことなのであろうか。リットン調査団の報告書がこの行動について語っているものによれば、これは非常にありふれた事件でしかないとみなすことができる。自衛すべきであると思うときには自衛権があるのであって、この決まりは実際に攻撃も侵略もないケースにおいても自衛権の発動を退けるものではないのである。

と個別意見書に反対意見を書いている。大岡優一郎は『東京裁判　フランス人判事の無罪論』で、「多数派判事たちが拠って立つものこそが、侵略戦争と自衛戦争の区別もなく、その判断が当事国の裁量に任されているような普遍性を欠くパリ不戦条約でしかなかったことを揶揄《やゆ》していたかのようである」と評している。[138]

多数派判事がいわゆるケロッグ＝ブリアン条約の違反であるとして日本を断罪したのはおかしいとするベルナール判事の自衛権解釈はおそらくそれなりに正しいのであろう。ただしだからといって、関東軍の行動や南陸相がとった措置が長い目で見て日本にとって良かったかどうか、当時の若槻内閣が満洲における関東軍の既成事実を次々に事後承認したのは、はたして政治判断として正しかったかどうか、と顧みずにいられない。満洲事変の勃発《ぼっぱつ》が、当時の日本国民に一条の光明のように受け止められたのは事実であり、株式相場もこれを好感していたのもまた事実なのではあるが。

歴史の正義不正義を測る上でのタイム・スパンの問題について前にふれたことがある。[139] それは日の単位で測るなら、無通告でハワイを奇襲攻撃した外交的失態については[140]日本に非がある。少なくとも世界にそう喧伝《けんでん》されてしまう攻撃ではあった。しかし月の単位で測るなら、ハル・ノートは明らかに不当な挑発である。(141) しかし年の単位で測るなら、中国に軍を進めた日本に問題があることは否定しがたいだろう。ではさらに、世紀の単位で測るなら、白人優位の世界秩序に対する日本が先頭に立つ「反帝国主義的帝国主義」の戦争ははたしてただ一方的に断罪されるべきものか。

それに対する私の答は、歴史の善悪を百年という長い単位で議論に持ち出すべきではない。世紀の単位で測るならば、いかなる国にもケチはつけることができる、という消極的な常識論である。

## インドから見た東京裁判

一九九四年、加瀬俊一初代国連大使を代表とする終戦五十周年国民委員会が、インドを訪れて取材した記録が『自由と独立への道』に収められている。そこには「パル判決はインド政府の立場を十分に代弁しており、インド政府は過去も現在もパル判決を支持している」というチョプラ教育省次官の言葉や、極東国際軍事法廷は日本に侵攻国としての烙印《らくいん》を捺《お》すための英米のプロパガンダで、パル判事は日本を一方的な偏った見方で裁判すべきでないことを主張した、というサレン博士の言葉や、さらにはネルー大学ソンディ教授の次のような談話(142)が拾われている。

東京裁判では判決が二つ出たのです。一つはヨーロッパとアメリカの判決で、もう一つはアジアの判決です。……それぞれが異なる文化から出た判決なのです。今こそ、この二つの判決を検討し、本当の判決を下そうではありませんか。……一方に偏った文化による、いわゆる多数派の判決、あるいは勝者の判決から抜け出し、世界が平和の中に生きるために、この件を早急に取り上げる必要があります。……パル判事の貢献は将来のために極めて大きいのです。

異なる文化から出た二つの判決というが、異なる文明観から出た見方の対立があったことは間違いない。キーナン検事が開廷直後に述べた「日本のA級戦犯は文明に対し宣戦を布告した」という大づかみな歴史把握は、西洋本位に従う秩序こそ文明と決めてかかっていたからこそそう言えたのであろう。キーナンの頭には文明とはすなわち西洋文明で、複数の文明が存在し得るなどと考える知的空間はその脳裡《のうり》には無かったのであろう。しかし「白人の責務」を担うと称して西洋列強が植民地支配を正当化できた時代は、インド人の眼にも、ほかのアジア人の眼にも、明らかに過ぎ去りつつあった。西洋本位の見方に同調する人ならともかく、日本人の眼にも、過ぎ去りつつあったはずだが、しかしそれを口に出していうのが躊躇《ちゅうちょ》されたのは、その見方がいわゆる東京裁判史観にそむくからであろうか。

## 戦争犯罪を裁くことの意味

ドキュメント・フィルム『東京裁判』を見たあと、ドナルド・キーンは自分が一九四五年九月二十三日に友人に宛てた手紙の一節を引いて自分の立場を明らかにした。

日本の指導者たちを「戦争犯罪人」の名の下に処罰するのは、名目がいかに高尚な響きを持つものであっても、結局は、人類の歴史が始まって以来、多くの国々が行ってきたことを繰り返すことにすぎない。もし、征服された民族の犯罪のみならず、イギリス人がインドや香港で犯した罪、……アメリカ人が無防備の住宅地に住む日本人たちに爆撃を浴びせたことなどが問われるのであれば、この戦争裁判は新しい時代の幕開けを象徴するものであるという言葉は、それなりの意味を持つ。しかし、今回の戦争裁判は、実際には終戦を祝う儀式として開かれるものであり、例によって敗戦国非難と自己満足の精神に満ち満ちているのだ。[11]

そしてキーンは、戦時中、日本将兵が戦場に遺した日記に、日本空襲に参加し捕虜になった米軍飛行士が死刑に処されたという記入を読んだとき、人道にそむく明白な犯罪だ、と思ったが、戦争末期、米空軍が日本の都市を無差別爆撃するようになったとき、これも犯罪ではないかと思い、自分の正義感に迷いが生じた、と述べている。これが西洋と東洋の二つの文化に跨《またが》った人が自然に口にする感想というべきだろう。

## 反帝国主義的帝国主義

日本は西洋の帝国主義的進出に張り合おうとするうちに自身が帝国主義国家になってしまった。

日本側のいわゆる大東亜戦争は、反帝国主義的帝国主義の戦争だったのではないだろうか。日本のコロニアリズムにも良くない面があったが、しかし西洋植民地主義にも良くない面があった。そこで比較史家として私はこう考える。

日本の当局者は、日本帝国の過去を謝罪するだけでなく、歴史の両面をきちんと見据えて挨拶してもらいたい。たとえば日本の首相がシンガポールへ行く際は、同国の現在の繁栄を祝賀しつつ Fortunately for us all, that era of Western colonialism as well as that era of Japanese imperialism is over とでも挨拶してもらいたい。そもそも日本の外務省内部では、歴史の二面性にふれて外国語で挨拶するための修辞の訓練が全然行なわれていないのではないか。これは恐るべき懈怠《けたい》であり、そのことを私は遺憾に思う。外国語で自己表現がきちんとできない外交官にかぎって相手の言い分に相槌《あいづち》をうちがちなものである。これは日本人大学教授についても同じことだが。

それやこれやで、日本の内閣や政府高官が過去の戦争について発表した「談話」には一面的でバランスを失したものがあった。それというのも日本のマスコミに東京裁判史観を是とすることがあたかも良心的であるかのごとき顔をして「反日無罪」の隣国や旧敵国の主張におもねるきらいがあったからである。

しかし祖国を盲目的に弁護する人の中には頭が単純に過ぎる人もいる。きちんとした根拠もなく正論なるものを唱える人は相手のいい慰みものにされるのが関の山である。国を愛する人の中には、いってみれば、日本の常習的弁護人に堕する人もいる。私はそれにはなりたくない。

しかしそれでも極東国際軍事裁判の判決が下されてから七十余年が過ぎた。キーナン検事が冒頭で述べた歴史認識や、検察側ならびに判決主文がいうような、日本による大東亜侵略の全面的共同謀議が存在したとする、いわゆる東京裁判史観よりも、インドのパル判事の判断の方がはるかに真実に近いと私は考えずにはいられない。時が経つに従い、パルに軍配をあげる人が次第にふえることだけは間違いないだろう。本稿の読者諸賢はいずれに軍配をあげるであろうか。

## 平成に安んじた戦後民主主義世代

自国の力で国際平和を積極的に構築したわけでもないのに、戦後の日本が戦争なしですんだことを戦争放棄の憲法のお蔭だと口にする人がいる。そんな平成という時代は駝鳥《だちょう》の平和といおうか、日本人が上から下まで小成に安んじた時代だった。しかし憲法改正を口にすることがすくなくともタブーではなくなった。敗戦国日本の国民を縛っていたタブーは次第に解けはじめた。平成年間の最大の変化は、敗戦直後にできた歴史観を唱えることで力を持ってきた『朝日新聞』の権威が落ちたことであろう。いや、新聞そのものが権威でなくなってきた。しかし戦後に教え込まれた価値観を絶対的に信ずる戦後民主主義世代の優等生やその子供たちの何人かは、いまなお吉田清治・吉見義明などの話をひろめることを良心的と思い込んでいるようである。

最初にある情報を与えると、それを受ける人間に固定的回路ができてしまい、そのあとそれに反する情報を何度送っても、受付けなくなるそうである。有馬哲夫教授はウォー・ギルト・インフォーメーション・プログラム（WGIP）の問題をよく調べているが、(14) 連合国軍の情報操作が成功したことを次のように喩《たと》えている。軟らかい土の上に水を流したとき、溝ができて水路が形成される。このあと何度水を流そうとも、水は同じ溝を流れていく。イデオロギーに関しても、初めて教えられると、そのあとそれと違ったことを何度教えられても、最初に教えられたこと以外は受付けなくなる、と。しかし日本でＷＧＩＰが今日まで効果的に作用したのは、私は占領軍のせいであるよりも、日本側の新聞などのマス・メディア、日教組にかぎらず日本の教育制度、教科書のせいであると考える。

## 盲目的愛国主義の弊

タブーに囚《とら》われずに、歴史を素直に見つめたい。昭和日本は軍部と政府の間に意思統一がない、いや、陸軍と海軍の間にもきちんとした意思疎通のない、みっともない国家であった[145]。中国大陸で解決の目途《めど》も立たぬままに事変を長引かせたことが失敗の最大原因である。日本軍は中国ナショナリズムの泥沼に足を突っ込んで動きが取れなくなってしまった。そんな国がアジアの指導者たり得るはずはないではないか。ナチス・ドイツと同盟を結んだことも失敗である。ハル・ノートは、いつか日本を叩いてやろうと思っていたに相違ない悪辣《あくらつ》なルーズベルトの挑発だが、しかしそれに乗ってしまった日本の主戦派も知恵が足りなかったという意味で悪い。またルーズベルトに日本の南進をもはや放置できないと思わせた軍部主導の南部仏印進駐も失策だった。

その頃の日本には祖国を盲目的に愛する人が英語を使うことを非難した。昭和十五年の夏には国鉄の平仮名と漢字で記されていた駅名の下にあったローマ字表記が消されようとしていた。私は子供心に愚かなことをすると感じた。近ごろの日本には嫌韓風潮にのって駅名表記からハングル文字の表示を消せという人が出てきた。日本は文明の国としてそのような狭量なことは言うべきではない。現在の韓国のソウルの駅名に日本語表記があることを忘れないでもらいたい。

国際社会の中で生きねばならぬ今日の日本である。日本語でしか語ろうとしない人にも狭さがあるのではないか。近ごろの月刊誌の多くに「暴走する韓国」「歪曲する中国」を非難する記事が次々と出る。それを書くこと自体は相手が脱線し宣伝をこととする国である以上、健康な民主主義国日本の反応なのだろう。しかし私たちはもう少し工夫して自分たちの主張や反論も日本国内だけでなく広く海外へも伝えるべきではないのか。「正論」は海外の人が私たちの主張をもっともとうなずいて読んでくれてこそはじめて力のある「正論」となる。日本の論壇という内輪で大声を張り上げているだけでは、井の中の蛙《かわず》の合唱に終わってしまうだろう。きちんと裏付けのある、出典が示され、註がついていても一般読者に読みやすい論で相手と対話したいものである。

そうしたことを自覚して日本の外交官も、学者も、論壇人も、外国語で自己主張をすることが大切だ。それが国際主義者の務めだろう。相手の言い分に同調し「イエス」とか「対《トゥイ》」とか頷《うなず》くだけが能ではない。

## 東條は日本のヒトラーと言えるか

ここで初めに提起した「十二月八日に始まった戦争とは何だったのか」という問題に立ち返る。私の歴史認識はこうである。

日露戦争に勝利した日本は、しかしながら四十年後には「大東亜戦争」に突入し、坂の下の沼に落ち泥にまみれた。一九四五年に敗北し、一九四八年に日本の東條英機元首相、廣田弘毅元首相らは東京裁判で死刑に処せられた。

ナチス・ドイツと並んで日本は国際社会の悪者と認定され、東條は日本のヒトラーに擬《ぎ》せられた。だが、戦後の日本の新聞ラジオが貼ったレッテルとは違って、東條は独裁者からはかなり遠い人物であった。米英中露独伊日という交戦国の最高指導者の中で、東條首相ほど権力を一身に集めなかった人はいない。それだけ大人物ではなかったからかもしれない。むしろそのために政治指導が円滑に行なわれなかった節もある。ヒトラー・ドイツとの類推で日本を判断しようとすることの誤りはその一事でもわかろうというものだ。戦争中に東條内閣がサイパン陥落を機に総辞職せざるを得なかったことは、東條が独裁者としての権力集中をしていなかったことの証左だろう(146)。

汪精衛は黄田多喜夫外務次官に、日本では上役が承知しても下が聞かん、前任者が言ったことを後任者は「俺は知らん」という。外務省がいいことを言ってくれたと当てにすると陸軍は聞いてくれない、「上下不貫徹、前後不接連、左右不連携」と言った。

## 東京裁判の公平性

東京裁判は日本に悪者の烙印《らくいん》を捺《お》すための裁判で、日本を東亜におけるナチス・ドイツに擬して、日本の指導者を断罪しようとした。その目論見《もくろみ》はキーナン検事の冒頭の論告によく出ている。その種の先入主をもって裁判に臨んだ検察側や、ウェッブ裁判長にとっては、異議を申し立てる弁護人や判事の出現は、意想外とはいわずとも、まことに扱いにくい面倒な事態であったろう。

例えば、開廷早々、ウェッブ裁判長への忌避動議を却下した際、判事はマッカーサー総司令官によって任命されているから、という理由のごときは、フランス人判事ベルナールならずとも、東京裁判の公平性を疑わせるに足るものであった。その結果、東京裁判は、ニュルンベルク裁判と終わり方を異にし、後世にさまざまな話題を提供し続けている。

西洋至上の植民地体制維持を正義とし、その秩序に楯突いた日本を悪として断罪することを当然と考えて市ヶ谷の法廷に集まった人たちは、その後の歴史の展開によって、逆に歴史によって裁かれる人たちとなりつつあるのかもしれない。

異彩を放ったのはインド人判事パルである。パル判事の判決書はあくまで法律家として書かれているが、その背後にあるのは白人たちとは異なるインドから見た歴史観である。大英帝国の世界支配を肯定する側と否定する側とでは世界史の解釈も自ずと別れたのは当然だろう。

ウェッブ裁判長は不都合な弁護側の申し立てや資料は却下するという強引な裁判指揮を行なった。それだからパルの判決は法廷では朗読もされず、当時は印刷にも付されなかった（『パル判決書』は一九五三年四月になってカルカッタで出版された）。

東京裁判で七名に死刑判決が下されたことを報じた一九四八年十一月十二日の『ロンドン・タイムズ』は、天皇が訴追されなかったことについてのウェッブ裁判長の不満を伝えた。ウェッブは天皇は開戦に際して役割を演じた以上責任があるという見解なのである。その記事はさらにパル判事、レーリング判事、ベルナール判事などの不同意意見を読み上げることを法廷が拒んだ不公正を弁護側が難じ、「被告たちは自分の生命や自由についてなにが言われたかを知ることも許されないのか」と強く抗議した旨を報じた。判事たちが数日後には早々と離日することにふれ、最後をこう皮肉な口調で締めくくった。

このあわただしい帰国ははなはだまずい印象を与えることになるだろう。法廷で多数派意見に不同意の少数意見の朗読が行なわれない実際の理由は、判事らが故国でクリスマスの祭を過したいからだと日本側は今や公然と言っているからである。

だが朗読が行なわれなかった本当の理由は内容が、日本に悪者の烙印を捺すための裁判として不都合だったからだと疑われても仕方なかろう。一二三五頁のパル判決を全文読む時間はない、という理由はもっともらしいが、少なくとも部分的には朗読すべきであったろう。『タイムズ』記者の The haste at the end of the trial can only be considered unfortunate in its moral effect. という英文の moral effect の語に注目したい。英国人記者など当時の在日連合国人にとっての中心的関心事は、なによりも東京裁判が日本人の精神に与える効果なのであり、それがまずい印象を与えるようであっては困るという気持がはしなくも洩れたのである。

## 疑問を呈してはいけないのか

軍国日本も悪かったが、しかし必ずしも東京裁判の多数派判決が認めた意味で悪かったのではないようだ。その点については令和の時代の読者の多くは御賛同いただけるのではないかと思う。その点、外国人よりも先に日本人がまずナチス・ドイツと軍国日本の異質性をきちんと認識することが先決なのである。判決文でその違いをきちんと書いているのがパルであり、後に裁判の思い出でその点を強調したのがレーリングである。ウェッブ自身もニュルンベルク裁判で裁かれたドイツ人被告と日本人被告は違う、far less heinous「彼らに比べれば極悪《ごくあく》からはほど遠い」とさえ言った。マッカーサー元帥《げんすい》自身が「日本が戦争に突入した動機は安全保障の必要に迫られてのことだった」と公然と証言した[147]。

独日の戦争突入の動機の違いを自覚することによって、内外の人は歴史認識を改めることもできる。そのためにはなによりも戦後のマス・メディアが惰性的に再生産を続けてきた、バイアスのかかった歴史認識を改めねばならない。レーリング判事が東京裁判の進行中にドイツ文学者竹山道雄と会い、その発言に耳を傾けたのは、竹山自身にナチス・ドイツとは違う昭和日本についての自覚が有り、ナチス・ドイツのリッベントロップ外相とは違う日本の東郷茂徳外相の差を説明し得たからではあるまいか[148]。

しかし日本では東京裁判の公平性に疑問を呈すると、そのこと自体をけしからぬことのように非難がましくいう人々が結構多くいて、学問世界にも蝟集《いしゅう》していたのである。左翼系の学者たちも学界主流の流行になびく弱い精神の持ち主であったのだ。それだけにThe Japanese purpose, therefore, in going to war was largely dictated by security などという発言は、無視されることとなったのである。

地理に即して史実を語る

日本人は、第二次世界大戦について主要敵がアメリカで、主要な戦場が太平洋であり、そのアメリカと戦って敗れたために太平洋戦争という見方をする傾向が強い。米国としては自分が主役を演じたのだという点を強調したいこともあって、この名称に固執した。

しかし日本はアメリカと戦っただけではない。イギリスとも戦った。アジアの英領植民地であったマレー半島、北ボルネオ、シンガポール、ビルマ、インドでの戦争という面もあった。その日本と大英帝国との戦争がインドに何をもたらしたか。

大英帝国とインドの関係は第二次世界大戦によって完全に変わってしまった。第二次世界大戦に勝利し、戦争目的を達成したかに見えたチャーチルだが、戦後に現出した事態は大英帝国主義者チャーチルの期待を裏切るものとなった。大英帝国は実質的に瓦解《がかい》し、かつての植民地は次々と独立してしまったからである。

敗戦後の日本人は戦争中の「アジア解放」などというスローガンは信じなくなってしまった。それだからインドネシアやベトナムに居残って土地の人の独立運動を支援して共に戦った日本人がいたことも忘れてしまった。その前後に戦死した日本兵の数は、戦争の規模の違いも関係するが、アメリカ独立に際して義勇兵としてヴァージニア州で英軍と戦って死んだフランス兵の数よりも多いのではあるまいか。日本は南国で散った彼らについて語らないが、フランスは宣伝上手なお国柄もあり、ことあるごとに米国独立を援けたフランス軍将兵について語る。渡米してフランクリンの盟友としてフランス義勇軍を指揮したラ・ファイエット将軍は、米仏の友情のシンボルとして、後世に名を永く留めている。(149)

繰返すが、日本は反帝国主義的帝国主義の国だった。その戦争に正面の「太平洋戦争」とともに「大東亜戦争」の側面があったことは否定できない。日本が英国と戦った香港・マレー半島・シンガポール・ビルマやインド洋は地理的にも太平洋とは呼べないからである。アメリカの歴史学者ジョン・ステファンは「大東亜戦争」という呼称が日本がインド洋や太平洋、東アジアおよび東南アジアで繰り広げようとした戦争を最も正確に表現している、と言っている由である。

## シンガポールにおける戦争イメージの変化

ここでシンガポールにおける「あの戦争」のイメージの変遷《へんせん》にふれたい。私はシンガポールには過去六十年間に何度も立ち寄った。最初と二度目はヨーロッパへ船で行く留学生としてであった。一九五四年に寄港したときは英国に奪回されてまだ英領であった。その後私は独立したシンガポールの国立大学へ招かれて外部試験官として論文審査に何度か関係した。このexternal examinerを招くというのは英国の慣習が踏襲されたからである。またその地で開かれた国際学会で、基調講演者として、また総括者として招かれた。そのように何度もシンガポールに行くうちに、判断が落ち着くべきところに落ち着くのを感じた。歴史博物館(今はセントーサ島にある)では、歴史解釈も最初のうちは旧宗主国の英国の立場をそのまま反映して、第二次世界大戦で日本軍が降伏した場面の写真のみが大きく掲げられていた。

ところがそれがシンガポール独立後のいつからであったか、一九四二年二月十五日、シンガポール島に敵前上陸した山下奉文中将がイギリスのパーシヴァル司令官に降伏を迫った歴史的な会談を描いた宮本三郎画伯の絵の大きな複製も展示されるようになったのである。

それればかりではない、いわゆる大東亜戦争に至る遠因が「日本撃敗了俄羅斯、這是有史以来一個亜洲国家第一次撃敗了一個西方国家」と書かれるようになった。俄羅斯とはロシアのことで、「日本はロシアを日露戦争で撃破した。これは有史以来アジアの一国が初めて西洋の一国を負かしたのである」という説明である。これは大英帝国のクラウン・コロニーから独立したシンガポールであればこそ、西洋植民地支配とそれに対決したアジアの反撃の歴史を説明する必要があるから書かれたのであろう。それで反日的感情が強いといわれた漢民族が主流のシンガポールですらも、日本が二十世紀前半に果たした歴史的役割に言及したのである。

しかもそこにはさらにこんなオーストラリア兵士の感想も大きな活字で出ていた。"After Singapore, Asia changed. For the British it would never be the same again."「シンガポール陥落以後、アジアは変わった。英国人にとってはもはや戦前と同じであることはあり得ない」。チャーチルは大英帝国維持のために戦ったが、英国は結局はアジアの植民地は手放さざるを得なかった。

## 木村久夫上等兵の場合

第二次世界大戦中、日本軍が占領したインドの領土はアンダマン・ニコバル諸島である。チャンドラ・ボースを首班とする自由インド仮政府はその島々を英国支配から脱した最初のインド領とした。だが日本の敗戦後、その地における英国側の戦争犯罪追及はそれだけ厳しかったにちがいない。木村久夫は京都大学経済学部学生、一九四二（昭和十七）年入営。陸軍上等兵だったが、敗戦後、戦犯としてシンガポールのチャンギイ刑務所で刑死する憂き目にあった。ニコバル島で米泥棒として捕えた住民が信号弾を打ち上げてイギリス軍と連絡していたことを白状したからである。英語のできる木村が取調べを委ねられた。その際一人を殴打したことを認めたとして他の四人とともに死刑に処せられたといわれる。日本戦歿学生の手記『きけわだつみのこえ』に二十四頁にわたり載った木村久夫の文章は印象深い。

此度の私の裁判に於《おい》ても、また判決後に於ても、私の身の潔白を證明すべく私は最善の努力をしてきた。然し私が余りにも日本国の為に働きすぎたが為、身が潔白であつても責は受けなければならなくなつた。ハワイで散つた軍神も、今となつては世界の法を犯した罪人以外の何者でもなくなつたと同様に、ニコバル島駐屯軍の為に敵の諜者を発見した当時は、全軍の感謝と上官よりの讚辞を浴び、方面軍よりの感状を授与されようと迄《まで》云《い》はれた私の行為も、一ヶ月後起つた日本降伏の為に忽《たちま》ちにして結果は逆になつた。其の時には日本国に取つての大功が、価値判断の基準の変つた今日に於《おい》ては仇となつたのである。然し此の日本降伏が全日本国民の為に必須なる以上、私一個の犠牲の如きは忍ばねばならない。苦情を云ふなら、敗戦と判つてゐながら此の戦を起した軍部に持つて行くより仕方がない。然し又、更に考を致せば、満洲事変以来の軍部の行動を許して来た全日本国民に其の遠い責任があることを知らねばならない。

木村はその文章を処刑半時間前に擱筆《かくひつ》した。

私の命日は昭和二十一年五月二十三日なり

以下二首処刑前夜作

をのゝきも悲しみもなし絞首台母の笑顔をいだきてゆかむ

風も凪ぎ雨もやみたりさわやかに朝日をあびて明日は出でなむ

# 第十八章　戦後民主主義世代

## 国会桃色事件

ここで転じて内地での軽薄な事件に言及する非礼を許していただく。戦後とは一方では戦争犯罪人として日本人が処刑されながら、そしてそうした意味では戦争がまだ続いていながら、他方ではそういう現実に目をやらず、女性は解放された、自由は与えられた、と敗戦国民が奇妙に浮かれてはしゃいだ時代でもあった。以下の椿事《ちんじ》も東京裁判で判決が下され、死刑が執行されようとしている時期に起こった。

一九四八（昭和二十三）年の十一月六日、第一高等学校の寮食堂で晩餐会が開かれたことは第五章にもふれた。左右の名士が登壇し、言論大会は活気を呈した。深夜の晩餐会終了時に汁粉が一杯振舞われるから、寮生の出席率はすこぶる高かった。

その晩餐会で圧巻は、母校に凱旋将軍の如く現われて演説をぶった泉山三六である。十月十五日に成立した第二次吉田茂内閣に当選一回で大蔵大臣に抜擢された。それが嬉《うれ》しくてたまらなかったに相違ない。滔々《とうとう》たる話しっぷりは異色だった。あるいはその日もすでに酔っていたのかもしれない。だがこの泉山大臣の名が記憶に残るのは、その一月後、国会内で泥酔し、女性代議士にキスを迫り、拒まれるや顎に嚙みついたという国会桃色事件を惹き起こしたからだった。泉山は辞職した。

キスを迫られた代議士は山下春江といい、日本女子体専卒、呉高女教諭、大阪毎日新聞記者を経て一九四六（昭和二十一）年の選挙で当選した日本初の女性代議士の一人である。柔道二段の彼女も酒豪であったためか「一緒にはしゃいだ」などと噂され、翌一九四九年には落選の憂き目にあった（泉山三六は参議院全国区で上から七番目の高得票で当選した）。しかし山下も一九五二年にはカムバックし、衆議院海外同胞引揚及び遺家族援護に関する調査特別委員会の長をつとめた。その仕事ぶりが立派なのである。

## 山下春江議員の趣旨説明

一九五二（昭和二十七）年、日本が独立を回復するや、十二月九日《戦争犯罪による受刑者の釈放等に関する決議》が、労農党のみの反対という圧倒的多数で可決された。改進党の山下議員が共同提案者の一人として趣旨説明を行なった。

……占領中、戦犯裁判の実相は、ことさらに隠蔽されまして、その真相を報道したり、あるいはこれを批判することは、かたく禁ぜられて参りました。当時報道されましたものは、裁判がいかに公平に行われ、戦争犯罪者はいかに正義人道に反した不逞残虐《ぶてい》の徒であり、正義人道の敵として憎むべきものであるかという、一方的の宣伝のみでございました。……国民の敗戦による虚脱状態に乗じまして、その宣伝は巧妙をきわめたものでありまして、今でも一部国民の中には、その宣伝から抜け切れないで、何だか戦犯者に対して割切れない気持を抱いている者が決して少なくないのであります。

戦犯裁判は、正義と人道の名において、今回初めて行われたものであります。しかもそれは、勝った者が負けた者をさばくという一方的な裁判として行われたのであります（拍手）。戦犯裁判の従来の国際法の諸原則に反して、しかもフランス革命以来人権保障の根本的要件であり、現在文明諸国の基本的刑法原理である罪刑法定主義を無視いたしまして、犯罪を事後において規定し、その上、勝者が敗者に対して一方的にこれを裁判したということは、たといそれが公正なる裁判であったといたしましても、それは文明の逆転であり、法律の権威を失墜せしめた、ぬぐうべからざる文明の汚辱であると申さなければならないのであります（拍手）。……

山下春江は翌一九五三（昭和二十八）年七月二十一日、戦犯遺族へも他の戦没者遺族同様、弔慰金などの援助をすべきでないか、という問題提起を衆議院厚生委員会で行なった。

戦犯で処刑されました方々を公務死にいたしたいというのは、大体国会における全部の意見のように考えるのでありますが、政府はそれを公務死に扱うことは、いろいろ国際関係その他の情勢を勘案して、ただちに行うことはどうかというような答弁をかつてなさったのでありますが、外務省はどういうお考えをお持ちになりますか。……国民としては、当然すでになくなられた方には上も下もなく同一に国家のために公務で死歿されたものとあつかいたいのでありますが、そういうことに対する政府の見解をただしたいのであります。……

## 外務省省議決定

これに対して広瀬節男外務省参事官が翌日きちんとこう答弁している。

被処刑者の遺族の援護は、社会保障的見地から見ましてももっともなことだと思いますし、国際関係上から見ましても支障ないものと認めまして、外務省としては何らこれに異議はございません。こういうことを省議決定いたしましたことを御報告申し上げます。

この遺族援護法改正に自由党、改進党、社会党右派、左派も賛成し、強く支持した。堤ツルヨ社会党代議士はこう述べた。

処刑されないで判決を受けて服役中の者の留守家族は、留守家族の対象になって保護されておるのに、早く殺されたがために、獄死をされたがために、国家の補償を留守家族が受けられない。しかもその英霊は靖国神社の中にさえも入れてもらえないというようなことを今日遺族は非常に嘆いておられます。……遺族援護法の改正された中に、当然戦犯処刑、獄死された方々の遺族が扱われるのは当然であると思います。

同年八月三日、国会は「戦争犯罪による受刑者の赦免に関する決議」を可決した。山下春江がこの時も提案趣旨説明に立ち、戦犯裁判そのものを降伏した者の上に加えられる災厄といい、連合国は単にその権力を誇示したにすぎないのではないか、とパル博士の言葉にふれた。
山下はこう述べた。巣鴨とは巣鴨プリズンと呼ばれた都内にあった戦犯刑務所のことである。

　今日巣鴨における拘禁継続の基礎はすでに崩壊していると考えざるを得ないのであります。（拍手）……「獄にしてわれ死ぬべしや　みちのくに母はいますにわれ死ぬべしや」、このような悲痛な気持を抱いて、千名に近い人々が巣鴨に暮していることを、何とて独立国家の面目にかけて放置しておくことができましょう。（拍手）

山下春江が属した改進党の総裁は重光葵で、重光は五年前に東京裁判でA級戦犯として禁固七年の判決を受けたが、一九五〇年十一月に仮釈放され、五二年三月には公職追放を解除される。独立回復後、大分二区から衆議院議員に出馬し、いまや吉田茂と首相の座を争う地位にいる。そのような人の存在そのものが東京裁判に含まれた不当性の生きた証左でもあった。
A級戦犯と呼ばれた人も一九五六（昭和三十一）年までに関係各国の同意を得て全員出所した。

ＢＣ級の人も一九五八（昭和三十三）年に出所した。

　私自身は一九七八年、メリーランド大学で開かれた学会の席で鈴木貫太郎終戦内閣総理大臣について論じた際に「大部分の日本人は東京裁判は法的基盤が怪しげで、趣味の悪い一種の勝者の見世物だったと思っている」[150] Most Japanese consider that the tribunal had a dubious legal basis —, a sort of victors' show of bad taste. と述べた。私がそう言ったからといって、憤慨する米国の学者や聴衆はいなかった。――しかしそう気楽に言えたのは、私が「あの戦争」は間違っていたとし、その戦争を止めた鈴木貫太郎や昭和天皇の功績を述べようとしていたからである。

## 戦後民主主義世代の登場

　そもそも日本人が「あの戦争」について否定的になるのは当然だった。負けたからである。多くの日本人が戦災に遭ったからである。そんな下手なことをやらかした指導者が愚かなことは自明だった。対米英戦争の開始に際して閣僚たちは戦争終結についてどのような見通しを持っていたのか。そんな東條を日本国内の全報道機関が一致して悪者扱いにして描いたのだから、新聞を読むほどの人の多くがそう思い込んだのは当然だろう。

　そうなると、東京裁判の公正を信じる人にとっても、いや、信じない人にとっても、東條内閣の閣僚だった人が首相になる、などということは、それ自体が許されないことに思われた。それこそ「逆コース」の最たるものであった。一九六〇年の安保騒動で学生が岸信介首相を憎んだのは、岸が戦争中の商工大臣で、戦後はＡ級戦犯容疑者として逮捕され、一旦《いったん》は巣鴨刑務所に入れられた人だったからである。

一九五二年の日本独立回復直後は新憲法に対する賛否は相半ばしていたが、若い世代の擡頭《たいとう》とともに憲法護持の声の方が次第に大きくなった。戦後民主主義世代の登場である。彼らは日本のかつての国家主義に反撥《はんぱつ》して国際主義を唱え出した。A級戦犯と聞けば、もうそれだけでアレルギー反応を呈する人たちである。

その世代の文学界におけるチャンピオンが大江健三郎で、政界におけるヒロインが土井たか子だった。この二人は並行現象で、戦後平和主義の彼女は『朝日新聞』の言い分通り、護憲を唱え、北朝鮮の肩を持ち、衆議院議長にまで昇りつめた。片や大江は時流に敏感で、中国に文化大革命が起きれば紅衛兵の肩を持ち、日本で大学紛争となれば造反学生を持ち上げて、サルトルばりのことを言い、ノーベル賞まで昇りつめた。だが日本の文化勲章の方は拒んだ。左翼の知的ヒーローは女子大生に向かって「自衛隊員のところへお嫁に行くな」と言った。そんな職業差別的発言が大江に許されたのは、背後に大江を担ぐ大マスコミがあったればこそである。

## 『大地の子』に感動する人、しない人

敗戦直後の日本では、戦前に治安維持法で逮捕された左翼の人が、軍国主義に抵抗した人として良心的とみなされた。しかしマルクス主義を奉じて共産主義讃歌をうたった人も、ベルリンの壁が崩壊し、ソ連邦の威信が地に墜ちると、さすがにマルクス、レーニンにしがみつくことはできなくなった。

そんな中で日本のマスコミは中国に対する日本人の贖罪意識を強めるように努力した。山崎豊子原作の《大地の子》は日本国内では空前の共感を呼んだ。しかし中国では日本人の善意の協力で日中合作の宝山製鉄所が建設されたという事実を伝えるドラマは、放映されなかった。NHK制作（日中共同で制作）の大テレビ・ドラマを日本で見た中国人留学生はおよそ冷淡で、上川隆也演ずる陸一心は労働改造に送られるが「あんなきれいごとですむものか。労改《ラオガイ》には尻を拭く紙もないんだぞ」と冷ややかに私に向かって言い放った。

「日本兵が殺したよりも、何十倍、ひょっとして何百倍の中国人が国共内戦や大躍進や文化大革命を通して殺されている。ナチス・ドイツがユダヤ人に対してしたと同じことを共産党政権はウイグル族やチベット族に対して行なっている。民族浄化政策だ」

それはそうかもしれない。だが人民中国では漢民族の犯した悪事に対しては箝口令《かんこうれい》をしくことはいたって容易だが、日本軍の犯した悪事はいかに誇大に宣伝しても許される。東洋永遠の平和と称して軍を大陸に進めた日本は愚かであった。他国に軍を八年間も駐留させれば不祥事が起こらぬはずはない。きわめて多くの日本人が、昭和の末年から平成の初めにかけて「まだ、あの戦争における日本の責任は清算されていない」と感じるようになった。そしてそう言うことが良心の証《あか》しのような雰囲気が醸成されていた。

## 悪い人は誰か

昭和五十八年、小林正樹監督がドキュメンタリー映画『東京裁判』を作成した。すべて実写フィルムを集めたといいながら、その写真がない南京大虐殺、中国人がいうところの南京大屠殺の場面があるのは、日本が中国戦線で残虐行為を働いたのは間違いないからとして、たとえ本物ではなくとも、中国側の宣伝用のでも、ともかくなにか写真を入れなければならない、監督がそう思ったからに違いない。雰囲気に押された結果だろう。

戦争直後の多くの連合国軍の裁判では偽証で多くの人が有罪とされた。悪いのは本人か。偽証した人か。その証言を基《もと》に有罪判決を下した人か。

しかしこの小林監督のドキュメンタリー映画のお蔭で、先に触れたように、ブレークニー弁護人の「キッド提督の死が真珠湾爆撃による殺人罪になるならば、我々はヒロシマに原爆を投下した者の名を挙げることができる。投下を計画した参謀長の名も承知している。その国の元首の名前も、我々は承知している」などの発言は広く日本人に知られた。

しかし人間は一度「反動」とある著者のことを思いこむと、その著者の書物を手にとらなくなるものである。そして同じように一度「悪者」とある政治家のことを思いこむと、その政治家の評価を変えないものである。そのことを私が自分自身のこととして感じたのは、津川雅彦が東條英機を演じた伊藤俊也監督の『プライド――運命の瞬間《とき》』について抱いた先入主があったからである。

## 思い込みによる呪縛

『プライド』が日本で公開された一九九八年五月、私は北京で教えていた。『人民日報』に「戦犯美化は許さない。この映画は日本の右翼思潮拡大の産物」と出て、中国外交部も「東條讃美の内容に衝撃と憤りを覚える」などと非難した。ありきたりの文言だからそれらはさほど気にもしなかった。私は北京滞在中、より信頼性のある、客観的情報を手に入れたかったから、アメリカの週刊誌『タイム』英語版も国外から取り寄せていた。すると東條英機が登場するこの映画が猛烈に非難されている。その語調があまりに激しいので、当時の私は「そんな余計な映画は作らなければよいのに」と漠然と思っていた。帰国しても私の周辺には『プライド』を見たという人がいなかった。

そして何年か経って偶然テレビで『プライド――運命の瞬間』を見た。キーナン首席検事の反対尋問とそれに答える東條英機被告のやりとりが如実に再現されている。私は食い入るように映画を見た。そして『タイム』誌の記事は、あれは東條悪玉論を信ずる米人記者のアレルギー反応だったのだと気がついた。もしキーナン・東條対決の場面に実写のフィルムを挿入しておけば『タイム』記者とても、とてもあんな居丈高な非難は書けなかったはずだ、と感じたからである。

一九四八年マッカーサーも東條の弁明が「深甚な波及効果」をもたらすのではないか、と懸念《けねん》したことがガスコイン英国大使の本国向け報告に出ている。東條英機は巣鴨の獄中で判決の迫ったある日、同じくA級戦犯とされた部下の佐藤賢了陸軍省軍務局長にこう言ったという。

君もどんな判決を受けるか知らないけれども、敵に罰せられるとおもえば腹もたとうが、陛下と国民から罰をいただくと思うて甘んじてもらいたい。敗戦により、国家と国民とが蒙った打撃と犠牲とをおもえば、僕が絞首台に登るが如きはむしろ勿体ない。八つ裂きにされてもなお足りない。……僕はただに絞首の辱めを受けるだけでなく、永遠に歴史の上に罵りの鞭を受けなければならないからである。(151)

津川雅彦が、よくぞそんな、いつまでも罵りの鞭を受けなければならぬ人の役を引き受けたものだ、と思った。だが映画関係者はなかなか味なことをする。その津川に一九九九年、日本アカデミー賞優秀主演男優賞を授けたのである。『タイム』記者がその授賞を聞かされたなら、それこそまた怒り狂ったであろうな、と思うと、かすかに笑いがわいた。

荒木貞夫の弁護をつとめた菅原裕は一九四八年十一月十二日午後、被告と裁判長の中間に位する弁護人席を与えられたので、無礼とは思ったが被告諸氏の最後の態度を見とどけようと、後ろ向きになって至近の距離から注視した。被告の中には見ようによっては、試験官の前に立たされた受験生のような感じがしないでもない人もいた。ところが、と菅原弁護士は『東京裁判の正体』(時事通信社、一九六一年)でいう。

東條被告においてはこれが全然反対で、東條試験官が、ウェッブという受験生の答えをきいてやるような態度で、顔は微笑しているようでもあり、微笑していないようでもあった。この顔は『朝日グラフ』によくうつされていたが、全く私はこの時の東條氏の顔を見て、アアこれは立派に解脱したなと感じたくらい悟りすましたものであった。ウェッブ裁判長の絞首刑の宣告をきき終わるや、二度軽くうなずき「死刑か、よしよしわかった、わかった」というような表情をした。著者はこの東條被告の神々しい一瞬の光景を見て、東京裁判も立派な終幕を告げることができたと胸をなでおろした。

法廷で整然と自己の立場を述べた東條は淡々としていた。陛下に御迷惑をかけず、自分が死ぬことに意義を見出した人は、三年余の獄中生活で品位を失うことはなかった。しかも東條はその間に日本の立場をきちんと弁じようと、不自由な獄中で問題点を丁寧に調べ、いかに説明すべきか想定問答を自分で用意し、法廷に立ってきちん、きちんと応答したのである。

多くの被告たちの中には国際法廷の被告の地位になれきって、かつての大臣・大将の自覚に立って、連合国の裁判の不法を憫笑《びんしょう》する気概を失った人もまた見かけられたようだったが。

## 戦後民主主義世代への失望

A級戦犯は悪者である――人間一度そう思いこむと、その見方をなかなか変えないものである。戦犯とされて獄死したことを法務死と呼ぶが、その人々の遺族に対しては、戦犯遺族へも他の戦没者遺族同様、弔慰金などの援助をすることが一九五三（昭和二十八）年の国会で可決された。ところが敵国によってBC級戦犯とされた人のみならずA級戦犯とされた人を靖国神社に合祀《ごうし》したことについては、近隣諸国をまきこんで、問題が生じた。
一九八五（昭和六十）年十一月八日、衆議院外務委員会で土井たか子社会党議員が「戦犯は日本も受けいれた東京裁判によって《平和に対する罪》で処刑されたのであり、戦没者とは違う。どうして戦犯を祀《まつ》っている靖国に参拝するのか」と質問した。翌八六年八月十九日、衆議院内閣委員会で後藤田正晴官房長官は東京裁判について「サンフランシスコ対日平和条約第十一条で国と国との関係において裁判を受諾している事実がある」と述べた。

この種の議論はその後も繰返された。二〇〇六年二月十四日衆議院予算委員会で岡田克也民主党議員は安倍晋三官房長官に対して「東京裁判についてどういうふうにお考えなのか」と問い、安倍長官が「サンフランシスコ条約の第十一条については、(戦犯とされた)そういう人たちを連合国の承諾なしには勝手に釈放してはいけないというのが十一条なわけでありまして、その後、我々は何回かの、累次にわたる国会における決議等々を積み重ねていく中で、国民の圧倒的な支持のもと、連合国と交渉をした結果、先にA級戦犯、そしてBC級戦犯が釈放されたというのが歴史的事実なんだろう、こう思っているわけであります」と答えたのに対し、こう述べた。

岡田克也「今のお話ですが、確かに赦免、減刑あるいは仮出獄ということは認められておりました。しかし、赦免というのは、そのもとになった東京裁判の判決そのものを無効にするものなんですか。そういうふうに聞こえますよ、今のお話は。……日本の国内法上、有罪判決を受けていない、そのことは事実です。しかし、日本国として受諾している以上、そこに法律があるかないかということではなくて、日本国政府として、あるいは日本国として、そのことに拘束されるのは当然じゃありませんか」

安倍晋三「岡田委員は、何かまるでGHQ側に立っておっしゃっているように聞こえるんですが、あの十一条を、私たちは、あのときはあのサンフランシスコ講和条約を受け入れるしか、当時は単独講和、全面講和という議論もありましたが、あれによって日本は独立を回復したわけであって、今日の繁栄があるんですが、しかし、あれを受け入れなければ独立を回復することはできなかったんですね。……私は、この条約を、サンフランシスコ講和条約を、日本もそこにサインをしている以上、当然これが、今、いわゆる政府の立場として、全く無効だから、かつての損害賠償をしろと異議を申し立てる立場にあるとは全く、むしろそういう立場にはないということを累次申し上げているわけであります」

岡田克也「では、あの六十年前の戦争の責任はだれが負うべきなんですか」

そう言った岡田の口吻《こうふん》は「あの戦争」についての責任は東京裁判の判決に従って判断すべきだと言わんがばかりであった。これが戦後民主主義の優等生かと私は失望した。

死者はひとしく墓に葬る。善人も悪人も墓に葬る。それが神道の考えである。それというのも善悪の判断は恣意的、政治的になりがちだからである。中国ではしばしば死者の墓を暴く。汪精衛の墓は戦後、漢奸として爆破された。私は、そんな国でなく、日本に生まれて、まあよかった、と感じている。

## こんな模範解答のままでいいのか

一九三一年生まれの私は、戦前・戦中・戦後を生きた。日本が負けたら世間はたちまちみんな民主主義者になった。その変わり身の早さに子供心に不信感を抱いた。敗戦の年の秋、中学二年の級友和久本芳彦がある授業の前に黒板に吹き流しを描いたことがある。それが誰の言動を諷《ふう》したものかすぐわかった。私たちの世代が受けた最大の歴史教育は、そういう変わりざまを目《ま》の当たりにしたことだった。

その私は戦後いち早く日本の「閉ざされた言論空間」の外へ出て、独伊のような敗戦国にも、英米のような戦勝国にも、フランスのように敗戦国でありながら戦勝国に仲間入りした国にも、留学した。五年間日本を留守にして帰国すると、浅沼稲次郎社会党書記長は北京で「米国帝国主義は日中共同の敵」などと声明を出している。周囲は教師まで一緒に「安保反対」などと叫んでいる。その異常な雰囲気に黙っていることもできず、私は「安保反対の反対」と言ってしまい、皆から嫌われた。ここで現役の政治家諸氏のお名前をあげると、余計な反撥《はんぱつ》を買うかもしれないが、それでも率直に書かせていただく。

そんなひねくれ者の私に比べると、若い戦後民主主義世代は、戦後教育のすなおな優等生として、新聞・教科書で教え込まれた見方を頭から信じている。そのいい例が右に名をあげた岡田克也で、民主党政権時代に外務大臣になった。岡田は東大で私のクラスにいて目立った。家永教科書裁判のころの入学生で『朝日新聞』の社説のような見方を堂々と述べた。その大きな顔がそれで印象に残ったのである。

こうあからさまに書くと岡田に対して意地悪なようで気が引けるが、わが国では真面目で勤勉な学生は、卒業後、社会階梯《かいてい》を進む過程で、『朝日』のコラムのような意見を述べている限り、世論にも支持され、社会で相当な地位まで出世できる。しかしそれが習い性となって模範答案を繰返し述べ出すと駄目になる、そのことが言いたいのである。○×式教育のせいか、センター試験程度の歴史知識の黒白史観で、A級戦犯と聞けば悪者が正解と決めている。それで土井たか子や岡田克也のような質問を発する。

いや自由民主党の古参議員でも、中国でA級戦犯合祀が問題視されると、にわかにおたおたした。古賀誠など自民党の旧有力者が、いまでも元遺族会の会長とかの肩書で発言し、陛下に靖国神社に御親拝をしていただくために、A級戦犯分祀《ぶんし》などと言いだす。それを聞くと、薄ら寒い気がする。廣田弘毅もA級戦犯として処刑され合祀されている。古賀も九州福岡出身の議員だ。知らないわけではあるまい。A級戦犯重光葵が巣鴨出所後、大分県から立候補当選した。そのこともよもや知らないわけではあるまい。

## 歴史の表裏を見る

問題は土井たか子も岡田克也も鈍才だから妙な発言をしたのではない。その逆だからである。問題の深刻さはそこにある。戦後教育の標準的な優等生であるからこそ、「あの戦争」について連合国側の視点に立った判断を下し、A級戦犯批判を行なうのだ。(152)

あの戦争の開戦責任者はいる。しかし開戦の詔勅《しょうちょく》に署名したからといって、それをただちに犯罪とするのは短絡的に過ぎる。また連合国側がA級戦犯として逮捕したからといってそれを犯罪者などと即断するのは知的怠慢だ。日米開戦の責任者は日本側にもいたが、相手側にもいた。もっとも明確な戦争犯罪人は、米国人弁護人も示唆したように、原子爆弾の使用を命じた人物だろう。しかし人類はその人を処刑できなかった。勝者と敗者とではそれだけの別があり、それだけ判断が異なる。

米国の『タイム』誌は二十世紀の最高の偉人としてフランクリン・ルーズベルトの名を挙げた。そのとき私は鼻白む思いがした。国務長官コーデル・ハルは一九四五年にノーベル平和賞を与えられている。

そんな私が、真にノーベル平和賞に値する人として昭和天皇の名を挙げれば、アメリカでも中国でも眼をひんむく人もいるだろう。だがそんな平川解釈に賛成する歴史通の人々は日本には存外いるかもしれない。

元旦にあたり昭和天皇は次のように世のために祈られた方だった。

朝海　　昭和八年

天地の神にぞいのる朝なぎの海のごとくに波たたぬ世を

迎年祈世　　昭和十五年

西ひがしむつみかはして榮ゆかむ世をこそいのれとしのはじめに

社頭寒梅　　昭和二十年

風さむき霜夜の月に世を祈るひろまへ清くうめかをるなり

一九三三（昭和八）年は十二月二十三日に皇太子誕生の年である。一九四〇（昭和十五）年はフランスが敗れ日本がドイツと手を握る年である。一九四五（昭和二十）年は日本の敗北が迫った年である。

## 天皇の身代わりとして

その昭和天皇は、戦後は平和日本の象徴でもあったが、その前は大日本帝国のシンボルでもあった。シンボル的存在はたとい罪はなくとも事後法により処刑される可能性はいくらでもあった。実をいえば東條英機が絞首刑に処せられたのも、陸軍大将内閣総理大臣の東條が軍国日本のシンボルだったからである。そのシンボルとしての意味において東條は、昭和天皇の身代わりとして、処刑されたという面がある。そのこともひそかに思わずにいられない。

A級戦犯容疑で木戸幸一に逮捕令が発せられたとき昭和天皇は「米国より見れば犯罪人ならんも我国にとりては功労者なり」と言って木戸をねぎらわれた。昭和天皇は終戦の聖断の際「戦争責任者の処罰等、其等の者は忠誠を尽した人々で、それを思ふと実に忍び難いものがある」といわれた。一九四八(昭和二十三)年十二月二十三日、終日外出されなかった。それを思えば、その人たちの鎮魂のために、これから先も皇室関係者が祈るのは人たる者の道ではあるまいか。股《こ》肱《こう》の臣は黙々と殺されたが、社稷墟《しゃしょくきょ》とならず、国体が維持された。そのことを私は日本の為に有難いことと思わずにいられない。

# 第十九章　南北戦争の場合

## 捕虜収容所長の名誉回復

　アメリカの南北戦争で勝利した北軍は南軍の数々の残虐行為を数えあげ、北軍捕虜を虐待した戦争犯罪人として南軍の捕虜収容所長ヘンリー・ワーズ（Henry Wirz 一八二三―一八六五）大尉に死刑判決を下した。初めに結論ありきの法廷だった。いまジョージア州アンダーソンビルの捕虜収容所跡地には捕虜関係の国立博物館が設立されている。これはその地の一角に一九〇八年、南軍関係者の子女から成る愛国婦人団体の手で記念柱が建てられたからである。それは敵意に満ちた偏見により汚名をきせられたヘンリー・ワーズ大尉の名誉を回復するためだった。台座の一面に南部連合大統領ジェファソン・デービス（Jefferson Davis 一八〇八―一八八九）の遺稿《アンダーソンビルほか捕虜収容所》の一節が刻まれている。その遺稿はデービスの死後一八九〇年に北部の刊行物に発表された。デービスは穏やかな筆致で旧敵である北部の人士の誤解を解こうとして、戦後デービスのもとに来た手紙や証言をすべて発言人の実名、肩書、日付を明記して引いてあった。そこにはワーズの弁護人シェイドの手紙もあった。

ワシントンで処刑される前夜、ある人が教誨師《きょうかいし》ボイル神父と私のもとを訪れ、北部のとある高官がワーズに「もし南部大統領デービスを残虐行為に連座させれば判決を緩和してもよい」と伝えたがっている、と言ってきた。翌朝、神父の面前で私がワーズにその旨伝えると「先生、ご存知の通り私はデービス閣下を存じ上げませんし、閣下はアンダーソンビル捕虜収容所の件にはなんら関わっておりません。なにか知っているとしても、自分の命を救うためにデービス閣下であれ誰であれ裏切ることはしたくありません」と静かに答えた。

南部連合大統領ジェファソン・デービスをなんとしても罪に陥れたいと画策した旧敵の術策を拒んで、ワーズは翌日、病身を支えられながら十三階段を上った。

ワーズが一命をもって自分を護ってくれたことを知ったとき、南部の元大統領は捕虜虐待と虐殺の咎《とが》を負わされ刑死した捕虜収容所長の無念をペンの力で晴らそうとした。デービスはワーズ所長の人格を証する証言を引き、所長が獰猛《どうもう》な猟犬で捕虜を虐待したとの訴えも虚構だったことも明らかにした。多数の北軍捕虜が衰弱死したのは事実だが、敵意をかき立てるために考え出された事実無根の残虐行為の話は、人間の歴史を振返ればいくらでもある。デービスはこう結言する。

When time shall have softened passion and prejudice, when Reason shall have stripped the mask from misrepresentation, then justice, holding evenly her scales, will require much of past censure and praise to change places.

訳文は二九五－六頁と三〇五頁に掲げるが、右の英文を念頭に、パル判事の「厳密なる意味における戦争犯罪」についての見解を聞こう。(153)

世界は、憎悪心を喚起するためにつくられた、事実無根の残虐な話の例を、いままでまったく聞いたことがないわけでもない。米国のアーノルド・アンダーソン教授は《敵国指導者、その裁判および処罰の実例》と題する最近の論文で、米国南北戦争における「獄中の虐待の話」——これは後日にほとんどすべて事実でないとされたものである——が敵愾心《てきがいしん》を喚起するために企図された、専《もっぱ》ら宣伝を事とするものであったことを指摘している。

そしてヘッセルタインの『南北戦争における捕虜収容所——戦争心理の研究』を引いて「そこに書かれてある獄中残酷物語が、現にわれわれの前に提出された残虐物語と、驚くほど類似している点は注目に値する」とし、「われわれとしてはその提出されている証拠にもとづいて独自の決定をくださなければならないが、本官はここで強調しておきたい。この点に関しての証拠の取捨選択には、ある程度の警戒が必要だということである」と注意している。

## パル判事の結語

パル判事の裁判観、戦争観、歴史観、人間観が凝縮しているのは『パル判決書』の結びであろう。西洋の日本研究者に限らず日本人にもパルを奇人というか、ある種、別のカテゴリーの人と見做《みな》す人が多い。差別というか区別して見ているのである。[154]私は読むうちに、パル判決の意見こそ東京裁判を通じてもっとも耳を傾けるべき言葉のように思われてきた。国際法の学徒は英文で『パル判決書』を読むことからまず勉強を始めるべきではないか。――日本の高等学校や大学の英語テクストとして採りあげて一石二鳥《いっせきにちょう》の教育の材料にするがよい。一石三鳥《さんちょう》というべきかもしれない。英語と法学と歴史の教育になる。

パルはその結びで米国のキーナン検事らの冒頭の主張をこう評した。引用符がついているのは当時の連合国の新聞に出た揶揄《やゆ》に近い批評を引いたのだろう。

「感情的な一般論の言葉を用いた検察側の報復的な演説口調の主張は、教育的というよりは、むしろ興業的なものであった[155]」

横田喜三郎教授以下が、ホテルに缶詰めにされて、東京裁判のこの判決文の日本語訳に当たったというが、この箇所の実際の訳者はパルの主張に深く共感した人ではあるまいか。「教育的というよりは、むしろ興業的なもの」と訳すあたり、皮肉が利《き》いている。日本の国際法の学徒にはこれに限らずパルの引用の出典を確かめて、当時の雰囲気をきちんと再現することから学問を始めてもらいたい。またNHKで連続ドキュメンタリー・ドラマ《東京裁判》を制作するなら、東京裁判を通して連合国側が日本人に刷り込もうとした史観の後追いをするのでなく、この裁判そのものが体現していた戦勝国側の偏見――その偏見のために歪《ゆが》んだ判決が下された経緯をいますこし明かすような作品に高木徹氏には仕立ててもらいたかった。それが平成末年の日本の放送人たる者の使命なのではなかったか。

## 正義の女神は要求する

パルは結語に述べた。

おそらく敗戦国の指導者だけが責任があったのではないという可能性を、本裁判所は、全然無視してはならない。指導者の罪はたんに、おそらく、妄想にもとづいたかれらの誤解にすぎなかったのかもしれない。かような妄想は、自己中心のものにすぎなかったかもしれない。しかし、そのような自己中心の妄想であるとしても、かような妄想はいたるところの人心に深く染み込んだものであるという事実を、看過することはできない。まさにつぎの言葉のとおりである。

「時が、熱狂と、偏見をやわらげた暁《あかつき》には、また理性が、虚偽からその仮面を剝《は》ぎとった暁には、そのときこそ、正義の女神はその秤《はかり》を平衡に保ちながら過去の賞罰の多くに、その所を変えることを要求するであろう[156]」

バランスのとれた判断である。そして先の英文を読まれた読者にはおのずとおわかりのように、パルが引いた最後の引用符部分の七行は、敗れた南部連合大統領デービスが冤罪で刑死した南軍捕虜収容所長の名誉回復のために綴《つづ》った文章の結語そのものなのである。この心憎い引用ほど東京裁判関係者におだやかに反省を求める言葉はほかにないであろう。

## 靖国神社に刻まれた言葉

だがなんと多くの人が、靖国神社の遊就館の前に刻まれたこの言葉を「ふん」と言ってただ見て過ぎたことか。「過去の賞罰の多くに、その所を変えることを要求するであろう」、インド人がそんなことを言うなら、戦争犯罪人に死刑判決を下した側が悪者とでも言うのか。靖国神社はなぜこんな言葉を引くのだ。無罪判決を申し渡したのは十一人の判事の中で一人きりだぞ。——そう腹を立てる米英人もいれば、日本人もいる。John Breen, *Yasukuni, the War Dead and the Struggle for Japan's Past*（Hurst, 2008）の編者ブリーン教授にかぎらず、なんでこんな場所でパル判事を顕彰するのだ。日本の固陋《ころう》な保守右翼は困ったものだ、という人もいる。遊就館の展示そのものについても苦言を呈した人は多い。その中に日本の駐米大使を務めた人もまじっていた。ただ苦言を呈する人に対しては「外国の同種の軍事博物館をご覧になったことはおありでないのですか」と答えるに私はとどめたい。

しかしあるときから、私の気持が変わった。これは南部連合の大統領デービスの遺著にある言葉と知ったときからである。南北戦争後二十余年、デービスが北部の雑誌に発表し、軍事法廷で死刑に処された捕虜収容所長の名誉がこれで回復された。こうしてワーズ大尉の人柄が広く世に知られたことを思うと、この言葉を一旦《いったん》は軽く見過ごした人も、立ちどまりまたあらためて考えるのではなかろうか。

一部の外国人が遊就館の前に刻まれたパルの言葉に不快と不信を抱くのは、日本人のある者が大東亜戦争を義戦として認定させるためにパルの言葉を利用している、と思うからだろう。そしてそのような意図の日本人はいたし、今もいる。だがそんな日本人も外国人も、大部分の人は、刻まれた言葉はパル自身のものだ、と思っているに違いない。私もずっとそう思い、大東亜戦争美化に利用されては困る、という懸念《けねん》ももっていた。しかし牛村圭教授の調査[157]によって南部連合大統領デービスの言葉であることを知り、あらためて読み直し、あらためて感ずるところがあった。過去の賞罰の多くはあるいは所を変えるやもしれない。

## ツェマネク教授の『パル判決書』書評

『パル判決書』は、前にもふれたが、一九五三年になってようやく出版された。講談社学術文庫版『パル判決書』に東京裁判研究会同人として《パル判決の背景（東京裁判の概要）》《パル判決書の内容》《パル博士の人となりと業績》を執筆した法学博士一又正雄の最後の文章にオーストリアのフェアドロス教授編の公法雑誌 *Österreichische Zeitschrift für öffentliches Recht* 第九巻第一号

（一九五八年五月）にゼマネク（K. Zemanek）氏が書評を寄せたと出ていたので、[158] 私は書評の原文（二一九－二二二頁）も取り寄せて読み、かつ書評者の身元も調べてみた。[159] なおドイツ語ではゼマネクでなくツェマネクと表記すべきだろう。オーストリア国際法学界の有力者が、ウィーン大学国際法教授就任前後に書いた一文で、その評価には見るべきものがある。以下に全文の拙訳を掲げる。カール・ツェマネクは言う。

戦時国際法違反に対する個人の責任をいかに取扱うかは、第二次世界大戦終結後、国際法の文献中に幅広い場所を占めるにいたった。この問題の根底にある人間の態度は、特定の時代に結びつくものではない。というか、戦時国際法なるものが存在して以来この方、この法は常に繰返し戦争参加国の武力構成員によって破られてきた。しかし戦時国際法から生じる国家の義務を実行させるために、国家が自国の成員や自己の手中に落ちた敵国の成員をかような戦争法規違反として処罰することが、大々的に言われるようになったのはようやく二十世紀になってからのことである。すでにヴェルサイユ平和条約でドイツは第一次世界大戦中に戦争犯罪をおかしたドイツ国民をライプツィッヒの帝国裁判所で処断すべきことが義務付けられていた。しかし実際に敗戦国の政治家や軍人に対する戦争犯罪の裁判が連合国側の軍事法廷で開かれたのは第二次世界大戦終結以後が初めてのことである。これらの軍事法廷で特記すべきは「実際上、道徳的選択が可能である場合、上官の命令は個人がその責任を逃れる理由とはならない」とする判決が新たに下されたことだろう。

しかし連合国側の国際軍事法廷は、これらの戦時国際法違反だけでなく、かつての国家指導に当たった政府や軍部の高官のメンバーである被告に対しては、人道に対する犯罪（crimes against humanity）、すなわち自国地域ならびに外国占領地域の民間人に対する非人間的行為、及び平和に対する犯罪（crimes against peace）、すなわち国際法の慣習法や条約を破って侵略戦争を謀議し遂行しようとした行為に対しても判決を下した。戦時国際法違反に対する国家への処罰要求は古くからの慣習法に基づいており、疑問の余地はないが、人道に対する犯罪と平和に対する犯罪の判決の刑法学的根拠については論議が交わされている。

ヨーロッパの法律家たちは——地理的偏見があることはわかりやすいが、それだけでなく資料の入手困難など日常的なことは言うに及ばず、歴史的過去にたいする人間関係が狭く乏しいこともあって——ほぼニュルンベルクの国際軍事法廷の判決によって考え方がしっかりと刻みつけられていた。それだけに本書は特に興味深い。この中で東京の国際軍事法廷のインド人判事R・B・パルは東京裁判（Tokyo War Crimes Trial）の名で知られる戦犯裁判で少数意見（dissentient judgment）を提出した。パル判決書を読むと、極東という舞台で行なわれた戦争の法律的な結果についてより深い洞察を得るのみか、読者は予期せぬ驚きに打たれる。それはパル判事にたいしておぼえる驚嘆の念である。盲でみちるこの世界でパル判事ただ一人が目明きであったように思われる。

## ただ一人見えていた人

この最後の行“In einer Welt voll Blinder scheint er der einzig Sehende gewesen zu sein.”とは、書

評者ツェマネクの驚嘆を示している。西ヨーロッパではナチス・ドイツの非人道はあまりに明白だったから、ニュルンベルク裁判の正義もまた当然自明のこととして受け容れられ、異論は少なかった。そしてその前例に則って、すなわちニュルンベルク裁判の極東版として、ツェマネクも当初は東京裁判を肯定していたのだろう。それが、軍国主義日本とヒトラー・ドイツとでは質的に違う。犯罪も質的に違う。指導者の責任も質的に違う。そんな背景に気づくや、連合諸国が、彼らの好むままの性格を付与して裁く権限は、ポツダム宣言にも降伏文書にもないはずだ、というパル判事の意見が正しいことに思われた。

パルの少数意見に対しこのような短文できちんと公平に論ずるなど到底できないが、いくつかの問題点をその原理的意味にかんがみ取りあげたい。

すでに裁判所の管轄権の根拠——極東国際軍事裁判所憲章——を論ずるに際してパルは立場を明らかにしている。問題となっているのは、平和に対する犯罪ゆえに裁判所憲章の中で有効とされている処罰請求にいかなる法的性格が備わっているか、なのである。

「本官の意見ではその意図するところは、これらの諸行為が犯罪を構成するものであると規定しようというのではなく、右諸行為に関していやしくも犯罪があるとすれば、それは本裁判所において裁判することができると規定することである。これらの行為が果して犯罪を構成するかどうかという点は、一に本裁判所が適当な法に照らして決定すべき問題として残されているのである。……連合諸国が、過去の行為にたいしてかれらの好むがままの性格を付与し、かつ右行為にたいしてかれらが将来において決定するかも知れない正義の実施方法

（すなわち裁判）をもってこれを処理する権限を有するにいたるとは確かにポツダム宣言においても降伏文書においても予想されなかったところである」（英文一六頁）。

パル判事は自己の任務を「右の諸行為が、前述の宣言、協定、もしくは条例とは〈別個〉に、現行法のもとにおいて、はたして犯罪を構成するものであるか否かを」判定することにあると確言している。「たとい右条例、協定、もしくは宣言において、これら諸行為を犯罪として掲げていても、それは現行法の下においては、これらが犯罪であるとなす関係権威者の決定以外のなにものでもない。しかし本裁判所は独自の決定に到達せねばならない。右の諸機関の決定をもって本裁判所を拘束しようとは全然意図されたことはないのである。けだしもしもそう意図されていたのであれば、本裁判所は〈司法裁判所〉ではなくて、たんなる権力の表示のための道具となるであろう」（英文一七頁）。

パルはついで侵略戦争なるものの国際法上の難点を精《くわ》しく論ずる。パルはケロッグのパリ不戦条約成立前後の法律状況を調査したが、それのみに自己限定をせず、それ以後の慣習法的な発展と国際情勢をも引き合いに出す。

「しかし困ったことには、パリ条約は、自衛戦とは何かという問題を当事国自身の決定――それは世界の輿論《よろん》を敵にまわす危険だけはあったが――にゆだねたので、この点に関するその効果を全然消滅させてしまったのである。本官の意見では、どのような規則によるにしても、ただ当事国だけが、自己の行動を正当化しうるものであるか否かを、判定するものとして許されている場合には、その行動は正当な理由を要求するどのような法律にたいしても、その圏外に立つものであり、またその行動の法的性格は依然として、そのいわゆる規則によって影響されることはないのである」（英文五〇頁）。

そしてその結果、次のような結論に到る。

「本官の判断では、本審理の対象である今次大戦が開始されたときまでには、どのような種類の戦争も国際生活上の犯罪とはなっていなかったのである。戦争の正、不正の区別は、すべて依然として思弁的な国際法学者の理論の中にだけ存していたのである。パリ条約は戦争の性格に影響を与えなかったのであり、どのような種類の戦争に関しても、なんらの刑事上の責任をも国際生活に導入することに成功しなかったのである。パリ条約の結果として、国際法のもとで不法なものとなった戦争は一つもない。戦争そのものは従前通り法の領域の外に止まり、たんに戦争遂行の方法だけが法的規律のもとにおかれたにすぎない。戦争を犯罪となすような慣習法はなんら発達していない。国際団体自体が、犯罪性の概念を国際生活に導入することを、正当とする基礎の上には立っていなかったのである」（英文七〇頁）。

以上述べたことによって――パル自身の言葉（英文七一頁）に従うと――侵略戦争の指導ないしは謀議に対する個人責任を問う問題は不必要なこととなったが、それでもパルは次のようにも答えている。

「国家の主権が依然として国際関係の根本的基礎であるかぎり、国家の憲法を運用するにあたってなされた諸行為は、依然として国際制度上においては、裁判を受けるべきものではなく、かような資格で職権を遂行した個人は、依然として国際法の圏外に置かれるということを、本官は忘れることができない」（英文八六－八七頁）。

起訴内容に対してパルは少数意見書でかなりの長さにわたり（英文一七七－五七四頁）、「全面的共同謀議」'over-all conspiracy' の非難について説明している。この政治的な起訴に備わる法的重要性の側面をパル判事は次の言葉で表している。

「一国による他国の支配が国際生活における犯罪となったなどと大真面目に主張するものは一人もいないと信ずる（英文一〇四頁）……この点に関して本官は、ニュルンベルクにおいてジャクソン検事が最終論告で主張したことに、言及しないわけにはいかない。同検事によれば、一国家が、他国家の征服支配の準備をなすことは、最悪の犯罪である、と。現在ではこれがそのとおりであるかもしれない。しかし第二次世界大戦前には、いやしくも強国として、かような企画ないし準備をなしたという汚点を持たない国家はなかったのであって、かような場合にそれが犯罪であるとどうして言いうるか、本官には理解することができない。本官の言わんとするところは、強国がすべて犯罪的な生活を送っていたということではなくて、第二次世界大戦前には、国際社会はまだ上述のような汚点を犯罪とするほど、発展をとげていなかったと考えたという意味である」（英文六三頁）。

パル判事が広島と長崎への原爆投下に対してとった立場もまた問題の核心に迫るもので関係者の注意を惹かずにはおかない。パルははじめに、原子爆弾投下は止むを得ざる措置であった、そしてこの措置によって人類の未来に新しい価値が生じた——これらの爆発物はわれわれの胸中に、全人類は一体であるという感じを生んだ——とする連合国側の発言を引用した後、続けてこう述べている。

「これらはすべて、これらの爆発の結果、生まれたものであるかもしれない。しかしたしかにこれらの感情は、爆弾の投下されたそのときには、存在していなかったものである。本官自身としては原子爆弾を使用した人間が、それを正当化しようとして使った言葉の中に、かような博《ひろ》い人道観を見出すことはできない。事実、第一次世界大戦中、戦争遂行にあたってみずから指令した残忍な方法を正当化するために、ドイツ皇帝が述べたといわれている言葉と、第二次大戦後これらの非人道的な爆撃を正当化するために、現在唱えられている言葉との間には、さして差異があるとは本官は考えられないのである」（英文六三－六四頁）。

パルの英文少数意見の『判決書』には原爆投下によって生じた悲惨きわまる情景の写真が二十頁に及び付録として添えられているが、これ以上にパルの主張する立場をイラストするものがあるだろうか。

東京裁判（で多数派）が下した判決は、正義と人道は我にありとし、正義と人道を独り占めにするかに見えた。しかしパル判事の少数意見こそはるかによく正義と人道の目的にかなっている。パルの判決書は多数の、テクストにも引用された、国際法学者たちの多くの業績を引き合いに出して説明した、慎重に考量された上で獲られた見解である。パルは――繰返し断言しているが――国際法の学問世界が未発達な状態にあることを不幸に感じていたが、それでも首尾一貫して自己の信念に従った。パルは言う。

「法律的外貌をまとってはいるが、本質的には政治的である目的を達成するために、本裁判所は設置されたにすぎない、という感情を正当化しうるような行動は、司法裁判所として、本裁判所のなしえないところである。……たんに、執念深い報復追求を延々とやるために、正義の名を呼び出すことは、許さるべきではない」（英文七〇〇頁）。

パルが結びの次の言葉で述べたこともまた正しいと認識される時が来ることをわれわれは

切望する。

「時が、熱狂と、偏見をやわらげた暁《あかつき》には、また理性が、虚偽からその仮面を剝《は》ぎとった暁には、そのときこそ、正義の女神はその秤《はかり》を平衡に保ちながら過去の賞罰の多くに、その所を変えることを要求するであろう」。

## 時期尚早の論は害あって利なし

以上、ツェマネクの書評は『パル判決書』の要点を、パル自身の言葉を引くことで、説明している。東京裁判の判決は「正義と人道は我にありとし、正義と人道を独り占めにするかに見えた」。しかし、とツェマネク教授は言う。パル判事の少数意見こそはるかによく正義と人道の目的にかなっている、パルは多数の国際法学者たちの多くの業績を引き合いに出して説明した、それは慎重に考量された上で獲られた見解である、と。

これが戦後のオーストリアの国際法学界をリードすることとなるツェマネク教授の意見だった。ツェマネクは、ニュルンベルクの国際軍事法廷の判決を正しいもの、と考えていたらしい。「ヨーロッパの法律家たちは……ほぼニュルンベルクの国際軍事法廷の判決によって考え方がしっかりと刻みつけられていた」。geprägt とあるのはそれをさしている。そんな一人であっただけに「読者（であるツェマネク）は予期せぬ驚きに打たれる。それはパル判事にたいしておぼえる驚嘆の念である。盲でみちるこの世界でパル判事ただ一人が目明きであったように思われる」と告白したのだろう。

これ以上の説明は蛇足かとも思うが、『判決書』第一部「予備的法律問題」の結びでパルは次のように述べている。

検察側が提示した理由ならびに各権威の意見を慎重かつ仔細に考察した結果、本官は左の結論に到達した。

一　国際生活においてはどの種類の戦争も、犯罪もしくは違法とならなかったということ。

二　政府を構成し、その政府の機関としての機能を遂行する人々は、かれらがなしたと主張される行為について、国際法上なんらの刑事責任を負うものでないこと。

三　国際団体は、国家もしくは個人を有罪と決定し、これを処罰するための司法的手続きを、その機構内に包含することを得策とするような段階には今日までのところまだ到達していないこと。

パルが述べたことは当時の法律家の常識にかなうもので、結論の一も二も国際法の歴史に立脚した意見だった。しかし一については、英国側検察官コミンズ・カーは日本は不戦条約を犯したから犯罪だと強引に主張した。二については、戦争は国家の行為だから個人の責任ではない（それだから兵士が敵兵を射殺しても殺人罪に問われない）[160]。国家指導者についても刑事責任は問われないことになっていた。ところがニュルンベルク裁判で、国際犯罪は国家という抽象概念ではなく、具体的な人間が犯す以上、国際法は個人を処罰せねば執行できない、とした。ナチス・ドイツの指導者の犯した組織的犯罪（ユダヤ人虐殺等）の印象があまりにも強烈だったから、人道に対する犯罪という新解釈が認められた。しかし東京裁判では日本人被告たちは人道に対する犯罪では処罰されなかった。

それでは平和に対する犯罪ではどうであろう。

無謀無残な方法で戦争を遂行することが、ドイツ指導者の政策であり、それを示す多くの命令、通牒《つうちょう》、指令が証拠としてニュルンベルク裁判では提出されたのに対し日本の指導者は従来の戦争法規について国際法に違反する犯行を命じた証拠はない。授権し、また許可したという主張を裏づける材料は検察側が提出したものにまったく載っていない。これはパルが指摘した極めて大切な独日の相違点で、日本の場合をナチス・ドイツの場合と同一とみなした類推で裁判を始めた結果、辻褄があわなくなったのである。レーリング判事はカッセーゼとの対話で日本当局は進駐軍の到着する前に米国側に渡したくない公文書を焼却したのではないか、しかしそれにしてもどこからもコピーも見つからなかった、と語っている[161]。

結論の第三は、これも英知にみちた意見で、国際社会の意見がまとまり、世界政府でもできない限り、国際裁判を強行してみても、不公正な裁判しかできないことは見え見えである。パルはそのことを正確に指摘した。私見では、東京裁判の先例に則り今後も戦争裁判を強行するならば judicial murder「裁判による殺人」が増えるだけだろう。公正な裁判を装って政治的目的のために罪のない人を死刑にする可能性は大きくなるだけである。

## 賀屋興宣の教訓

東京裁判の教訓は何だろうか。石原慎太郎は議員となって賀屋興宣《かやおきのり》（一八八九－一九七七）代議士の人間的迫力に感銘した由である。大蔵省主計局畑の賀屋はジュネーヴやロンドンの軍縮会議の随員で、陸海軍の予算通であった。東條内閣の蔵相をつとめ、A級戦争犯罪人として終身刑を言い渡されたが、私が留学から帰国した一九五九年にはすでに出獄して東京都世田谷区選出の自民党代議士となっていた。池田内閣では法務大臣もつとめた。著書に『戦前・戦後八十年』がある。一九七二年に書かれたが、古本の値が突出して高い。A級戦争犯罪人とされた政治家の中でこの人の自伝は読むに値する、と思う人がいる証拠だろう。

以前の私は戦後民主主義世代に多く期待したが、期待が裏切られた節があることは、すでに述べた。しかし敗戦とともに色あせた戦前の皇国世代や、その隔世遺伝ともいうべきネット右翼の人にも期待しない。敗戦とともに軍が瓦解《がかい》して組織の外に出されてしまうや、にわかにみすぼらしくなった将官たちが大した人物であったはずがない。

だがそれに引き換え、A級戦犯として一旦《いったん》有罪の刑に処せられながら、出獄後の生き方が堂々としている人は、賀屋興宣にせよ重光葵にせよ、立派であり人間が本物である証左である。賀屋は戦前戦後八十年の人生の途中、昭和二十年から三十年まで巣鴨プリズンにいたが、戦前と戦後に跨《また》って堂々と生きた。壁と向き合った生活を「達磨《だるま》は面壁《めんぺき》九年、私は十年」と笑ったそうだが、賀屋の落ち着いた知性に私は敬意を抱く。東京裁判で検察官の起訴状を読んでむしろ恐縮したと賀屋はこう述べた。日本にはよく考え抜かれた国家方針がなかった。大本営政府連絡会議で最後まで開戦決定に抵抗したのは東郷外相と賀屋蔵相であった。

なにせ、アンタ、ナチと一緒に、挙国一致、超党派的に侵略計画をたてたというんだろう。そんなことはない。軍部は突っ走るといい、政治家は困るといい、北だ、南だ、と国内はガタガタで、おかげでろくに計画もできずに戦争になってしまった。それを共同謀議などとは、お恥ずかしいくらいのものだ。

日本にはきちんとしたナショナル・コンセンサスもなかった。それが戦争に突入した。その様をこう語る人の言い分には真実味がある。

ではそこから汲みとるべき教訓は何か。大蔵省の賀屋の見方は常識に立脚したものではほぼこうだ。戦争は国営事業ともいうべきもので、シナ大陸での戦線拡大は収益性のない公共事業の規模拡大のようなものである。シナ事変が始まって一年も経つと、軍事費が膨脹し国家予算の六十四パーセントを占めるにいたった。陸軍指導部の中からも中・南支撤退論が浮上する。すると撤退は死んだ英霊に相済まない、と言う精神主義者が出てきて強いことを言うから、それを説得できない。しかしそれは見方を変えると、陸軍は大陸に獲得した権益を絶対に手放さない、と言うにひとしい。国家財政の責任者の賀屋の立場から言わせれば、日本軍の膨大な中国駐留費を調達するために日本は戦時公債を濫発し、国家財政は破綻、国民生活は窮乏している。そうしてまで軍は中国における権益を守れ、ということか。東條英機も陸軍大臣時代まではやはりそんな主張をしていた。多くの犠牲を払って占領した以上、撤退するわけにはいかない、と言う。賀屋から見ると、陸軍の中枢部にいる人には、軍事的戦略はあっても、政治戦略はなかった。

この種の観察を、数学の授業でもするように、感情抜きで、けろりと陸軍の指導者に説く人がもっといればよかったのだ。陸軍は精神教育などの強がりはせず、陸軍大学校などで、軍事戦略の教育だけでなく、戦争と財政の関係など、もっと地面に足のついたことを教えればよかったのである。そんなであったからゾル——ゾルはドイツ語の兵隊の Soldat の最初の一音節だけをとった旧制高校生の隠語で、インテリの卵はそう言って軍部を馬鹿にしていた——は、一旦戦争に敗けるや、国民からそっぽを向かれてしまったのだ。

また捕虜になったときはどうすればよいかとか、どのようなときには降伏せねばならぬとかなど、考えたくないような事態についても、リアリズムに即して考えればよかったのである。今日の自衛隊幹部学校の教育はその点についてどんなだろう。

## 東京裁判批判は必ずしも反米ではない

戦前も戦中も戦後も生き抜いた人に接すると、人間おのずから三点測量が可能になる。軍縮会議に随員として同行すると、国際的な体験も積むが、日本の各省出身のエリートたちと職際的にも交際する。そのつきあいで新視界が開ける。賀屋興宣の名は軍縮会議に同じく随員だった山梨勝之進大将から聞いた。しかし当時はA級戦争犯罪人だったという前歴だけで、大学院生の私は敬遠した。しかし戦犯の中で賀屋興宣の感想が今の私には人間観察としても政治観察としても印

象に残る。即ち昭和十年代の日本については、

　当時はいわゆる軍部横暴で、間違った国家の政策に軍部の威光で引きずられて行く状態である。これを直すことが政治の第一義でなくてはならない。(162)

なにしろ満洲事変を起こした将官を左遷《させん》せず、殊勲の行賞をし、中央の要職に栄転させた。そんな智慧《ちえ》のない、昭和の日本だった。そのようにして大陸で始まり、とめどなくなり、当然の結果として敗れたあの戦争だった。日本が間違っていたのである。

ただし、だからといって東京裁判が全面的に正しかったとは言えない。ただ賀屋は、あの裁判は米国主導だから、あれくらいですんだ、と見ている。私も戦争して負けた相手がアメリカで良かったと思っている。それは敗けてもソ連の占領地域の東ドイツでなくてアメリカの占領地域の西ドイツで良かったと思ったドイツ人と同じ心境で、賀屋は言う、

　極東軍事裁判は、人類の平和的、進歩と秩序という理性的な考え方もあるが、同時に今のやくざの喧嘩のあとの腹いせという心理があることもまた否めない。その二つの合わさった産物が、あの裁判である。……理窟はとにかく、日本は敗戦国である。殴られ役は要るのである。それを全く封ずるというわけにはいかない。あの戦争裁判ぐらいですましたということがある意味において、文明の進歩を語っていると言えるかもしれない。(163)

賀屋も殴られ役に選ばれたわけだが、面壁十年、殴られもせず、巣鴨拘置所が独立国日本の管理下に移ると、獄中から電話で大蔵省の部下と密接な連絡をとった。一九五五年、外の世界に復帰し、その先も、するべき仕事はきちんとしてのけた。獄中からすでに始めていた被処刑者の遺族の援護などの仕事を次々と果たしたのである。

# 第二十章　戦中の検閲と戦後の検閲

## 二つの言論統制

最後に、戦中に生き戦後に生きた者として、私たちを取り囲んできた情報環境についていま一度振返り、筆者の意見を述べることで、この比較研究の結びとしたい。本章があるいは一番大切な章かもしれない。

わが国は戦中と戦後と二度、権力により言論活動を検閲された。その二つについても比較をしてみよう。

日本の新聞ラジオは、戦時中の昭和十年代は軍の言論統制下に置かれた。その監視下では軍当局の意向を尊重せざるを得ず、新聞は心ならずも真実を曲げ、軍御用の報道を行ない、結局、国や国民を間違った方向へ導いた。そのように言われている。それはある程度はその通りであろう。

東條英機は、実直な軍官僚として出世したが、スイスで勤務したことがあるとはいえ、第一外国語のドイツ語も、その第一次大戦関係の論文を読んで陸軍大学では講義したらしいが、堪能《たんのう》とはいえず、外国新聞には目を通さず、もっぱら日本の新聞を読んだ。[164] 首相となってからも、大事な記事には赤線を引き、赤松貞雄秘書官に命じてその記事はスクラップ・ブックに貼らせた。だがその律義《りちぎ》さが裏目に出た。日本の戦時内閣を率いた東條大将は、軍当局の検閲によって歪《ゆが》められた報道をきちんと読むうちに、自身もまた歪んだ世界認識を抱いてしまったのである。

その日本の新聞に丹念に目を通したから失敗した、という昭和十年代の日本の首相の様を如実に私に思い起こさせたのは何か。それは西暦二千十年代の日本の民主党政権の首相たちの様であった。新進の政治家は、『朝日新聞』など国内メディアの忠実な読者だったのだろう。そのために、その新聞主張に類した意見を述べた。そしてそのようにして一旦は人心をつかみ、選挙に勝利を収めた。だがそれも束の間、ほかならぬその新聞によって国際関係について甘い認識を刷り込まれていたから、政権担当者としてたちまち馬脚《ばきゃく》を露呈《ろてい》してしまったのである。

戦後の日本では、大新聞のコラムや社説で言うようなことを自分も唱えると、その政治家はある程度までの人気は確実に得られる。だがそれから先、大新聞に誤誘導《ごゆうどう》される様は、戦前と戦後と似ていた。だが世間も当事者も、その類似性に気づかないでいる。その無自覚こそが問題なのである。

具体的に名をあげよう。戦前戦中に『東京日日新聞』の徳富蘇峰の論説に共感した陸軍の頭の切れる秀才が、そのために自国の力量のほどを弁《わきま》えず、右に傾いた勢いのいい世界認識を抱いてしまった。それと同様に、戦後民主主義世代の秀才たちは、広岡知男社長の『朝日新聞』などの歪んだ報道を読むうちに、今度は中華人民共和国の悪に目をつむり、中国共産党批判を控えることが良心的であるかのような、これまた左に歪んだ世界認識を抱いてしまった。

「昔陸軍、今総評」と戦前戦後の横柄《おうへい》さの二大横綱が並び称されたことがあったが、「昔『日日』今『朝日』」でもあったのだ。戦前に日の丸の旗を振った人も、戦後に赤い旗を振った人も、それぞれ主観的には正しいつもりでも、客観的には大いに間違っていたのではなかったか。

## 消された記憶と残った記憶

一九四五（昭和二十）年の敗戦後、新聞人は戦争中に不正確な記事を書いたことを遺憾としたが、しかし責任は検閲した当局にある、と釈明した。日本の新聞人は繰返しそう述べることによって、非難の矛先《ほこさき》をもっぱらわが国の軍当局や内務省に向けた。そこには責任転嫁《てんか》の心理も働いたのであろう。報道関係者には軍のお先棒《さきぼう》をかついだ人も結構多数いた。そもそも昭和の初年以来、政治家も軍人も学者も新聞人も、混沌《こんとん》とした行先不明の世界の中で、日本がどの方向に進めばよいか、はっきり見当がつかなかった。そのとき、新聞人には正しい道がわかっていたのに軍部がその公表を妨げたのだ、という口ぶりは世間を欺《あざむ》くものだろう。その際、これが天下の正道だと思いこんで大声で叫んだ人もいた。しかし橘《たちばな》樸《しらき》が述べたように、「満洲事変の或時期に軍部が政府を引きずったやうに見えたのは、其実輿論《よろん》が政府よりも却って軍部を支持したからに他ならぬ」

そうした国論を煽った大新聞の過去については黙し、あたかも軍当局に強要されて新聞社は大陸政策を支持したかのような申し開きを新聞関係者は繰返した。

敗戦後、言論関係者が何度もそう釈明したからこそ、多くの国民は、戦時中の大日本帝国で説かれた皇国至上の歴史観は夜郎自大《やろうじだい》であったとして、いともたやすく見捨てたのである。敗戦という厳粛な事実があった以上、かつて軍がお墨付きを与えた、わが国のみを正義として揚言《ようげん》した歴史観が、敗戦後は破綻《はたん》し、否定され、日本国民の集合的記憶から消し去られたのは極めて自然だった。

だが本書で私が問題にしたのは、その第一の日本軍による言論統制だけではなく、それよりさらに深刻な後遺症を残した、第二のアメリカ占領軍による言論統制と、その過程で敗戦国民の脳《のう》裡《り》に刷り込まれた新しい歴史認識についてである。

敗戦の年の秋、日本の新聞ラジオは今や言論は自由になった、と書きに書いた。一例をあげれば、戦時中、ベルリンで報道に従事した朝日新聞の守山義雄特派員は一九四五（昭和二十）年秋、今や日本は敗戦によってついに言論の自由が与えられた、と大きな喜びの、大きな記事を書いた。それは新聞人守山の歓呼の叫びといっていい。読むと秋晴れの空のようにすがすがしかった。だが、ここで問いたい。守山ほどの記者なら、日本がそのときにはもはや別の、もっと巧妙な言論統制下にはいっていたことを篤《とく》と承知していたはずである、と。(165)

## 戦後の言論はどこまで自由だったのか

ここで読者と共に問いたい。戦後日本の言論の自由なるものは、一体どこまでが本当だったのか、どれだけの期間が、真実であったのか。実は日本人が本音で語ることができたのは八月十五日からほんの四週間ばかりだけだった。たったそれだけでしかなかったことを大方の日本人は忘れている。というか、そうした事実を自覚しないできた。それというのも、わが国の新聞ラジオは、今度はたちまちアメリカ占領軍の言論統制下に置かれたからである。そしてたちまちそれに迎合——という言葉が悪ければ、適応したからである。そのことを戦後生まれのいわゆる戦後民主主義世代の人々は、どこまできちんと見据えてきたのか。一九四五（昭和二十）年八月三十一日、渡邊一夫は日記に書いた。このフランス文学者の言葉遣いに込められた軽蔑を新聞人はゆめ忘れないでもらいたい。

連合軍は進駐して来た、新聞記事は一変して親米或は迎米主義となるらしい。

敗戦の年の九月十五日、記者のインタヴューに答えた鳩山一郎は、きわめてまともな談話を『朝日新聞』に載せた。だがこれが日本人が新聞紙上で公然と真実な感想を述べた、当時としては最後の談話となった。鳩山は語る。

「正義は力なりを標榜《ひょうぼう》する米国である以上、原子爆弾の使用や無辜《むこ》の国民殺傷が病院船攻撃や毒ガス使用以上の国際法違反、戦争犯罪であることを否《いな》むことはできぬであろう。極力米人をして罹災地の惨状を視察せしめ、彼ら自身自らの行為に対する報償の念と復興の責任とを自覚せしめること」それが大切だ、と。

鳩山は、浜口雄幸民政党内閣が一九三〇（昭和五）年、ロンドン軍縮条約を調印するに際し、統帥権干犯を唱えて反対、その倒閣運動は政党政治の自殺行為と非難された。しかし一九四二

（昭和十七）年の翼賛選挙には非推薦で立候補するなど軍部の擡頭《たいとう》に抵抗した政治家でもあり、その自負もあったから、自分がよもや占領軍の手で公職追放の憂き目にあうとは予想しなかったろう。だが日本人として思ったことを正直に述べた事は高くついた。占領軍に睨まれた鳩山の政界復帰は、この敗戦国民とも思われぬ率直な発言の為に、六年先に延ばされてしまったからである。またこの記事を載せたことに対して、米軍総司令部は九月十八日、『朝日新聞』を二日間発行停止にした。この処分を下すことで、軍はふたたび日本を言論統制下に置いたのである。

新聞関係者は検閲と処罰を怖れた。九月十九日に米軍が発表したプレス・コードには「連合国に関し、虚偽または破壊的批判をしてはならぬ。連合国占領軍に対し破壊的な批判を加え、または占領軍に対し不信もしくは怨恨を招来するような事項を掲載してはならぬ」とあった。このコードを適用することで、原子爆弾使用の非人間性を語ることも、占領下の事後法による勝者の裁判を批判することも、日本の新聞ラジオには一切許されなくなったのである。

## 検閲削除された文章の一例

一九四五（昭和二十）年八月二十八日アメリカ占領軍が厚木に到着して一カ月の九月末に、国際法学者信夫淳平《しのぶじゅんぺい》は戦勝国による戦犯裁判が一方的になるだろうことを予見して『国際法外交雑誌』（第四十五巻三－四号に掲載予定）で連合国側の国際法違反にも同僚国際法学者たちの注意を喚起した。

顧みるに大東亜戦争中、旧敵国側には国際法違反の行動が随分あつたやうである。無辜《むこ》の一般市民に対して行へる無差別的爆撃、都市村邑《そんゆう》の病院、学校、その他文化的保護建物の無《む》斟酌《しんしゃく》の破壊、病院船に対する砲爆撃等、計《かぞ》へ来《きた》らば例を挙ぐるの煩《はん》に堪へぬほど多々あった。

……

これ等の残虐行為を含む謂《いは》ゆる戦律犯に問はるべき被告に対する擬律《ぎりつ》処断は、専《もっぱ》ら戦勝国が戦敗国に対して行ふのみで、戦勝国のそれは不問に附せられるといふ現行の面白からざる偏倚《へんい》的制例の下にありては、公式の裁判記録の上には専《もっぱ》ら日本の戦律犯人のみがその名を留めらるることになるが、国際法学者は別に双方の戦律犯を公平に取扱ひ、之を国際法史の上に伝へ残すの学問的天職を有すべく、即ち我国は惨敗を喫《きっ》して完全無比の無武装国とはなったけれども、国際法の学徒には尚《な》ほ尽すべき任務が十二分に存するのである。[166]

しかし信夫のこの注意は日本人の眼に届かなかった。この論文自体が米国占領軍の検閲にかかり、削除されてしまったからである。

## 占領軍とその協力者

占領軍当局の意向を尊重せざるを得なくなった記者たちの中には、そうしたアメリカ占領軍に対しやるせない憤懣《ふんまん》を抱いた正義漢もいたであろう。[167]だが多数の記者は軍――今度はアメリカ軍――に対する批判を自制し、検閲に従った。「独裁的な権力を握っていたアメリカ占領軍の下で真に自由な新聞報道があってたまるものか」「ある種の出版の検閲は日本の軍部支配の下よりいっそうしめつけがきびしくなった」と後に英文で思い出を書いたのは、占領下で記者活動をしていた松方ハルである。彼女は当時の日本人記者たちの唯々諾々《いいだくだく》たる様を皮肉まじりにこう書いた。

もっとも検閲はきびしかったけれども、検閲にひっかけねばならぬ記事はいたって少なかった。それというのは日本の新聞人は前から自主検閲ということに慣れていて、どこが新しい限度であるか、すぐ承知してしまったからである。[168]

一九四五年秋から翌年にかけては、GHQ（連合国軍総司令部）と日本共産党が手をつないで共闘し、日本帝国批判を行なうという奇妙な蜜月時代が続いた。戦時中、反ファシズム闘争で共闘した連合国側の米国とソ連であってみれば、総司令部内の容共左派のニューディーラーが、E・H・ノーマンなどとともに、日本共産党に手を差し伸べたとしてもおかしくはない。ちなみに昭和二十年十月五日、府中刑務所を訪れ、徳田球一、志賀義雄に近日釈放すると告げたのはノーマンである。歴史観についていうなら、ノーマンの見方が持ちあげられた結果もあって、羽仁五郎の講座派史観（それを丸写ししたのが戦前軽井沢でチューターの羽仁から日本政治の封建的背景についてレクチャーを受けたノーマンだった）が戦後の日本に流布《るふ》された。

すると日本の新聞社内部や労働組合からも、占領軍と同じスタンスに立って軍国日本非難を唱える日本人記者が次々とあらわれた。新聞は軍国日本の非人間性について続々と語り始めた。自国の戦時指導者を凶悪無残な人非人《にんぴにん》とまでは言わなかったが、小人物であるとして小馬鹿にした。

とくに自殺未遂に終わった東條英機は格好の笑いものにされた。

そんな風潮につられて日本人報道関係者の中からは、連合国側の見方をそのまま信奉する人もたちまち出てきた。戦争中に軍のお先棒をかついで自分こそ愛国者だと信じた者がいたが、戦後は別の軍のお先棒をかついで自分こそ良心的民主主義者だと信じていた人もいたので、その思想的子孫は私たちの周辺にも結構いる。

## ウォー・ギルト・インフォーメーション

戦争は終わり、空襲もない。夜は落ち着いて寝られる。占領軍によって言論統制が行なわれていたが、多くの国民はそんなことには無頓着で、平和回復でほっと解放された気分になっていた。《精神面の日本非武装化》の章でも述べたが、米占領軍の方針に従い、戦争についても自国の軍閥に非のあることを日本国民に自覚させる報道が行なわれた。一九四五(昭和二十)年十二月九日から《真相はかうだ》というＮＨＫラジオの放送番組が始まった。そこで次々と暴露された真相なるものの中には戦争中は公表されなかった報道が多々あり、軍国日本に非があることも事実だから、どぎついプレゼンテーション[169]ではあったが、聴取者を惹きつけた。放送内容に三分の理がないわけではないから、アメリカ占領軍による洗脳とまではいわないが、新しい刷り込みは始まった。それは比較的容易に進行した。

敗戦により劣等感に取りつかれた日本人は、日本は劣等な国だという自己イメージを抱きやすい。物質的にも精神的にも意気阻喪した敗戦国民である。軍部に対する怨恨もあり、事実、軍隊内部の新兵いじめなどサディズムがひどかった。となれば、東條以下が指導者であった大東亜戦争は日本国民をも欺くもので、あれは侵略戦争であった、といわれても日本人の大部分はそんなものか、と思うようになった。

そんな次第で、あの戦争について日本が悪かったとする見方は、敗戦後一、二年の間にほぼ出来上り、私たちの脳裡に刷り込まれたのである。その日本悪者論を鼓吹《こすい》する勢力は、日本ジャーナリズムの世界で強くなり、東西冷戦の激化にともない米国の日本占領政策が変化した後も、なお一大勢力となって日本の歴史学界や言論界に居座った[170]。

だが、過去の戦争について、はたして日本だけが悪者であったのか。原子爆弾を落としたことは犯罪ではないのか。実はそのような疑問すらも抱くことのないよう「非は日本にあり」とする見方は徹底して行なわれたのである。戦争に敗れた日本人の多くはその見方を、受身的ではあったが、受け入れた。

その見方を日本のマス・メディアを通じて広めたのは背後にいた占領軍総司令部による内面指導だが、この総司令部による言論のコントロールは、東京裁判が進行する間も続けられた。検閲にふれることをおそれた日本の新聞紙上では、裁判の被告のみか、清瀬一郎など日本側弁護人までも、その外国人に通用しない英語をはじめ、なにかと揶揄《やゆ》され[171]愚弄《ぐろう》されたのである。一部日本人記者の過剰なまでの軍当局への追従《ついしょう》であった。

だが当時のＮＨＫや新聞が報道したほど、日本側被告は矮小《わいしょう》だったのか。

## 「検閲は、これをしてはならない」

ＧＨＱが占領下の日本で行なったこのマス・メディアに対する内面指導は、日本内務省があからさまに行なった戦時下の検閲よりもはるかに巧妙で、ソフィスティケートされていた。昭和十八年、中野正剛は東條内閣に抗議して割腹自殺した。その際検閲があったことは新聞紙面に××の伏字で示されたから、小学六年生の私にもそれとわかった。「東條はけしからん」とドキッとするような激しい言葉を兄の友達が口にした。中野が自決した家はその近くにあった。

それに対してアメリカ軍当局の検閲は、検閲をしたという痕跡を残さぬように仕組まれていたから性質《たち》が悪い。それがどれほど徹底的であったか、また日本側の協力[172]がどの程度であったかはいまなおはっきり知られていない。日本人関係者はあるいは恥じて、あるいは隠して、語らなかったからである。

日本人が知らないだけではない。米国人も実はよく知らない。日本で占領軍当局がこれほど米国憲法の精神に反することをしたとは米国本土内ではほとんど知られていない。一例をあげるなら、占領軍は一九四六年に日本に新憲法を公布させた。その第二十一条に「検閲は、これをしてはならない。通信の秘密は、これを侵してはならない」とある。だが、その憲法が日本側にどのように受け取られたかについて、米軍当局は多くの封書を開封、検閲して調べていたのである。私宛の友人の手紙が開封され OPENED BY とか MIL. CEN.-CIVIL MAILS とか印刷されたパラフィン紙でまた閉じられていたから、私は検閲のことはわかっていたつもりだった。ところが中には検閲した痕跡が残らないようパラフィン紙を使わずに復元した検閲方法も用いられていたと聞かされて、その性質の悪さに驚いた。

## 報道人が非難しなかった検閲

同じく当局者によるといっても、軍国日本の場合と米国占領軍の場合には、大きな違いがあった。何が違うか。それは二つの検閲に対する日本新聞人の反応があまりにも異なっていたからである。

戦後、日本の報道関係者は日本の軍当局の言論統制や内務省の検閲を非難し、自分たちは昭和十年代を通して当局の意向に従わざるを得なかった、報道の自由はなかった、としきりに述べた。それもあって戦後、日本人の多くは戦争中に聞かされてきた多くのことは嘘だったのだ、と思うようになった。歴史観についていうならば、その結果として、戦争中にもてはやされた平泉澄《ひらいずみきよし》東大教授のいわゆる皇国史観なるものは戦後の日本では笑いものにされたのである。

日本の報道関係者は昭和二十年代の前半を通して今度はアメリカ占領軍という別の軍当局の意向に従わざるを得なかった。ところが一九五二年、アメリカ軍の占領が終わったにもかかわらず、日本の報道関係者は占領下ではアメリカ軍当局の言論統制や検閲があったことを大きな声で述べなかった。自分たちは昭和二十年代前半を通して米軍当局の意向に従わざるを得なかった、報道の自由はなかった、とはあまり言わなかった。

なるほど、日本が独立を回復した一九五二年後も、アメリカ軍は日本に駐留して今日に及んでいる。だが、形式的ではあれ、日本は独立したのである。報道人が占領軍による検閲を表沙汰にしたところで、また非難したところで、軍事法廷で処罰される可能性はもはやなかった。しかし占領を脱したその期《ご》に及んでも、日本人新聞関係者は、自分たちが占領軍の意向に服したことについて黙しがちで、日本国民を特定の方向に誘導したことに対して釈明はしなかった。占領軍当局の非を鳴らそうとはしなかったのである。

そのこともあって、占領軍の検閲と世論誘導の結果、戦後の日本人に植え付けられた歴史観が大きな顔をしてまかり通るようになった。[173] それは日本側にも、左翼支配の論壇や歴史学界を中心に、第二次世界大戦を善のデモクラシーが悪のファシズムに勝利した戦いと看做《みな》す勢力が、その見方を受付けたばかりか鼓吹したからである。

しかし私の見るところ黒板勝美の二人の弟子である平泉澄と羽仁五郎とでは、大影響を及ぼした点では、右と左と方向こそ違え、二人とも大物だった。ただし影響が目覚ましかった時期が違う。日本敗戦の一九四五（昭和二十）年には一世の師表であった平泉は落魄《らくはく》の境涯に落ち、それからの二十数年、新左翼のヒーロー羽仁の名声は嘖々《さくさく》たるものがあった。が、羽仁のかつての人気も、全共闘の凋落《ちょうらく》とともにまた地に落ちた。ベルリンの壁が一九八九年に崩壊するやマルクス・レーニン主義は破産した。イデオロギーとしても破産したが、その翻訳を売っていた世界各地の左翼出版社もまた次々と破産したのである。

## 論より証拠

戦中と戦後の二つの言論統制に対する日本新聞人の反応には大差があった――このような指摘をする平川に対し、読者は本当かと疑念を抱かれるかもしれない。

しかし日本軍部が呼称した「大東亜戦争」が日本が降伏して四ヵ月の一九四五（昭和二十）年十二月十五日以後、使用禁止の呼び方となり、米国占領軍が使用を命じた「太平洋戦争」が広く使われているところを見れば、日本人が米軍の指令に服してきたことがわかるだろう。これほどはっきりした証拠はない。日本人の多くは、米軍が日本に広めた歴史の見方を良しとしてきた。それは米軍が日本に与えた憲法を多くの日本人が良しとしてきた様と似ていた。

なぜこのような違いが生じたのか。日本軍の検閲は悪であったから戦後になって非難することが正義であったが、アメリカ占領軍の検閲は善であったから、独立回復後もその不当は不問に付したのか。

私見では、日本のマス・メディアは日本が独立を回復したときに、占領軍によって七年近くのあいだ検閲されていた事実を国民に向け明らかにすることによってのみ、自主独立国の報道機関として真に再出発することもできたはずと考える。しかし占領軍に協力したことのやましさもあってだろうか、いや協力したことを良しとしたからだろうか、自己批判をなおざりにした。有耶《うや》無耶《むや》にしてしまったのである。

## タブーの定着

十二月八日に始まった戦争とは何だったのか、という歴史解釈の問題は、戦争中の日本側の大東亜戦争史観が戦後の日本ではタブー視されたことにより、連合国側の戦争史観が日本国内においても主流となりスタンダードとなった。日本軍当局の検閲に対する戦後にまきおこった非難の大合唱の結果、昭和十年代の皇国史観――日本の戦争は自存自衛のためであったとか、大東亜解放の戦いであったとかいう見方――は否定すべきものとして受け取られた。大東亜戦争という言葉がタブーとなったこと自体が、大東亜戦争史観という旧日本側の見方が斥《しりぞ》けられたことを意味する。それは裏返して言えば、勝利した連合国側の歴史観が流布され定着したということである。連合国側は戦争に勝利しただけでなく、戦争の正邪を決する歴史観においても勝利した。日本は二重に敗北を喫《きっ》したというべきであろう。長崎の保守系の市長が、長崎に原爆が落とされたのは日本が悪かったからだ、と口走ったとき、日本は精神的にも敗北したのである。情けないことである。

だがアングロ・サクソン優位の世界秩序に対する日本――二十世紀の前半のアジアで唯一のまともな独立国だった――を指導者とする「反帝国主義的帝国主義」の戦争ははたしてただ一方的に断罪されるべきものか。

## 外されかけた箍

東京裁判で興味深い一齣《ひとこま》は、裁判の過程でハル・ノートが話題とされ、ルーズベルト大統領にも責任があるのではないか、という点がクローズ・アップされたことについて、オーストラリア人の裁判長と米国人の検事との間で裁判指揮をめぐって責任のなすり合いのような言いあいを法廷でやらかしていることである。ウェッブ裁判長とキーナン首席検事は最終論告の席上で、こんなルーズベルト讃美の言い争いをした。

ウェッブ「私は、私が関係連合国にたいする侮辱が与えられないよう絶えず深い注意をはらったことにたいして、代表国から賞讃された。米国一流の新聞紙は、私が故ルーズベルト大統領の遺志をよく守った、と書いている」。キーナン「ルーズベルト大統領は世界史に疑いない地位を占めている。私ごときはもとより当裁判所長によってその地位が保護される必要はない」。

この米国大統領は善玉とする讃美の競争は、日本人被告は悪玉と頭からきめつけていたことへの裏返しである。東京裁判はそうした善と悪との取り組みとして設定された法廷だった。しかし何人かの判事や弁護士や被告の努力によって当初に当然視されていたそんな見取り図が崩れだしたところに、歴史の見どころがある。(174)

世界の中の日本を見定めることは、戦前の日本政治家にも、戦中の軍部指導者にも右翼思想家にも、また戦後の左翼知識人にも難しかった。ましてや普通の人には難しい。いや占領軍当局者にも実はよくわかっていたわけではないのである。

しかし戦時中の「日本憎し」の感情が少しずつ薄らぎ、冷戦対立がはっきりしはじめたこととも関係するが、米国の日本占領政策そのものが変わりはじめた。ではこれからの日本はどのコースに沿って進むべきなのか。その見当はまだよくつかなかったが、敗戦直後の日本に嵌《は》められた箍《たが》は多少は外されはじめた。西側陣営の一員として経済復興を促進しなければならない。

しかしその箍を外すような政策転換は、まず日本左翼によって逆コースと非難された。そしてけったいなことに二十世紀の末年には、北米の反ベトナム戦争世代で構成されるキャンパス・レフトの歴史家ダワーなどによっても非難された。

## シンガポール陥落からディエンビエンフー陥落へ

一九四二年二月十五日、イギリス軍がシンガポールで日本軍に降伏したからこそ、一九五四年五月七日、フランス軍がディエンビエンフーで敗北するというベトミン（ベトナム独立同盟）軍の勝利もあり得たのだろう。そしてまたその余勢が続いたからこそ、一九七五年四月三十日、アメリカ軍の撤収という名のサイゴン陥落もまた生じたのだろう。それもまた二十世紀の歴史の一大潮流から生じた一齣ではなかったか。「あの戦争」で日本兵が死物狂いで戦ったのは、西洋植民地主義からアジア諸国を解放するという大義を信じたからこそである。「あの戦争」のその側面にもしアメリカ人がいま少し留意していれば、米国軍がベトナム・ナショナリズムの泥沼にはまりこむこともなくてすんだのではあるまいか[175]。

戦前にアジアに来て日本と中国に滞在したヘレン・ミアーズは、戦後、米国占領軍の要員として来日し、戦時中の米国製反日宣伝が生み出した一方的な日本悪玉論とはおよそ異なる見方を示した。驚いたマッカーサーはミアーズ『アメリカの鏡・日本』の日本語版の出版を禁止した。ミアーズは、連合国側の正義を一方的に信じる米国の単純な占領軍関係者と違い、日本の戦いは、アジアの現地政府の間とではなく、日本と西洋の異民族支配者との戦いであり、日本が独立を与えた現地政権の人々がすべて日本の操り人形だというのは無理である、と事態の表裏を見た指摘をした。

対日戦における勝者アメリカの見方は、当初は敗者に押し付けられた。占領期を通じて日本の報道機関がその流布に協力したこともあり、多数の日本人はその見方を受け容れ、やがてそれが自分自身の歴史観として内面化された。

自分たちは日本を戦争に駆り立てた軍関係者とは違う、という免罪符を手に入れたい気持もその受容を促したのだろう。後に東大駒場の教養学科アメリカ分科創設に関係する中屋《なかや》健弌《けんいち》は、敗戦直後、共同通信に渉外係として勤務していた。別に占領軍に媚びる人ではなかったが、占領軍製作の『太平洋戦争史』をいちはやく翻訳した。すると占領初期には検閲制度を利用することで米国占領軍が外から日本側に押し付けた歴史観であったが、やがてこの種の翻訳を通して占領期以後は日本人自身の心の中の自己検閲によって「あの戦争」は大東亜戦争であってはいけなくなっていったのである。そして日本人の中には戦時中に独立したアジアの国々の政権は日本の傀儡《かいらい》政権だと決めつける心理がこびりついたのである。いや、戦後独立をとげた諸国に対しても、その独立を真に寿《ことほ》ぐ誠意を示しているのだろうか。たとえば皇室関係者はオランダ王室を遇すると同じようにインドネシアをはじめ東南アジアの元首たちと親しく交わっているのだろうか。

## 二重の敗北

私はそのような差別的な見方や考え方が、占領下の閉ざされた言論空間の中で醸成されたものであることは認めるが、だからといって、日本人がウォー・ギルト・インフォーメーション・プログラムによってマインド・コントロールされて今日にいたっている、という言い方はしたくない。大東亜戦争が日本国民に非常な災害をもたらした以上、多くの日本人がそれを反射的に否定したのは当然であった。

しかし戦時中は絶対不敗の信念を抱いた代わりに戦後は絶対平和の信念を授けられ、「平和を愛する諸国民の公正と信義に信頼し」それで安心と思いこむほど日本人は幼稚なのか。絶対不敗の信念と絶対平和の信念とは同じコインの表裏なのではないか、いつまでもそれを信頼するような精神年齢のままであっていいのだろうか。

読者に問いたい。敗戦後、外から与えられ、自らも肯定し、日本人の脳裡に刷り込まれた歴史像は、はたして本当に正しかったのか。仮に正しいとして、どの程度まで正しいものだったのか、と。

戦争中の日本は米国軍の物量に敗北した。戦後は心理戦でもう一度敗北した。量販店の販売作戦にも似たアメリカの巧みな宣伝工作に、日本の小売店は、太平洋戦争史のセールス合戦でも、すっかり押しまくられたかのようである。

### 戦後を食い物にする

しかし別の見方をする人は米国の日本史学界の大御所にもいた。

「軍事法廷はかく裁いた。だが歴史は、それとは異なる裁きを下すだろうことは明らかである」――これはライシャワーが、一九八一年、敗戦直後に日本の将軍を絞首刑にした軍事裁判を批判した言葉(176)だが、日本人でなく米国人がそう批判したところに意味がある。ちなみに、日本の新聞人は以前から自主検閲ということに慣れており占領下の日本で本当のことを言う勇気が無かった、と批判した松方ハルは、そのはっきりした書き方のために占領軍当局からも日本当局からも睨まれた英文記者で、後にライシャワー教授夫人となった人である。

ただ北米側にもこのようなライシャワーの見方に反撥《はんぱつ》し、日本左翼の歴史観に同調する『敗北を抱きしめて』の著者ダワーなどの反ベトナム戦争世代のアメリカ人日本研究者も出た。

戦後の日本論壇や文壇の大勢は東京裁判史観を肯定するかに見えたが、日本人の中にも軍事法廷の判決に異論を呈する人はいた。江藤淳は一九七八（昭和五十三）年一月二十四日の『毎日新聞』夕刊にこう書いている。

戦後を食い物にするとは、とりも直さず、連合国が明示した条件による降伏を「無条件降伏」と置き換え、内務省の検閲のかわりに占領軍当局の「より巧妙」な検閲の存在した時代を絶対化し、日本人がようやく自由を得た時代を「逆コース」呼ばわりするような論法にとぐろを巻き、そこから一歩も出ようとせず、周囲の状況の変化をつねに否定して能事足れりとする精神の怠惰をいうのである。

私は戦後日本の閉ざされた情報空間からいちはやく外へ出た者として、日本の言論界の精神的怠惰に違和を覚えることがあった。ひっかかることがあったが、私はその違和をとっかかりにして、さらに調べものをしてきた。それで「反大勢《はんたいせい》」の学者として異論を唱えてきたから、そのお蔭でいままで執筆が続いたのではないかと感じている。現役の日本人一比較史家として、卒寿に際し、歴史に対するいわばビデオ判定用の資料を種々用意した。判定用のカメラの設置が多角的で、比較的に公平な立場から興味深い場面の数々を復元できたのではないかと思っている。今は読者の御判定をお待ちする次第である。

# 第二十一章　東京裁判を語る平川の背景——あとがきに代えて

## 物言わぬ人や物言う人

最後に、言わでものことだが、外国に向けて語るべき立場にありながら物言わぬ同胞諸氏に対して一言したい。

今日の日本の外交官や学者や新聞人の間には、自国の過去や東京裁判の判決について、かつての敵国人に問い詰められると、最初から位負けして、おどおどする人がいる。それは語学力や教養の欠如からだけでなく、日本人としての自信に欠けるからである。まるで悪事を働いた親をもつ子が口をつぐんで顔をそむける様に似ている。だが過去は語らずそっぽを向いていればそれでいいのか。

東京裁判の判決については、学者や評論家の間には、それをそのまま承認する人と、そうではない人とがある。前者の間でも、アメリカ進駐軍が放送させた《真相はからだ》をそのまま真相として受け入れるタイプの人と、信じはしないが世間の大勢に従って日本は東京裁判の判決を受諾したと答弁してその場を繕う人もいる。反論するのも面倒だ、という横着なタイプの人も多い。

判決を承認しない後者の人の間でも、幅広い、さまざまなニュアンスに富む歴史解釈が見られる。歴史を糊塗《こと》する人もいれば、糊塗せずとも自国の、あるいは自説の正義を主張する人もいる。戦争は間違ったが、勝者の裁判はよくなかった、裁判を使って日本人に罪の意識を植え込もうとした手口はとくによくない、という正論派もいる。中には繰返し同じ東京裁判否定論を主張する熱心家もいるが、日本語で言うだけだから、相手には通じない。なんだか井の中の蛙《かわず》の合唱に似ている。

## 後世に委ねられた判断

十二月八日の開戦は、日本が余儀なくされた開戦だったかもしれない。しかし緒戦《しょせん》こそ勝利したものの、結局は敗戦に至る戦争だった。結末がやはりそうであった以上、それが侵略戦争でなく自存自衛の戦争であったとしても、先に手を出して勝ち目のない戦さをしたことの責任を指導者は自国民から問われるだろう。

問題が深いのは、それだけでない。それに先立ち大陸に出兵し、四年半も解決できなかった。その責任は日本政府に問われたが、より重い責任は日本陸軍にあった。その点に関して日本の世論は、敵国側の裁判とは別に、日本独自の判断として、次のような厳しい見方を旧軍に対して下した。すなわち、軍部は政治に干与《かんよ》した。世界の中の日本をきちんと位置付けるだけの客観的な世界認識を持とうとつとめなかった。極端に主観的な精神主義を唱え、独善的、非科学的、非人間的であった。これらは軍の幹部、下士官、兵の教育とも関係することである。

だが敗戦後に噴出した軍に対する厳しい批判にもかかわらず、日本人は戦争指導者の責任を問わなかった。なぜか。日米開戦はやむを得なかった、と思っていたからか。それとも連合国側が東京裁判を開いて日本人に代わって日本帝国の指導者を裁いたからか。それとも勝者の裁判に同調することを潔しとしない気持が心の奥にあったからか。

だがそれにしても日本を開戦に追い込んだのは一体何だったのか。すべて相手のあることだから、一筋縄では答えは出ない。戦後の日本人は性急な判断を下さずに、その答えを出すことを後世の歴史家にまかせたのである。本書では、さまざまな誤解を解くべく、具体的な、事実に即した問題点を、多少整理してみた。

## 人民裁判には同調しない

あの戦争の是非と東京裁判の是非とは、必ずしも重ならない、それは私だけでなく、多くの人も漠然とそう感じているだろう。よその国では人民裁判で死刑判決が下されると、それに一斉に拍手喝采する人民がいる。少なくとも過去にはいた。私はそんな「人民」に類した正義感の持ち主は、高学歴の人であろうと、またいずれの人種や国籍やイデオロギーの人であろうと、嫌いである。あの裁判に対する私の立場は根本的にはそれである。しかしこの世界には多数に同調して拍手喝采しないと生きていけない国や社会も、いや学会も、ある。

私は少年時に銃剣の訓練を受けた世代で、あの戦争で敵味方の飛行機が撃墜されるのを何機も目撃した、いまや数少ない生き残りの論文執筆者となりつつある。少年の眼で見、後に、比較文化史の学生としてまた教授として、様々な外国で暮らした。そんなだから世界各地からあれこれ過去を眺め直した、戦中の日本とその敵対者についての考察で、日米双方の資料を引きつつ、ときに個人的体験を織り交ぜて、率直に語らせていただいた。なおこの場合、戦中とは米軍占領下の時期も含む戦中で、私が高等教育を受けていた昭和二十五年ごろも日本人はなお処刑されていたのである。

## 知的中心の移動

日本が独立を回復してから七十年、私が東京大学を定年で退職してから三十年、かつて私が大学院で教えた人々の多くも教師としてすでに定年を迎えた。幸い私はいまも勉強している。コロナ禍で自宅に留まるあいだ、英文の著述にいそしんでいる。そんな卒寿の老措大《ろうそだい》である私が、別の角度から提示すると、たとえ同じ史実であろうと、いままで見えなかった戦前・戦中・戦後の細部が、別様な姿で浮かび上がり、意外の感を与えることもあるのではないか。それもまた学問上のオリジナリティーといえはしないか。

その間に日本の知的状況も変化した。「象牙《ぞうげ》の塔」とか「最高学府」とかいう言葉がいつのまにか色あせてきた。文系に関する限り、日本の知的中心はもはや大学や大学院ではなくなりつつあるのだろうか。現在の「こんな出来の悪い大学院生がいるのか」と呆《あき》れずにはいられない大学には la tour d'ivoire というサント・ブーヴが呼んだ言葉はもはや似つかわしくなくなった。

私の著作の読者も学生より、外国体験の長い年輩の方に多い。個人的な思い出も織り交ぜて描きなさい、と私にすすめるのもその人たちである。私の人生体験と引き比べて世界を見くらべたいからだろう。実社会で働いてきた人々と話す方が、書巻の気の抜けぬ若造と議論するよりも、私も気が楽である。日本の知的中心層は、アカデミアから離れて、そちらへ移りつつあるのではないか。

一高の社会科学研究会にいたときは、上級生が偉そうに見えて仕方がなかった。難解な翻訳語を用いて高踏的な議論をしていた。「前近代的」などという歴史区分を覚えたのも、そんな寮の一室だが、振返ってみると、往年の象牙の塔には知的道化の虚塔の面もあった気がする。本書ではその種のイデオロギー的知的遊戯の議論は避け、ポリティカル・コレクトネスなどを言い立てることもしなかった。同窓会に出るたびに、ヘーゲルなどを巻頭に掲げ、その種の論議を事とした政治学者や社会科学者の方が、学者として耐用年数、というか賞味期限が早く切れてしまったらしいことを確認したからである。複数の外国語を学ぶ比較研究者の方が学者の寿命が長いことは経験則に照らして事実のようである。

また一見、知的に活発に見えるネット世代は二分法で判断を下す傾向が強いようだが、しかしそんな大づかみでは汲みとれないニュアンスを掬《すく》うことこそが人文の学問なのだろう。内外の読者が、党派的感情を一旦《いったん》抑えて、故意に対立を際立たせることなく、先入主の色眼鏡を外し、史料を文章に即して、虚心坦懐《きょしんたんかい》に読まれることを希望する。

さまざまな引用文は客観的な資料だが、その選択にも、それに添えたコメントにも、私の主観はまじる。であるとすれば、そうした話は、なにとぞ眉に唾して聞いていただきたい。私は中学生のころから「平川は科学的な嘘をつく」と言われた。そんな人をかつぐのが大好きな少年であった。今回は正確を期したつもりだが、なお明らかな誤りにお気づきの節はなにとぞご一報いただければ有難い。

## 私的な回顧

あとがきに代えて私的な回顧も添えさせていただく。

東京裁判の当初、東條英機の担当で後に木村兵太郎の担当となった弁護人塩原時三郎氏の邸《やしき》はわが家から百メートルほど離れたところに在った。偉い弁護士だろう、という感覚が子供心にあった。ということは東京裁判の被告もそれなりに大物だろう、という感覚があったということである。ませた子供で新聞はよく読んだが、新聞に教唆されて戦犯たちの悪口を言ったにしても、ひどいことは言わなかった。しかし当時の多くの日本人と同様、東京裁判に連なる裁判官はよほど偉い人だろう、と思っていた。それが世間一般の感覚で、竹山道雄が「レーリング判事は私より若かったのだな」と晩年に気がついて言ったときは、裁判中は相手を自分より年も上、格も上と感じて接していたからだ、と感じた。レーリングは大物でなかったからこそ日本の文化人ともつきあって歴史の背景も探ろうとして鎌倉の海岸で竹山と親しくなり、竹山の流暢《りゆうちよう》とはいえない英語発言に耳を傾けたのだろう。これもレーリング自身が英語がさほど達者でなかったから双方の会話が成立したのである。

東京裁判が始まった年、中学三年生だった私に担任が「平川君、一度あなたも裁判を傍聴しておいた方がよくはありませんか」といって、木戸幸一と東郷茂徳の弁護人をつとめた穂積重威《ほづみしげたか》弁護人の親族が下級生にいたので傍聴券を手配してくれた。しかし先に傍聴に行った級友が「何が何だかわからず退屈した」と言ったのと、傍聴に行ける日が大切な授業に重なっていたのとで、遠慮してしまった。将来の日本の為に若者にこの歴史的事件を実見させておこうとした担任の折角の配慮を無にしてしまったのである。傍聴券を届けてくれた穂積少年の色白で眉目秀麗な顔だけは憶えている。そんな折角の機会も見逃した私に東京裁判を語る資格はないのかもしれない。だが戦前・戦中・戦後を生きて、多少は歴史の裏表《うらおもて》を見てきたという年の功のほかに、こんな縁もあった。

私の手許に、一九五三年四月カルカッタのSanyal & Companyから出版された『パル判決書』の原文七〇一頁（それに二五頁の原子爆弾の被災者とコメント）の*International Military Tribunal for the Far East, Dissentient Judgment of Justice Pal*がある。これは西山勉駐インド大使が、この大部な本が発行された年にニューデリーで買い求め、廣田弘毅の長男弘雄氏にその年の十一月八日に贈られたものである。廣田家の御長男一家はその数年後東京銀行支店長としてパリに赴任、私はそこでお世話になった。御家族と一緒にルネサンスの城と泉をたずねたこともある。そんなご縁ゆえか、その貴重な御本を先年、弘雄夫人から私が頂いた。お形見分けと感じた。私が廣田弘毅の為に《一語の誤解》など何度か筆をとったこと、また私の岳父竹山道雄が『昭和の精神史』に述べた通り、東京裁判の法廷には東郷外務大臣などの「スケープゴート」の存在がいることをレーリング判事に語ったことが、レーリングの廣田弘毅無罪の『レーリング判決書』のきっかけとなったからであろう。なお私の手許にはレーリング判事が帰国に先立ち竹山に渡していったレーリングの署名入りの『レーリング判決書』英文のタイプ印刷もあったが、これは竹山道雄の旧蔵書とともに神奈川近代文学館に寄贈した。

## 比較文化論的アプローチ

私が若い頃は、マルクシズムに基《もと》づく唯物史観とか史的唯物論とかいわれる歴史理論が世界的に風靡《ふうび》した。未来については社会主義革命の必然性や不可避性を説き、過去については生産力に基く発展段階説で、世界史も日本史も説明してくれた。わが国の歴史学界でもこの「科学的」な歴史観を奉ぜぬ人は人に非ず、といった強圧的な風潮もあった。その名残《なごり》はれっきとした国語辞典や歴史事典、年表や教科書の記述に今も痕跡をとどめている。

少年時代に「あの戦争」を体験した私は歴史の真実が知りたくてたまらなかったが、イデオロギー的歴史観の説明に納得せず、学生時代から様々な関係者の回想録を読みあさった。今回も昔買い込んだその種の書物をあれこれ読み返した次第だが、日本はどうしてあんな戦争に突入したのか、という昭和の動乱の真相が知りたかった。

東京裁判が結審に向かった当時は、一高の駒場寮で私はマルクス主義を奉ずる上級生たちと同じ部屋で暮らしていた。同じ中寮二階の部屋にいた上田建二郎は後の共産党委員長不破哲三だが、東京裁判の判決は同じ部屋の八人が一台のラジオを囲んで聴いた。当時の私は Death by hanging というウェッブ裁判長の英語発言すらもきちんと聴き取れなかった。そのことはよそでも述べた。

同じ部屋で寝起きして、一高社会科学研究会の上級生の感化も受けたが、彼らが信奉するマルクス・レーニン主義に疑問を抱いていた。「読め」といわれた河上肇より河合栄治郎から感銘を受けた。そんなであっただけに、唯物史観が声高に主張されるような学科へは進学したくない。その科学的とかいわれたマルクス主義史観では、社会の下部構造が重視され、上部構造とされた文化面は軽視された。個人としての人間が話題とされる史観は英雄史観として斥《しりぞ》けられた。

しかし私は人間不在の学問はしたくない。周囲からは逃避と目されたかもしれないが、複数外国語の習得に打ち込んだ。学問はテクスト本位の人文主義的アプローチに限ると感じ、フランス派の人文学に惹かれたのである。そして、言語を介するアプローチで、日本人の外国体験を追究することで、日本の近代化を見直すようになった。すると、左翼系の学者に限らず日本でまだ誰も手を付けていなかった学問分野——東西に跨《また》がる比較文化関係論の未開拓の分野が目の前に開けてきた。比較文学比較文化課程出身の私も比較文化史家として名乗り出る余地がそこにあった。ただしその種のアプローチが東京裁判を論ずる際にもきわめて有効[177]なことを自覚したのは後年で、東京裁判は異文化対決の場であるとして吟味《ぎんみ》した牛村圭氏の諸論文は、その効用を十分に証明している[178]。

## 平川の歪み

もっともこのような私の問題把握には、語り手自身の歪《ゆが》みも、なにかと出ているだろう。私の偏見を笑う人も必ずやおられるだろう。

ほかならぬ私の長女が、仮に日本が戦争に勝利したと逆の場合を想定して、日本人弁護士で旧敵国の為に働いてくれるブレークニーのような人がいたろうか、という感想を述べた。まことにもっともな意見と思う。日本軍の憲兵でケンワージー中佐[179]のように被告たちに公然と敬意を払いつつ世話をしてくれた人は出ただろうか、と私も考える。私の三女は、圧力をかけた「軍」が帝国陸軍であれ、占領軍であれ、そのお先棒を担いだ記者や教授や新聞やテレビの名前を明示して追及するのはどぎつい、ましてやその思想的子孫が私たちの周辺にもいる、などという厭《いや》みは余計だ、と父を諭した。そして私が会話で聞いたジャンセン教授の意見はもともと活字になっていないのだから、書いていいものか、とも言った。

しかし個人的な思い出が書き込まれているのがいい、と言う人もいた。コロナ・ウィルスの感染拡大で留学から帰国した孫は、本書でとくに面白かったのは《戦中の検閲と戦後の検閲》の章だ、と言った。そうした戦後日本の言論空間の特性に今までまったく気づかなかった、と言った。

私が歪みと言い出すとそれが厭みに聞こえることは承知している。だが、戦前戦中に御用学者がいたように、戦後の日本の学問世界の中にも、左翼には左翼なりの御用学者がいて、御用出版社と結託し、いろいろ歴史解釈を歪めてきた。それは日本にもいればアメリカにもいる。その印象を私は禁じ得ない[180]。

ただ戦前・戦中・戦後の時代を生きてなお筆を握る者として、私が、この一文でとくに指摘したいのは、報道の歪みから生じた内外の人の歴史認識にまつわる偏見の根深さである。アメリカ側の当時の関係者多数は、「パール・ハーバーを忘れるな」に始まる戦時下の、米国製の強烈な反日プロパガンダの色眼鏡越しに日本を見ていた。キーナン検事の冒頭陳述が歴史の現実とまるでかけ離れた日本像であったのは、キーナンが頭から戦時中の米国の反日宣伝を鵜呑《うの》みにして日本をナチス・ドイツの極東版の悪者と見なして糾弾《きゅうだん》したからでもある。

また中には、いわゆる東京裁判史観を肯定して、キーナン検事の起訴状ほど判決文そのものは偏見に歪められていないと言う人もいる。だが判決文作成の主流派となったアングロ・サクソン系の法廷関係者の多数は、日本に対する敵対感情がさめやらぬ情報空間の中にあぐらをかいて、緒戦《しょせん》の白人勢力敗退によって破壊された植民地帝国を復活する目的のためにも、日本に厳罰を下すべきであるとした人々だったのではなかったか。(181) そして東京裁判そのものが――考えようによっては予定通りの結果だが――見せしめの一大プロパガンダの場と化したのである。そのショーまがいの、政治的利用こそが、極東国際軍事法廷を開いた真の目的であったとするならば、それはそれなりに連合国側の一大達成だったといえるだろう。日本の新聞ラジオに対する報道管制が徹底したのもそのためだった。

## プロパガンダの解毒剤

しかし在日のドイツ人イエズス会士ロゲンドルフ神父が述べたように、「(積極的に戦争への道を選び組織的にユダヤ人虐殺を行なったナチスの指導者と同様に) 日本の指導者を、戦争を計画し故意に残虐行為をおこなったとして裁判にかけたのは、実にばかげたことだった。連合国側は自分たちで作り上げたウソの反日プロパガンダまでも信じ込むようになったのである」。

英国で教育を受け、戦時下の日本で生活し、軍国日本も知り、ナチス・ドイツも知るロゲンドルフはニュルンベルク裁判を模して開かれた東京裁判について、to put on trial Japanese leaders for a planned war and wilful atrocities was folly. The Allies had become victims of their own propaganda[182] と述べた。連合国側は日本の実態についてよく知らぬまま、ナチス・ドイツとの類推で、同じような罪をなすりつけ、日本帝国を裁こうとしたのは誤りであった、と指摘したのである。オーストリアのツェマネク教授がはっと気がついて「パル判事ただ一人が目明きであったように思われる」"In einer Welt voll Blinder scheint er der einzig Sehende gewesen zu sein." と述べたのも、『パル判決書』を読んでその違いを自覚したからだろう。

そんな事態をそのまま放置しておくべきではあるまい。あきらかな誤解を拾い、偏見を解きたい。人々を説得するに足る歴史の証言や体験や資料を引いて、あの戦争とその戦後とを私なりに検証したが、出典《ソース》の註を付し、正確を期した。本書が戦中戦後のプロパガンダの解毒剤として効力を発揮するなら有難い。

## 歴史を語る資格

ここで、この書を著わした比較研究者である平川祐弘にどんな資格があるか、自己紹介をかねて一言述べたい。平川の横紙破りと言われそうだが、私は縦割りの国史学科や政治学科の出身者でない。それで囚《とら》われることなく、縦の文字も横の文字も読んで、縦横に論じ、クロス・カルチュラル・アプローチをまじえ、公正を期した。

私は一九三一（昭和六）年、満洲事変の年に生まれ、戦中に育ち、戦後は米軍占領下で教育を受け、昭和二十年代末に日本の外へ出、六年間ヨーロッパ各地で学んだ。当時として例外的な体験で、それで見方が世間とやや違ってしまった。帰国した私は「カルチャー・ショック」と笑われたが、閉ざされた言語空間の中にいた人々とのくい違いがあったからこそ、オリジナリティーのある視角が開け、明治の近代化をポジティヴに見る『和魂洋才の系譜』『西欧の衝撃と日本』以下の比較文化史の書物を著わし得たのだと自覚している。その中で海軍関係者を何人か論じたことが目にとまったと見え、半藤一利氏や秦郁彦氏らの歴史探偵団に招かれた。そのとき話していて、高名なこれら諸氏より、日本側知識はともかく、西洋側の日本にまつわる誤解についての認識は自分の方が上か、とひそかに感じたことがある。そして一番肝心な知識は、連合国側の日本理解がどの程度のものであったか、ということではあるまいか。

『和魂洋才の系譜』を私が一九七一年に出したとき、フランスの新進気鋭の一学者が雑誌*Critique*一九七四年二月号に長文の批評を寄せ、平川は西洋という他者との対決における日本を描いた、と論評した。これは米国のジャンセンに次いで私が外国で認められた第二の場合である。そのピジョー講師は、私を買い被って、拙著が森鷗外の留学の千八百八十年代で始まり鷗外の死の千九百二十年代で終わったために、昭和の日本の危機にふれていないことを惜しむ、と述べた。私の著作集が勉誠出版から出るに際し、そのピジョー論文も『和魂洋才の系譜』の巻に収めた。その際、全文を日本語に訳し感ずるところがあった。今回、私が取り上げた時期は、まさにその旧著に引き続く危機の時代である。半世紀以上前の、万年助手時代の私は、敗戦の日本を取り扱うことを躊躇《ちゅうちょ》した。というか一九六〇年代の三十歳代の私は「坂の下の泥沼」を直視することができず、目をそらしていたのである。

## 西洋という他者との対決

四十代の半ば過ぎ、私は米国で英語で日本についても論じ始めた。ケンブリッジ大学出版局の『ケンブリッジ日本史』に Japan's turn to the West の執筆を依頼されたころからのことで、外国人学者に伍して外国語でも自信のある口が多少は利けるようになった。それで、他人のお仕着せの歴史判断に頼らぬ、日本人の比較研究者としてのアイデンティティーを確立できたかに感じている。

時間が経つにつれ、視野《ヴィスタ》が開け、過去を三点測量することも次第に楽になり、自在になった。相手の学者より自分の方が時間的にも空間的にも問題がよく見えている、という自信というか自覚が生じたためだろう。北米や英国へ行き、多く英語講演したことが、転換点だった。米国人に対し日本人として自己主張する立場に立たされたからである。

それでそっぽを向かず、母国を、その善も悪も包み込んで、見直し始めた。あの戦争とその裁きについて、正面からも、側面からも、裏面からも、眺め、複数語を操る私の研究者の特性を生かして、できるだけ釣合の取れる見方を、さまざまな角度から示すよう心がけた。その際、検察官的に過去を高飛車に糾弾するだけでなく、弁護士的に弁明資料も取り上げて、加虐的にも自虐的にもならぬよう、公平を期した。

九十歳になる私は、昭和で五十八年生活し、平成で三十年暮らした。激しく生きた、と感じるのは昭和の戦中・戦後で、自伝を書くとすればおのずとその歳月に重きを置くことになるだろう。

それは私の成長期と重なる体験で、一度は敗北し、また復興した昭和日本は強烈な物語だった。日本人が小成に甘んじた平成に比べ、その感は深い。

令和を生きる日本人は、過去の戦争と区切りをつけ、新時代に対応すべきだろう。しかし未来に向かうためにも、昭和の悲惨な戦争と東京裁判について、読者各自が、歴史を見直し、自分の頭で判断を下し、自分なりにけりをつける方がよくはないか。軍国日本と、それに対して下された外国人の判断——その判断の一典型が東京裁判で下された判決だが——の是非や曲直を、この際、考え直しておきたい。それが本書の狙いである。

## 判事も学者も後世の人から裁かれる

知見が備われば、外国人に伍しても、きちんと説得的に語ることができる。内弁慶でもなく外弁慶でもなく、判断も自ずと公平になる。新しい令和の時代には、世界に向けて相手の国の言葉で発信できる日本人がふえることが大切だ。

博士論文審査の際、公開の席で大学教授は論文提出者の力量を審査するが、しかし同時に審査する教授も傍聴席の聴衆から逆にその力量を試される。裁判官が裁判で裁くとは判断を下すということである。しかし裁判官も被告と同様、法廷の席で力量を試されるばかりか、後世の人からも逆に審査される。サー・ウィリアム・ウェッブは、自分が長を務めた裁判で、存在もしない法で被告に死刑判決を下した、という汚名をきせられるのではないか、と怖れた由である。その怖れを抱いたまま死んだであろう。同じように、東京裁判について発言した内外の人々も、後世の読者から裁かれる。私のこの論文とても例外ではないだろう。

## 平反《ピンファン》

A級戦犯として死刑に処せられた人の名誉回復をはかることは、たとえ廣田弘毅のような人の場合でも難しいかもしれない。しかし「平反《ピンファン》」という名誉恢復《かいふく》は、人民中国ですらも行なわれるではないか。全体主義国の政治的人民裁判ならば、廣田弘毅のような立場の人が誤解されたまま処刑されることは、ままあることで、一々気にしてはいられない、というかもしれない。だが日本は自由を尊ぶ民主主義国である。

そんな日本は東アジアの中で、まだ例外的な社会だろう。この国では擁護すべき基本的人権の中に故人の名誉も含まれる。そんな国であればこそ、歴史の判断も自ずとより公正であるべきだと私は信じる。きちんと声をあげねばならない。唯物史観を奉ぜぬ人は学者に非ず、といった風潮は一時期、日本の歴史学会にあったが、さすがにいまは薄れた。まだあるとしても、そんな固陋《ころう》な「頭の不自由な」人が次第に減る日がやがて来るのではあるまいか。かつてスターリン賞を授けられた学者が晩年それを恥じたという噂を聞いている。かつて中国の大学から名誉教授の称号を授けられた日本人教授やその家族も、いつかそれを恥じることもあるだろう。

しかし言論の自由の幅の狭い近隣諸国では特定の歴史観の強制は依然として行なわれている。東京裁判で示された歴史認識を奉ぜぬ人は許せぬ、といった威圧的な雰囲気はまだ続くだろう。そんな言論不自由に抗するためにも私たちは歴史の表裏を見定めることが求められるのである。

私が十代の昭和初年、七十数年前の明治維新は遥かな昔だった。いま十代の若者にとっても、七十数年前の昭和の戦争は遥かな昔だろう。しかしあの頃の国史では、明治維新について官軍・賊軍の違いははっきり教育された。尊皇攘夷《そんのうじょうい》派の維新の志士が正義の勝者なのである。だがそんな一面的な歴史教育をして、歴史の表裏を見定めようともしないものだから、開国和親のことは忘れて、一九三〇年代、革新派将校が騒ぎ出したのである。「昭和維新の志士」などと新聞雑誌に煽られ、本気で攘夷の対米英戦争へ突っ走った。戦前「純粋な青年将校」と右翼革新派をおだてた新聞は、戦後は「純粋な大学生」と左翼革新派学生をまた煽動したが。(183)

## 排外でも拝外でもない

苟《いやしく》も自己を偉大にしようとする限りは、他の偉大を容るるに吝《やぶさか》なるはずはない。晩年の鷗外のこの態度は私の同感するところで、国際派の一人として私も西洋作品の魅力を日本に伝えてきた。その私は排外主義でもないが、拝外主義でもない。相手を知り、自分を知る歴史認識の中でバランスをとりつつ生きてきた。幸い、敗戦直後と違い、近年は同志とはいわずとも同気の人が増えた。昨今は長期外国体験者が増え日本の読者層が成熟したお蔭である。複数外国語を操り三点測量のできる人は少ないが、外国体験の豊かな人は外国との関係で日本や日本人がいかに振舞うかにも注目する。日米双方を、日中双方を、中には日韓双方等々を見渡せるような目の肥えた読者が増えるにつれ、執筆者にも、それ相応の力量が求められる。日本の学者社会がそこまで成熟するなら、かつてのような夜郎自大の自尊史観も、またそれの逆でしかない自虐史観も、おのずと消えるのではあるまいか。

今日の日本が東アジアの近隣諸国と違うのは、日本には『朝日新聞』の悪口を言う自由をはじめ、複数の異なる意見を述べ得る言論空間があり、歴史教育も一時期ほど一方的でなくなり、「近隣諸国条項」などの措置がいかなる結果をもたらしたかを自覚する日本人がふえつつある点だろう。日本人に生まれて、まあよかった、と感じる人がふえつつあるのは、かつての歪《ゆが》んだ史観から日本人が次第に自由になりつつある証左ではあるまいか。

近隣諸国の歴史教科書がその国民に刷り込む日本イメージの自然な結果として反日感情が生まれ、それによって国政が左右されるような国々にわが国は囲まれている。それらの国の教科書を私たちは日本語に直訳し、参考資料としてその内容を吟味しつつ対処するべきではあるまいか。

## 国内向けの「国際派」は困る

本書の中でいろいろな日本人にふれてきた。そこから浮かんだ感想も書き添えておきたい。日本人が外国人に対して感じるひけ目はなにに由来するか。私が見かけた人にはこうしたタイプが多かった。
一　日本は悪い国だ、と思い込んで、その場は謝っておけばいいという習性が身についている人。
二　きちんと自己主張できない、それですぐ相手の言い分に従う人。英語での会議などで、反対すると意見を求められるので、ついYESと一言で済ませてしまう人。

三　日本人として自分のことをよく知らず、世界の中の日本の位置がわからないから、自分の国のことも満足に説明できない。

四　日本には日本国内向けの「国際派」は大勢いて、日本は劣っている国だ、外国に謝罪しろ、とか言っている。そう言うことで自分は良心的で知的に高級だと錯覚している人。

五　西洋や人民民主国の文化や考え方の方が優れている。それを知っている（と思っている）自分が他の日本人より優れていると勘違いする人。

そうした人は、政治家であれ知識人であれ、やはり困りものである。ちなみに外国人と手を握って日本を非難することは、相手の言い分に相槌《あいづち》を打ちさえすればいいのだから、いたって安直にできる国際主義的連帯だ、ということも言い足しておきたい。

## あらまほしき日本の教養人

自分では大したこともしなかった癖に、厚かましくもあれこれ批判して、こんな文を草した。失礼の段はお許し願いたい。私は、自分自身も含めて、日本人の歴史認識がなぜかくも歪むのか、それをあれこれ考えてみたのである。

軍人の中には軍人社会の同業者内でのみ通用するような論を述べて自足する者もいた。生死を共にするためか、エスプリ・ド・コールと呼ばれる団体精神が強固であり、それが軍部至上主義の弊を生んだ。

世間は大新聞の特派員とか総局長とか聞くと、外国語に通じた人と思うだろう。三井美奈産経新聞パリ支局長はレーリングの遺族の助けを得て『敗戦は罪なのか――オランダ判事レーリンクの東京裁判日記』（産経新聞出版、二〇一二年）を刊行した。戦後イデオロギーに拘束され、東京裁判の正統性を主張したがる東大法学部国際法の大沼保明、同国史科出身の粟屋憲太郎のレーリング解説より、三井のすなおな紹介の方が読みごたえがある。しかしそんな三井は例外で、大使であるとか外国語教授であるとか特派員であるとかの肩書があろうとも、皆さんそれほど外国語に通じているとは限らない。そうすると、学者の中には大学社会の同業者内でのみ通用するような言葉で論を述べて自足する人が出てくる。それだけでは淋《さび》しいではないか。

## 未来へ向かうために

日本の歴史学徒の中から、各国検事の論告や判事の様々な判決、弁護側の却下された資料なども吟味し、微視的にも正確で、巨視的にも安定した判断を下す人が出てくることを願わずにはいられない。私より年下の世代では牛村圭＋日暮吉延の『東京裁判を正しく読む』（文藝春秋、二〇〇八年）は読んで好感の持てる好著であった。そのような研究者がさらに達意な英語で世界に向けて述べることを祈っている。今までの常識と思われていた見方を覆《くつがえ》す人が出てくれれば愉快ではないか。私どもは職際的にも学際的にも国際的にもつきあい、共通する言葉で話せるよう努めるべきで、それが文明の作法であるだろう。

私は国内でも恵まれた教育を授かった。国外でも知友に恵まれた。歴史の学問上の先達はジョージ・サンソムだったと改めて思う。しかし日本の戦後処理の件についてまでも、サンソムの叡《さい》智《ち》のある言葉の恩恵をこうむることになろうとは予期していなかった。比較研究者として驥尾《きび》に付し得たことを有難く思う次第である。

Moi aussi étais un oiseau émigrant
Qui a traversé le temps,
— l'espace historique.

西ひがし渡り鳥なりわれもまた
「時間《とき》」をよぎりて飛びかひぬ
——天《あま》つそら歴史の「空間《そら》」を

# 参考資料　「ポツダム宣言」英語原文・日本語訳文

Potsdam Declaration
Proclamation Defining Terms for Japanese Surrender
Issued, at Potsdam, July 26, 1945

1. We-the President of the United States, the President of the National Government of the Republic of China, and the Prime Minister of Great Britain, representing the hundreds of millions of our countrymen, have conferred and agree that Japan shall be given an opportunity to end this war.
2. The prodigious land, sea and air forces of the United States, the British Empire and of China, many times reinforced by their armies and air fleets from the west, are poised to strike the final blows upon Japan. This military power is sustained and inspired by the determination of all the Allied Nations to prosecute the war against Japan until she ceases to resist.
3. The result of the futile and senseless German resistance to the might of the aroused free peoples of the world stands forth in awful clarity as an example to the people of Japan. The might that now converges on Japan is immeasurably greater than that which, when applied to the resisting Nazis, necessarily laid waste to the lands, the industry and the method of life of the whole German people. The full application of our military power, backed by our resolve, will mean the inevitable and complete destruction of the Japanese armed forces and just

as inevitably the utter devastation of the Japanese homeland.

4. The time has come for Japan to decide whether she will continue to be controlled by those self-willed militaristic advisers whose unintelligent calculations have brought the Empire of Japan to the threshold of annihilation, or whether she will follow the path of reason.
5. Following are our terms. We will not deviate from them. There are no alternatives. We shall brook no delay.
6. There must be eliminated for all time the authority and influence of those who have deceived and misled the people of Japan into embarking on world conquest, for we insist that a new order of peace, security and justice will be impossible until irresponsible militarism is driven from the world.
7. Until such a new order is established and until there is convincing proof that Japan's war-making power is destroyed, points in Japanese territory to be designated by the Allies shall be occupied to secure the achievement of the basic objectives we are here setting forth.
8. The terms of the Cairo Declaration shall be carried out and Japanese sovereignty shall be limited to the islands of Honshu, Hokkaido, Kyushu, Shikoku and such minor islands as we determine.
9. The Japanese military forces, after being completely disarmed, shall be permitted to return to their homes with the opportunity to lead peaceful and productive lives.
10. We do not intend that the Japanese shall be enslaved as a race or destroyed as a nation, but stern justice shall be meted out to all war criminals, including those who have visited cruelties upon our prisoners. The Japanese Government shall remove all obstacles to the revival and strengthening of democratic tendencies among the Japanese people. Freedom of speech, of religion, and of thought, as well as respect for the fundamental human rights shall be established.
11. Japan shall be permitted to maintain such industries as will sustain her economy and permit the exaction of just reparations in kind, but not those which would enable her to re-arm for war. To this end, access to, as distinguished from control of, raw materials shall be permitted. Eventual Japanese participation in world trade

relations shall be permitted.

12. The occupying forces of the Allies shall be withdrawn from Japan as soon as these objectives have been accomplished and there has been established in accordance with the freely expressed will of the Japanese people a peacefully inclined and responsible government.

13. We call upon the government of Japan to proclaim now the unconditional surrender of all Japanese armed forces, and to provide proper and adequate assurances of their good faith in such action. The alternative for Japan is prompt and utter destruction.

（国立国会図書館公式サイトより。https://www.ndl.go.jp/constitution/e/etc/c06.html）

ポツダム宣言

千九百四十五年七月二十六日

米、英、支三国宣言

（千九百四十五年七月二十六日「ポツダム」ニ於テ）

一、吾等合衆国大統領、中華民国政府主席及「グレート・ブリテン」国総理大臣ハ吾等ノ数億ノ国民ヲ代表シ協議ノ上日本国ニ対シ今次ノ戦争ヲ終結スルノ機会ヲ与フルコトニ意見一致セリ

二、合衆国、英帝国及中華民国ノ巨大ナル陸、海、空軍ハ西方ヨリ自国ノ陸軍及空軍ニ依ル数倍ノ増強ヲ受ケ日本国ニ対シ最後的打撃ヲ加フルノ態勢ヲ整ヘタリ右軍事力ハ日本国カ抵抗ヲ終止スルニ至ル迄同国ニ対シ戦争ヲ遂行スルノ一切ノ連合国ノ決意ニ依リ支持セラレ且鼓舞セラレ居ルモノナリ

三、蹶起セル世界ノ自由ナル人民ノ力ニ対スル「ドイツ」国ノ無益且無意義ナル抵抗ノ結果ハ日本国国民ニ対スル先例ヲ極メテ明白ニ示スモノナリ現在日本国ニ対シ集結シツツアル力ハ抵抗スル「ナチス」ニ対シ適用セラレタル場合ニ於テ全「ドイツ」国人民ノ土地、産業及生活様式ヲ必然的ニ荒廃ニ帰セシメ

タル力ニ比シ測リ知レサル程更ニ強大ナルモノナリ吾等ノ決意ニ支持セラルル吾等ノ軍事力ノ最高度ノ使用ハ日本国軍隊ノ不可避且完全ナル壊滅ヲ意味スヘク又同様必然的ニ日本国本土ノ完全ナル破壊ヲ意味スヘシ

四、無分別ナル打算ニ依リ日本帝国ヲ滅亡ノ淵ニ陥レタル我儘ナル軍国主義的助言者ニ依リ日本国カ引続キ統御セラルヘキカ又ハ理性ノ経路ヲ日本国カ履ムヘキカヲ日本国カ決意スヘキ時期ハ到来セリ

五、吾等ノ条件ハ左ノ如シ

吾等ハ右条件ヨリ離脱スルコトナカルヘシ右ニ代ル条件存在セス吾等ハ遅延ヲ認ムルヲ得ス

六、吾等ハ無責任ナル軍国主義カ世界ヨリ駆逐セラルルニ至ル迄ハ平和、安全及正義ノ新秩序カ生シ得サルコトヲ主張スルモノナルヲ以テ日本国国民ヲ欺瞞シ之ヲシテ世界征服ノ挙ニ出ツルノ過誤ヲ犯サシメタル者ノ権力及勢力ハ永久ニ除去セラレサルヘカラス

七、右ノ如キ新秩序カ建設セラレ且日本国ノ戦争遂行能力カ破砕セラレタルコトノ確証アルニ至ルマテハ聯合国ノ指定スヘキ日本国領域内ノ諸地点ハ吾等ノ茲ニ指示スル基本的目的ノ達成ヲ確保スルタメ占領セラルヘシ

八、「カイロ」宣言ノ条項ハ履行セラルヘク又日本国ノ主権ハ本州、北海道、九州及四国並ニ吾等ノ決定スル諸小島ニ局限セラルヘシ

九、日本国軍隊ハ完全ニ武装ヲ解除セラレタル後各自ノ家庭ニ復帰シ平和的且生産的ノ生活ヲ営ムノ機会ヲ得シメラルヘシ

十、吾等ハ日本人ヲ民族トシテ奴隷化セントシ又ハ国民トシテ滅亡セシメントスルノ意図ヲ有スルモノニ非サルモ吾等ノ俘虜ヲ虐待セル者ヲ含ム一切ノ戦争犯罪人ニ対シテハ厳重ナル処罰加ヘラルヘシ日本国政府ハ日本国国民ノ間ニ於ケル民主主義的傾向ノ復活強化ニ対スル一切ノ障礙ヲ除去スヘシ言論、宗教及思想ノ自由並ニ基本的人権ノ尊重ハ確立セラルヘシ

十一、日本国ハ其ノ経済ヲ支持シ且公正ナル実物賠償ノ取立ヲ可能ナラシムルカ如キ産業ヲ維持スルコトヲ許サルヘシ但シ日本国ヲシテ戦争ノ為再軍備ヲ為スコトヲ得シムルカ如キ産業ハ此ノ限ニ在ラス右目

的ノ為原料ノ入手（其ノ支配トハ之ヲ区別ス）ヲ許可サルヘシ日本国ハ将来世界貿易関係ヘノ参加ヲ許サルヘシ

十二、前記諸目的カ達成セラレ且日本国国民ノ自由ニ表明セル意思ニ従ヒ平和的傾向ヲ有シ且責任アル政府カ樹立セラルルニ於テハ聯合国ノ占領軍ハ直ニ日本国ヨリ撤収セラルヘシ

十三、吾等ハ日本国政府カ直ニ全日本国軍隊ノ無条件降伏ヲ宣言シ且右行動ニ於ケル同政府ノ誠意ニ付適当且充分ナル保障ヲ提供センコトヲ同政府ニ対シ要求ス右以外ノ日本国ノ選択ハ迅速且完全ナル壊滅アルノミトス

（国立国会図書館公式サイトより。https://www.ndl.go.jp/constitution/etc/j06.html）

# 註

## 第一章

（1）リチャード・B・フィン『マッカーサーと吉田茂』上巻、同文書院インターナショナル、一九九三年、二八三頁。同書によると、これは占領期間中、マッカーサーがワシントンの命令に対して反対した二つの例の一つだという。

（2）重光葵『続巣鴨日記』文藝春秋新社、一九五三年、二五頁。

（3）私は旧制高校一年生でドイツ語を習い出していたので、羽仁五郎が雑誌『世界』にこの裁判を評して「世界史は世界の裁きの法廷である」Weltgeschichte ist Weltgericht とドイツ語まで添えて判決を肯定するのを読んだ。

（4）むしろそうでない人も多い。裁判で嶋田繁太郎海軍大臣の副弁護人をつとめた滝川政次郎教授は、日本が独立するやいちはやく、一九五二（昭和二十七）年八月、『東京裁判をさばく』という裁判批判を出した。その上巻「あとがき」には「しかし、東京裁判が不正な裁判であったということは、直ちに裁かれた者が正しかったということにはならない」ときちんと述べている。それでも当時の日本の新聞からは『東京裁判をさばく』はこぞって「逆コース」として批判され、本は売れず、出版元の東和社は倒産した由である。その『東京裁判をさばく』が一九七八年には創拓社から、二〇〇六年にはまた慧文社から刊行されたのは、日本人が「日本のみが悪の元凶であるとする自虐思想」（滝川「あとがき」）から解き放されつつあるからであろう。なお戦後、占領軍によってひろめられ、日本左翼が踏襲した歴史観を「自虐史観」と言い出したのは、この滝川発言あたりからではあるまいか。

（5）東京裁判で被告の一人であった賀屋興宣は釈放後、代議士に当選し、法務大臣となるや、東京裁判記録を調査せしめ、却下された被告証拠七百五十通ほどを発見し回収した。

## 第二章

（6）「連合国」側の裁判で「戦勝国」側の裁判ではないような言い方がなされたについては、日本側の言葉遣いにも問題があった。日本人一般の連合国軍による日本占領に対する理解には甘い面があった。日本は連合国軍によって「占領」されたのではない、アメリカ軍は「進駐」したのである、という現実糊塗《こと》といおうか体裁にこだわるような言い方は日本の降伏当初からずっと行なわれた。「終戦」といい「降伏」とまず言わなかったのは降伏の語が刺戟《しげき》的に過ぎると考えたからでもあろう。なお「降伏」という言葉そのものにも「降服」の漢字が当てられた場合がある。しかし当時の日本で製作された輸出用玩具などには made in occupied Japan と記入された品物もあるのだから、日本にいる連合国軍については占領軍と呼ぶ方が適切な場合が多い。GHQも連合軍総司令部と直訳するより占領軍総司令部と言う方が歴史的実体を示しているように思われる。

（7）東京裁判研究会編『共同研究 パル判決書』上巻、講談社学術文庫、一九八四年、五三八頁。

（8）当時の読売新聞法廷記者団は東京裁判A級戦犯の模様を報ずる『25被告の表情』（労働文化社）を一九四八（昭和二十三）年四月五日に刊行したが、その際の「はしがき」にこう書いている。

　東京裁判においては軍国主義は徹底的に糾弾《きゅうだん》された。軍国主義と侵略、侵略につゞく搾取破壊、殺りく、……検事側訴追によって、明らかにされた旧軍国日本の姿は、「神の民」を以て任じていた日本国民の眼には余りにも残酷非道のものであった。

　東京裁判は、正義、公正、迅速を尊ぶ。軍国主義の犯せる数々の罪悪を採決した検事側立証に対し、訴追された被告側にも、公平適切なる反証の機会が与えられた。……

そして「国際正義……の確立という金文字塔を打立てんとする東京裁判——世界の歴史がその真実性を厳粛に審判するであろう」と述べた。——今日でもあの裁判についてはこのような見方をする人は結構いるにちがいない。読者もこの「はしがき」の筆者は東京裁判を評価し、その意義を説く新聞記者たちと思うだろう。しかしこの書物は、このように東京裁判の正当性を言い立てたにもかかわらず、それでもなお、第六章で説明するように占領軍当局によって発禁処分されるのである。

(9) リチャード・B・フィン『マッカーサーと吉田茂』上巻、同文書院インターナショナル、一九九三年、二八三頁。英文は Richard B. Finn, *Winners in Peace, MacArthur, Yoshida, and Postwar Japan*, University of California Press, 1992, p.183. 著者のフィンは国務省に勤務する前は海軍の語学将校として太平洋戦争に参加した人だから、この訳書の日本語の辞世と照らし合わせて読めば、英訳が原歌とかけ離れていることに気がついたはずである。なおフランスの東洋学者ルネ・グルッセ René Grousset も東條の辞世を引いて論じたことがあるが、しかしそれは日本人には死ぬ前に歌を詠《よ》む文化的な伝統があることを評価しての言及だった。

(10) 察するにこれは東條かつ子が獄中の夫に差し入れた『意訳聖典』の余白に東條が最後の日々に書きとどめた数首の歌の一首と思われる。花山信勝は東條英機の辞世としてその歌を「さらばなり有為の奥山今日超えて弥陀の御許に行くぞうれしき」という形で講演で伝えた。『A級戦犯者の遺言——教誨師・花山信勝が聞いたお念仏』青木馨編、法藏館、二〇一九。辞世というより家族向けの気持であろう。フィンの本でこの歌の英訳を読んだ人は、これが死ぬ前の東條の心境であるなら、東條は恨みは抱いていないらしいと思ったに相違ない。処刑した連合国側の人の中には、それでほっとした人もいたにちがいない。

(11) 判事の中では一九〇六年生まれのオランダのレーリング判事が一番若く、東京裁判中、鈴木大拙、竹山道雄、竹山謙三郎夫妻などと交際し、日本文化一般について学ぶことにつとめたことが知られている。ただしレーリングがいたく感心した日本研究書がルース・ベネディクト『菊と刀』であったと知らされると、私などは不信の念を抱かざるを得ない。平川のベネディクト評については平川祐弘『日本人に生まれて、まあよかった』新潮新書、二〇一四年、一三四－一三六頁。

進駐軍の将校として来日していたハーヴァード・ロー・スクール出身のブレークニーは戦争中米国で日本語の特訓を受けた。法廷では日本語は使わなかったが、市中に出歩いて旧知の現代版画家吉田博などと親交を重ねていた。ジョージ・山岡など日系米国人も弁護人や通訳として活動した。

裁判長をつとめたサー・ウィリアム・ウェッブの日本観がどのようなものであったかは、デービッド・バーガミニ『天皇の陰謀』という「ヒロヒトは戦前期の日本を名実ともに支配し、腹心の軍人と文官を操って、一連の対外侵略を指揮した」とする著書に「まさに巨大な達成である。歴史の過程の本質を見きわめ、これほど明確に筋道をつけて説き明かした史書を私はほかに知らない」と大袈裟《おおげさ》な推薦の辞を添えたことでもわかる。米国の知日派学者は東京裁判の裁判長がこの程度の歴史認識の人だったかと知るといささか困惑の体で、プリンストン大学のマリウス・ジャンセン教授は「バーガミニの原書は米国では売れず、売れ残りが多くて断裁処分された」と言った。私は「日本ではいいだもが訳したが、やはり売れなかった」と答えた。

(12) 戦前の東京の英国大使館にはジョージ・サンソムがいたが例外的に傑出した知日派の学者であった。それだから戦後まもなく米国のコロンビア大学へ招かれたのである。

(13) 元文部大臣荒木貞夫陸軍大将のように獄中で重光元外務大臣から英語をまた習い直していた人もいた。

(14) 敵意ある日本イメージは戦前からもすでにあった。米国は排日移民法を一九二四年に可決した国であった。オーストラリアは白濠主義を唱えていた。

(15) 読売新聞法廷記者団編『25被告の表情』労働文化社、一九四八年、はしがき。なおこの本は二〇〇八年に復刻が諏訪書房から出た。

(16) また東京裁判が行なわれた当時の敗戦国日本がおかれた聾桟敷《つんぼさじき》ともいうべき「言論自由」の正体がいかなるものであったかについては、江藤淳『閉された言語空間——占領軍の検閲と戦後日本』（文藝春秋、一九八九年）が示唆するところきわめて多い。頭の切れる著者江藤は、表現もシャープで、激語もまじえ、時に話に隈取をつけすぎるきらいがあるが、しかし同書は実に貴重な実証的な調査であり解釈である。

（17）戦争中の米英が優秀大学の優秀学生を選抜して日本語の特別訓練を行なったことはよく知られている。米軍は彼らに研究社の『新和英大辞典』第二版の写真版を配布して日本語を学ばせた。ドナルド・キーン、マリウス・ジャンセンなど戦後の日本研究をリードする学者たちはその中から生まれ出たのである。実際の日本が戦時中のプロパガンダに描かれた日本とは違う、というポジティヴな発見があったからこそ、戦後、彼らは自ら志願して日本研究の道に進んだのである。しかし彼らは対日戦に従事した世代であるから、軍国日本に対してはそれなりの反感もまたわかちもっていた。

（18）朝日新聞法廷記者団著『東京裁判』上巻、東京裁判刊行会、一九六二年、一〇三頁以下。

（19）そんな「軍閥」など無かったと反論した日本人（たとえば徳富猪一郎の宣誓供述書《最近代に於《お》ける日本の動向》）もいたが、その際「軍閥」とは、「皇道派」とか「統制派」などという派閥のことではなく、「軍部」という集団を意味すると考えればいいだろう。外国世界は軍部が実質的に日本を支配していると観察したのだろう。

（20）秦郁彦『軍ファシズム運動史』河出書房新社、一九六二年、四頁。

## 第三章

（21）五百旗頭眞『米国の日本占領政策』上巻、中央公論社、一九八五年、二三〇頁。

（22）サンソムの日本観が占領軍の日本統治に影響をもたらしたという打ち明け話を私は聞いたことがある。一九六六年サンソム『西欧世界と日本』翻訳刊行の祝賀会が本郷の学士会分館で催されたとき、訳者の金井圓や私が挨拶するや、日本学者のD・ブラウンが挨拶して、サンソムの日本知識が連合軍総司令部の日本理解に役立ったことを強調した。『西欧世界と日本』は一九五〇年の刊行だから、戦前に出たサンソム『日本文化小史』がGHQ関係者にも読まれたことかと私はそのときは解釈したが、在日英国代表としてマッカーサー元帥以下と接触のあったサンソムが、憎むべき敵国という先入主で日本を見ていたアメリカ人の態度を和らげたこともあった。そのことをさすのかと後になって気がついた。

（23）グルーはこの種の趣旨の演説を繰返し、アメリカ人の蒙《もう》を啓《ひら》こうとした。私はすでに『平和の海と戦いの海』（勉誠出版）の第三章にそのことを紹介したが、ここでは五百旗頭眞『日米戦争と戦後日本』（大阪書籍、一九八九年）の五四頁から、やや訳語を変えて、引用した。

（24）当時の日本人が唱えた「八紘一宇《はっこういちう》」という標語は、定義はあまり定かでなかったが、日本人としての誇りはこめられていた。その意味は、We are all brothers という、人種の如何を問わず人間みな兄弟という主張のように私は子供心に感じていた。なお「八紘一宇」の出典は『日本書紀』巻第三神武天皇、三月辛酉朔丁卯に出てくる「掩八紘而為宇」に由来する。アストンの英訳では the eight cords may be covered so as to form a roof とあり、註には The character for roof 宇 also means the universe. The eight cords, or measuring tapes, simply means "everywhere." とある（*Nihongi: Chronicles of Japan from the Earliest Times to A.D.697*, translated from the original Chinese and Japanese by W. G. Aston, III.30.）。米国側が「八紘一宇」を「日本国民は他の民族に優越するという超国家主義的考え方」と説明したのは、ナチス・ドイツが「アーリア人種であるドイツ国民は他の民族に優越するという超国家主義的考え方」をしたことの類推で言った面が強かったに違いない。日本人は第一次世界大戦終結の平和会議の際に牧野伸顕代表が提議した人種差別廃止の案が多数の賛成を得ながら、満場一致でないという理由によりウィルソンの手で却下されたことを憶えている。そうであってみれば、露骨に自民族の優越性を口にするようなはしたない真似は、すくなくとも建て前の上では、行なわれなかった。戦時下の日本では武士道が唱えられていた。亡命ユダヤ人が安住の地を日本占領下の上海に求めたことなども想起されて良いことではあるまいか。

（25）加藤周一編『ハーバート・ノーマン　人と業績』岩波書店、二〇〇二年、二五九頁。

（26）原文フランス語は以下の通り。L'agonie sera prolongée, si l'Amérique refuse d'admettre notre dynastie impériale. C'est là peut -être la plus atroce épreuve qui nous attendra.『渡辺一夫　敗戦日記』串田孫一・二宮敬編、博文館新社、一九九五年、三二－三三頁。

（27）Joseph C. Grew, *Turbulent Era*, Houghton Mifflin, 1952, p.1429

（28） Joseph C. Grew, *Turbulent Era*, Houghton Mifflin, 1952, p.1430

## 第四章

（29） ビルマのバー・モウ長官が戦後身を隠した新潟県の村落では包丁まで警察に提出したとある。バー・モウ自伝『ビルマの夜明け』横堀洋一訳、太陽出版、一九七三年、四二四頁。

（30） レイ・ムーア編『天皇がバイブルを読んだ日』講談社、一九八二年、二一頁。

（31） 大岡優一郎『東京裁判　フランス人判事の無罪論』文春新書、二〇一二年、二七頁。また今回調べていて、このフランスの判事ベルナールについて小伝を書いた人が私がフランス大使館で働いていた頃の旧知の海軍語学将校エスマンだったなどという奇遇もあった。しかしエスマンの知識はあまり役に立たなかった。

（32） 児島襄は『東京裁判』上巻（中公新書、一九七一年、一三一頁）でファーネスのことを「祖国のために軍服は着たが、偏見を嫌い、公正を尊ぶ弁護士精神に変化はなかった」と書いている。

（33） 『フーヴァー大統領回顧録』については平川祐弘著作集版『開国の作法』（勉誠出版、二〇二〇年）に収めた《日米開戦と原爆投下》の章を参照。

## 第五章

（34） 人間は自国の誇りを象徴するものを求める。戦前の日本人は戦艦陸奥《むつ》・長門《ながと》を誇りにした。戦後の日本人はその代わりに南原・矢内原と言ったのだ、という説明には一理があるように私は感じている。

（35） その大学紛争からさらに半世紀後、南原繁や矢内原忠雄の弟子筋に、こともあろうに和田春樹主導の『韓国併合』一〇〇年日韓知識人共同声明」に名を連ねている政治学者Mや聖書学者Aの名前を見るに及んで、その感を強くしている。和田春樹は反体制の政治活動が生き甲斐の男と見えて、一九六八年の東大紛争のときは、本人は東大社会科学研究所の助教授でありながら、東大粉砕を叫ぶ学生たちを煽動していた。

（36）私は戦後旧制高校の寮で『学生と生活』などを読んで、自我発見と友情讃歌に酔いしれた。「友の憂に我は泣き、わが喜に友は舞ふ」を繰返した。そんな河合は彼自身が学生時代、川西実三と親しかったはずなのに、私が中学以来の同級の川西進の父君の川西実三氏に――実三氏と河合栄治郎が学生時代親しかったことは当時はもうすでに活字にも出ていたから――河合のことを、若い私は偉人と思っておたずねすると、実三氏はいたって冷淡で、一高時代の河合のことを「風呂で後ろから冷たい水をいきなりかけるような男」と評した。それで、ひどく喰い違った気がした。戦争末期に亡くなった河合は私にとって歴史上の大人物だったが、そんな偉人が身近な人の手で格下げされた気がした。

## 第六章

（37）江藤淳『閉された言語空間――占領軍の検閲と戦後日本』文藝春秋、一九八九年。

（38）秦郁彦『裕仁天皇五つの決断』講談社、一九八四年。一五七頁以下。

（39）テレビで古い映画を放映した後で「不適切な表現」があったとかないとか一々断わりを入れる。何故そんな興をそぐ後味の悪いことをするのか。その際、謝罪めいた口をきくことが、どれだけ闊達《かったつ》な言論や自由な表現の妨げとなっているか、自覚がないのではあるまいか。

（40）テレビ・ラジオなどで皇室関係者に対して用いる敬語が不自然なまでに簡素化されるかと思えば、芸能界スポーツ界のスターに対して耳障りなまでに敬語を用いるのはおかしくはないか。

（41）明治末年に来日した滅満興漢の清国留学生は、宿帳に清国と書くのを恥じて支那留学生と署名した時期もあったということを忘れないで欲しいものである。

（42）これでわかるように、この種のチェックは単に言葉の問題ではない。政治の問題なのである。シナを中国と呼ぶことを中国人から強制され、それを受付けることは、いかがなものか。中国の周辺には東夷、南蛮、西戎《せいじゅう》、北狄《ほくてき》が住んでいたとする歴史認識を踏襲することになりはしないか。それですでに十八世紀から、そのようなSino-centricな中華思想を嫌って、蘭学者たちは支那という漢字を隣国に当てていた。もっとも蘭化と呼ばれた前野良沢などたちまち西洋中心の見方にかぶれてしまったが。

今の日本人の間でまったく通用しなくなった言葉に「チャンコロ」がある。これは中国人 Zhōngguórén の中国語発音が訛《なま》ったものだが、中国人の子供が日本人を目して「東洋鬼子」などと罵るのと同じ、日本人の子供が口にした悪態である。しかし問題は近年、日本人が「中国人」と口にする際に、かつてのような敬意が失せ、「チャンコロ」のような蔑視はないにせよ、昔日本人が「支那人」と呼んだような語感になりつつあることだろう。近年の中国人の振舞《ふるまい》が日本人の敬意を招くものでないから、言葉の価値の下落もやむを得ないのであろう。

(43) 江藤淳『閉された言語空間——占領軍の検閲と戦後日本』（文藝春秋、一九八九年）では二六六頁で「検察側」となっており、これが正しい。一九九四年に出た文春文庫版三〇九頁の「検閲側」は誤りである。

(44) 秦郁彦『陰謀史観』新潮新書、二〇一二年、一三二－一四五頁。なお江藤淳を国文学専攻と呼ぶのは人間把握が狭すぎる。江藤が歴史の専門家でない、というのは大蔵省勤務の秦郁彦が歴史の専門家でない、というようなもので、史学科出身者のみが歴史の専門家というわけではない。

## 第七章

(45) 昭和天皇の人間宣言については平川祐弘『平和の海と戦いの海』のほかに«R.H. Blyth and Hirohito's Denial of the 'Divine' Nature of the Japanese Emperor» in Sukehiro Hirakawa, *Japan's Love-Hate Relationship with the West*, Global Oriental/Brill, 2005.

(46) 清瀬一郎『秘録 東京裁判』中公文庫、二〇〇二年、七四頁。しかし八紘一宇に関しては、東京裁判における弁護団の努力にもかかわらず、連合国側の歪《ゆが》んだ見方が敗戦後の日本では定説のようにひろがった。

(47) 《南方特別留学生》、平川祐弘著作集版『開国の作法』勉誠出版、二〇二〇年、所収、参照。

(48) この一九四八年二月六日の日付には意味がある。アメリカ占領軍側が検閲により広汎な情報収集を行ない、日本の世論の動向に注意していたことは第六章《精神面の日本非武装化》の初めにも述べたが、特に注目していたのが、第一がマッカーサー総司令部批判であり、第二が極東国際軍事裁判批判だったことは前に述べた。ところが、後で第十六章《戦犯裁判について新聞は何と言ったか》で詳しく述べるように、この一九四八（昭和二十三）年冒頭にキーナンと対峙《たいじ》した東條被告の答弁が見事であったため、東京裁判を注意して観察していた米国人弁護人を含む人々の間で東條の勝ちの声が上がった。占領軍の民間情報教育局の報告にも「東條は自分の立場を堂々と説得力を以て陳述したので、その勇気を国民に賞讃されるべきだという気運が高まりつつある。この分で行けば、東條は処刑の暁には殉国の志士になりかねない」と出た。そのときから民間情報教育局は「宣伝計画」の第三段階を計画し、実施したのだという。その詳細は江藤淳『閉された言語空間――占領軍の検閲と戦後日本』（文藝春秋、一九八九年）の第二部第六章を読まれたい。

（49）この文中に出てくる柳田國男や吉田満などに対する検閲のことは江藤淳『落葉の掃き寄せ――敗戦・占領・検閲と文学』（文藝春秋、一九八一年）に集められた。

（50）ジョン・エマーソンは開戦直前グルー大使の下で働き、戦争中は延安にも行き、敗戦直後には府中刑務所へ徳田球一らを釈放にノーマンとともに赴いた。ライシャワーが駐日大使であったとき駐日公使をつとめた。宮地健次郎訳『嵐のなかの外交官――ジョン・エマーソン回想録』（朝日新聞社、一九七九年）は John K. Emmerson, *The Japanese Thread: A Life in the U.S. Foreign Service* の一部を割愛した訳である。

（51）平川祐弘『日本語は生きのびるか――米中日の文化史的三角関係』河出ブックス、二〇一〇年、三一頁以下。

（52）William P. Woodard, *The Allied Occupation of Japan 1945-1952 and Japanese Religions*, Leiden, Brill, 1972, p.246.

（53）アジアで既存の大宗教である仏教やイスラムが先に根をおろした地域にはキリスト教はひろまらなかった、とサンソムは『西欧世界と日本』で指摘している。フィリピンでも南部にはイスラムが先に入ったからキリスト教化しない。しかし北部は宗教的に白紙だったからスペイン統治時代にカトリックが支配的になり、アジアで唯一のキリスト教国となったのだという（その説明はもっともらしいが、はたして正しいのか。朝鮮戦争以後の韓国におけるキリスト教教会の増加をなんと説明するか）。

（54） マッカーサー離日に際しての日本側の反応で大学生だった私が違和感を覚えたのは、日本側の一連の感謝決議である。吉田首相がマッカーサー元帥の日本統治に対し感謝するのは二人とも Winners in Peace といえる間柄だったから結構だが、阿諛《あゆ》に近い言葉もあった。さらにいけなかったのは後年ノーフォークのマッカーサー記念館で日本占領に関する日米シンポジウムの晩餐会の席上に米国在住の日本人一牧師が「自分は海軍兵学校に在学中、日本が敗れ、マッカーサー将軍が日本に来て下さったお蔭で、神の道にはいることを得た、有難い」という故元帥讃仰《さんごう》の大演説を英語でぶつのを常としたことで、同席した米国人も私の顰《しか》め面《つら》を見て、同感だったのだろう"horrible!"と囁《ささや》いた。マッカーサーが解任され離日する際、マッカーサー神社を建てる案が出されたが、帰国した元帥が米国国会で「日本人の精神年齢は十二歳」と述べた。それが報道されるや、日本にマッカーサー記念館を建設するなどという一連の阿諛追従《あゆついしょう》の企画はみな立ち消えになったが、しかしもしマッカーサー神社が建てられていたならば、かつて神道指令を出して神道弱体化を意図した総司令官に対する意識せざる皮肉として、歴史的モニュメントとなったことであろう。

（55） いま同大学のキャンパスとなっている三鷹の土地は、戦争中は戦闘機　隼《はやぶさ》を製作していた中島飛行機の所有地だったという。一九四四（昭和十九）年十一月から、B29爆撃機による東京空襲は始まったが最初のうちの爆撃目標はもっぱら中島飛行機の工場であった。それが一九四五（昭和二十）年三月十日未明の東京下町焼夷弾爆撃から性質が変わった。都市部の住居を焼き払うルメイ将軍の戦術が採用されたのである。そのときは中学一年生の私たちも「これは国際法違反だぞ」と言ったものである。

（56） なるほど日本の知識人が神道について肯定的に語り始めたのは、戦後四十年経ったころ、佐伯彰一が『神道のこころ――見えざる神を索めて』を一九八九（平成元）年に日本教文社から出してからであろう。

（57） この検閲され削除された原文を発掘したのはメリーランド大学プランゲ文庫を調べた江藤淳の功績

である。江藤淳『落葉の掃き寄せ――敗戦・占領・検閲と文学』文藝春秋、一九八一年。

(58) レオカディオ・デアシス『南方特別留学生トウキョウ日記――一フィリピン人のみた戦時下の日本』(秀英書房、一九八二年)、一九四三年九月十九日の項。

(59) チリ海軍兵学校の博物館には東郷平八郎の胸像が飾られている。他方、チリ海軍の英雄アルツーロ・プラット提督の胸像が江田島の海上自衛隊の教育参考館に保存されている。チリ海軍はネルソン、東郷、プラットを世界の三大提督としている。なおチリから譲られた軍艦エスメラルダが和泉となり日本海海戦で活躍した。

(60) フランスが中央集権体制の国家となったのは枢機卿リシュリューがルイ十三世の宰相をつとめた十七世紀前半だが、フランス人一般がその歴史を思い出すのは、デュマの小説『三銃士』によってであろう。また世界の人が南北戦争当時のアメリカを思い出すのは、ミッチェルの『風と共に去りぬ』(一九三六)を通してであろう。南北戦争の敗者の孫世代にあたる作家マーガレット・ミッチェル(一九〇〇―一九四九)がこの歴史小説を書いたのは、南軍がアトランタで敗れた七十余年後であった。南部の娘スカーレット・オハラは敗戦の苦難の中で堂々と生きている。勝者のヤンキーに対してタラの農園主の娘に卑屈さはない。そのスカーレットの生き方は世界の読者を魅了した。米国に敗れて七十余年後の今日の日本であの戦争をきちんと、秤《はかり》を平衡に保ちつつ、描く試みはなされてもよいのではあるまいか。

## 第八章

(61) 昭和天皇が過去の戦争について遺憾の意を表明したとき「あの戦争」という言い方をしたのは「大東亜戦争」という呼称はもとより「太平洋戦争」という言い方も避けたからと思われる。

(62) ローレンス・テイラー『将軍の裁判――マッカーサーの復讐』立風書房、一九八二年、原題は*A Trial of Generals*。日本語版の裏表紙にあるライシャワーの言葉を抄すると、次の通り。

……軍事法廷で裁かれた山下および本間と並んで、本書ではマッカーサー将軍も裁かれている。二人の日本人将軍が、いずれも率直で、正直で、高貴でさえあったことが明らかにされている。そしてマッカーサーについては、その二重人格の陰の部分が浮き彫りにされ、彼がいかに狭量で、もったいぶった、そして復讐心にとらわれた人間であったかが示されている。本書ではまた、アメリカの正義（裁判）も裁かれているのである。そして最終的に敗れ去ったのはアメリカの正義であったことを証明している。軍事法廷はかく裁いた。だが歴史は、それとは異なる裁きを下すだろうことは明らかである。

(63)『今村均回顧録』芙蓉書房出版、一九八〇年、五〇四頁。

(64)学校では高木東六作曲の軽快な《空の神兵》の歌を合唱したが、あれは日本の歌謡曲史上屈指の名曲ではあるまいか。そろそろどこかのチャンネルで流して良い時期なのではあるまいか。

**第九章**

(65)戦前戦中の日本軍人の自己中心の妄想に近い世界観に似ているのは、近年の人民中国の高級将校の世界観ではあるまいか。言論自由の少ない、閉ざされた言論空間の中で人民解放軍の劉明福大佐は『中国夢』（中国友誼出版、二〇一〇年）で「黄福論」を唱え、中国について「歴史清白、道徳高尚」と自讃し、中国は世界大国中唯一の「没有原罪的国家」であるから、天下に王道を広める資格があると主張している。ポスト・アメリカ時代、中国は世界一を目指す由である。なお日本の軍部も大陸に王道楽土を建設し、米国の覇道に比して自己を上であると思いこんだものであった。

(66)小堀桂一郎編『東京裁判　日本の弁明』講談社学術文庫、一九九五年、三〇六頁。

(67)その人たちの一部は日本が悪かったことを証明することが良心的な行為であると思い込み、慰安婦問題で吉田清治・吉見義明系統の主張を支持したりなどした。当初はそれが良心的な行為であると思い込んでいたから、やすやすと吉田らの詐話にひっかかったのであろう。

(68)国史科出身の日本人歴史学者で、本人は英語資料を使いこなす能力に欠けているために、敗戦後占領軍によって示された《太平洋戦争史》に沿って自分の『太平洋戦争』を書き、それにいろいろ新資料を加えた教授・著述家がいる。するとそうした本の中から逆に英語圏に紹介されるものも出る。当然の事ながら、その著書はアメリカ人の在来の対日戦争観に一致する。それでアメリカ側の書評は日本軍国主義を批判する「良心的」な歴史書として好評になる。しかしこの種の現象の発生こそ江藤淳が『閉された言語空間』第二部第五章で行なったこの指摘がいかに的を射ているかを証するものではあるまいか。

(69) 首相であった阿部信行陸軍大将が内閣を投げ出して三日後、元老西園寺《さいおんじ》公望《きんもち》の私設秘書原田熊雄になぜ日本の政治がうまく行かないかを語った言葉。『西園寺公と政局』第八巻、岩波書店、一九五二年、一六七頁。

(70) 大日本帝国憲法を欽定憲法などと持ち上げてしまったものだから、憲法の改正が簡単にできなくなった。憲法は自分たちの手で自主的に改正することによって自分たちの憲法となるものなのであろうが、一九四六年憲法も平和憲法などと持ち上げてしまったものだから、憲法の改正ができなくなってしまったのである。

(71) 誰がこのような無責任な主張を言い出したのか、それがたちまちひろまったについては検証に値する。なお一九四四年から四五年の戦争末期に言い出されたこの「一億玉砕」の叫び声と、一九六八年から六九年の大学紛争末期に全共闘系の過激派学生の間で言い出された「自己否定」の叫び声とは共通する心理に発するものと思われる。

(72) これは日本が世界の他の国と違うような悲惨な敗北を喫《きっ》したからではない。本土で地上戦なしに終戦に終わった日本は、敗北したにせよ占領されたにせよ、相対的に秩序のよく維持された社会であった。原子爆弾の投下は悲惨極まるが、それでも日本国鉄は八月六日のうちに広島駅を列車がきちんと通過するほど復旧をとげている。

(73) 私はワシントンにいたとき、丸山の『超国家主義の論理と心理』の英訳を読んだというドイツの気鋭の政治学者のなにか得意然たる表情に接して、ひどく不快の情を覚えた。塩をまきたいような気持となったことを記憶している。

(74) 『レーリンク判事の東京裁判——歴史的証言と展望』六四頁。この頁数は一九九六年の新曜社版による。小菅信子の訳には多くの誤訳など問題があり、二〇〇九年の中公文庫版『東京裁判とその後——

ある平和家の回想』で訂正が加えられている。引用に際し平川がさらに手を加えた箇所もある。以下の引用の場合も同じ。なお、同一の書物の題名を変えてそれに「ある平和家の回想」という日本語に熟していない副題が添えられてあたかも新しい書物であるかのごとく出したことには出版倫理の上で問題がある。最初の解説者粟屋憲太郎は新曜社版訳本の再版で初版の解説の至らぬ点を改めている。「レーリンク」Röling は東京裁判当時は「ローリング」という表記で報ぜられた。後にレーリンクと記されるようになったが、発音記号で書くならりで、正しくは「レーリング」であろう。

第十章

(75) 平川講演の英文 Japanese Culture: Accommodation to Modern Times は *The Yearbook of Comparative Literature*(1979, No.28, pp46-49)に掲載された。Sukehiro Hirakawa, *Japan's Love-Hate Relationship with the West*(Global Oriental/Brill, 2005, pp 545-549)にも収められている。それに対して平川はライシャワーのディスカサントでありながらまるで本人が学会会長であるかのような基調講演のごとき話をした、と私をくさすつもりで述べたドイツの女学者の書評が *Monumenta Nipponica* に出たが、しかし読み方によってはこれほどの褒め言葉はないだろう。そんな私は一九八八年五月ラトガーズ大学で開かれたライシャワー教授退休記念セミナーにも講演に招かれた。

(76) 帰国して東大駒場のフランス語教室の若い同僚から「ご承知ですか」と日本の新聞の切抜きを渡された。そこには私の講演が反響を呼んだことが報道されていた。そのとき先に就職し先にプリンストンに招かれプエルトリコで開かれた学会で発表した芳賀徹の英語講演が反響を呼んだことを報じた伊藤整の小さな記事のことを思い出した。

第十一章

(77) ネルーが言及した「古い武士道の国日本の物語」とは A.B.Mitford, *Tales of Old Japan* であろう。なおネルー自伝の日本語訳の中に、ネルーが日本の勝利に感銘を受けた部分の訳を略している版がある。

（78）そんな占領下のメンタリティーが残っているからこそ、立憲民主党の枝野代表が平成三十一年正月、伊勢神宮に参拝するやそれを非難する党員があらわれたりするのであろう。

（79）明治三十一年にハワイで最初の神社が創立されたが、ハワイは人口の三割以上が日本からの移民とその子孫だった時期があり、各地に三十七の神社があった。しかしこれから先はハワイに住む日本語人が減少する以上、神道教学の英語化が行なわれない限りはハワイでの宗教活動は停滞し、神社数の減少は避けられないであろう。日米開戦直後、ハワイの日本人社会の神職を含む指導層は抑留され、神職二十四名は米国本土へ移送された。戦時中、多くの神社は解散、土地を競売した。その際非常な圧迫があったという。戦後大陸から神職は戻ったが「神道指令」の影響で、神道は日本の天皇への忠誠を求める宗教としてハワイでは宗教活動を行なうことがなかなかできなかった。神社界が社会に復帰できたのは一九五五年の由で、ハワイ出雲大社の財産返還訴訟の勝訴は一九六一年で、ハワイの神社界が信仰の自由を獲得したのはその年である。前田孝和『ハワイの神社史』（大明堂、一九九九年）参照。

（80）東條首相に大東亜会議の開催を提案した人は重光外相だが、重光は日本の敗戦を予想していたに相違ない。しかしアジア諸国の解放と独立を達成させておくなら、戦後のアジアで日本が生きる上で役に立つ、と考えていたに相違ない。深田祐介『大東亜会議の真実——アジアの解放と独立を目指して』ＰＨＰ新書、二〇〇四年、四五頁以下。

（81）バー・モウは自伝『ビルマの夜明け』（横堀洋一訳、太陽出版、一九七三年）の中で日本の軍人その他に対し相当辛辣な人物評を書いている。その中で褒めている日本人は寺内寿一元帥（三一九頁）、飯田祥二郎陸軍中将（二二二頁）と東條英機首相（三二一頁）など何人かの少数者である。日本の敗戦後二十年経って書かれた Ba Maw, *Breakthrough in Burma: Memoir of a Revolution, 1939-1945*（Yale University Press）であるから、日本に媚びることは一切なかったはずでバー・モウの率直な東條評であろう。私はつい先ごろも戦時中を振返るテレビ番組で東條首相の演説を聞かされた。意図的に編集されていたからだろうか、聞いていて反感を覚えた。そんな東條観をもっていただけに今回、バー・モウ長官の東條評に接して、その意外さに驚いたのである。私自身も戦後の言論空間の中で呼吸するうちに、日本の戦時指導者を小馬鹿にするよう洗脳されていたのだろうか。

(82) 私は一九七七年春、英国の駐ポーランド大使の娘でオクスフォードの学生Pamela Davidsonから英語を習ったが、彼女の父が若いときチャーチルに仕えたことを誇りとしていた。チャーチルは旅先でベッドが崩れるともはやそこに寝るのを嫌がり、きちんとシーツが整った隣のベッドに移って寝るので、そんな身のまわりの世話までしたそうである。

(83) 大東亜会議については深田祐介『大東亜会議の真実――アジアの解放と独立を目指して』(PHP新書、二〇〇四年)、特に第六、第七章によるところが多い。

(84) 深田祐介は前掲書一九七頁で第二回放送は十一月二十三日としているが、Sugata Bose, *His Majesty's Opponent: Subhas Chandra Bose and India's Struggle against Empire* では十一月二十一日、また上海からの放送になっている。p.262。ボース放送の内容は主として深田前掲書一九七―一九九頁によるが、スガタ・ボースの『チャンドラ・ボース伝』も参照した。

(85) 藤原岩市『F機関』(原書房、一九六六、一九八四年)はその後バジリコ株式会社からも二〇一二年に出ているが、「あの戦争」の「大東亜戦争」的側面を語る貴重な一冊と言えるだろう。

(86) バー・モウ『ビルマの夜明け』横堀洋一訳、太陽出版、一九七三年、四二五頁。深田祐介は『大東亜会議の真実――アジアの解放と独立を目指して』(PHP新書、二六八頁)に、バー・モウは『ビルマの夜明け』で「歴史的に見るならば、日本ほどアジアを白人支配から離脱させることに貢献した国はない。しかしまたその解放を助けたり、あるいは多くの事柄に対して範を示してやったりした諸国民そのものから日本ほど誤解を受けている国はない」と述べたことを引用している。同書二〇〇頁。

**第十三章**

(87) 野村吉三郎『米国に使して――日米交渉の回顧』岩波書店、一九四六年七月、三六頁。

(88) 野村吉三郎『米国に使して――日米交渉の回顧』岩波書店、一九四六年七月、三九頁。

(89) 野村吉三郎『米国に使して――日米交渉の回顧』岩波書店、一九四六年七月、四四頁。

(90) 野村吉三郎『米国に使して――日米交渉の回顧』岩波書店、一九四六年七月、二九頁。

(91) 朝日新聞法廷記者団著『東京裁判』中巻、東京裁判刊行会、一九六二年、八六四頁以下。

(92) 戦争中、陸軍省軍務局に居た佐藤賢了の発言にも戦前の日本に「戦時重要資源の自給自足は到底出来ない」とあり、満洲が日本の勢力範囲にはいったことでその目処《めど》はついたが「勿論満洲に石油は出ないが、それはドイツの技術を導入して石炭液化に依ることとし」などと書いてある。その書き方のあまりの軽さに私は不信の念を覚える。一九三六年当時の陸軍はそんな産業五年計画を考えていた。佐藤賢了『東條英機と太平洋戦争』文藝春秋、一九六〇年、四八－四九頁。

(93) 一九五〇年、朝鮮半島で戦争が勃発《ぼっぱつ》したとき船川製油所はアメリカ軍の命令でナパーム弾も製造したかに仄聞《そくぶん》する。

## 第十四章

(94) 私はイタリア留学中、日本もイタリアもナチス・ドイツと同盟したために同じような悪者と見做《みな》されて損をしている、と感じ、イタリア人とその点について話したことがある。世界の先進国に追いついて、後から近代化して仲間入りしたとはいえ、資源に不足する「持たざる国」の独日伊である。その三国が枢軸国《すうじくこく》として同盟し、先発先進国で「持てる国」の英仏米によって維持されている現存秩序に挑戦したのは不思議ではない。しかしその同盟国であるドイツが、ユダヤ人虐殺のような人道に背く大それた行為に出たために、日本人もイタリア人もナチスの同類のように見做されがちになったのだが、実は同類ではなかった。その種の違いの感覚が働いたからこそ、カッセーゼはドイツ人被告と日本人被告の相違について質問したのではあるまいか。なおカッセーゼにもレーリングにも不正確な点はいろいろある。

(95) 訳者の小菅信子氏は中公文庫版『東京裁判とその後――ある平和家の回想』一〇四頁で「日本人被

告には悪かったという意識は全くありませんでした！　そして、それはたぶん正しかった」と訳を改めている。
(96)『レーリンク判事の東京裁判――歴史的証言と展望』新曜社、一九九六年、七七－七八頁。
(97) 独日A級戦犯容疑者の微妙な違いの一例として、こんな個人的記憶がある。占領軍はドイツに引き続いて日本でもA級戦犯容疑者の資産を公開した。ドイツでは戦時指導者が個人的に蓄財しており、それも敗戦ドイツ国民の怨嗟《えんさ》の的となった。私は早熟な子供で新聞を丁寧に読み、そのため占領軍が流布《るふ》する知識にもいち早くかぶれるというか感化された面があったが、それでも、日本のA級戦犯容疑者の資産公開は、占領軍当事者の思惑からはずれたな、と子供心に感じたことがある。それというのは、日本の戦時指導者はその点清廉だったからで、佐藤賢了の個人資産などすこぶる僅かであった、と記憶する。
(98)『レーリンク判事の東京裁判――歴史的証言と展望』新曜社、一九九六年、一一二頁。
(99)「国策ノ基準」の全文は清瀬一郎『秘録　東京裁判』中公文庫、二〇〇二年、八七－八九頁。清瀬は検察側が日本の膨張政策の脚本でヒトラーの『マイン・カムプ』に相当するとしていた田中上奏文が偽作であることが判明したために、これに替わる日本側の基礎的計画書がなければ共同謀議の根本が崩れる。それで廣田内閣成立初期（昭和十一年八月十一日決定）のこの文書に飛びついたのだとしている（『秘録　東京裁判』中公文庫、二〇〇二年、八六頁）。
(100)『レーリンク判事の東京裁判――歴史的証言と展望』新曜社、一九九六年、七七頁。
(101) Dr. Dayle Smith, *Judicial Murder?: MacArthur and the Tokyo War Crimes Trial*, Createspace Indipendent Pub, 2013. もっともこの著者デイル・スミスも、東京裁判は戦争責任を廣田に負わせることで本当の責任者を免責した、という批判をしたがる人のように見受けられる。
(102) 廣田弘毅は自分が処刑されることによって東京裁判やそこに示された連合国側の歴史解釈がいかに間違ったものであるかを広く伝えた人でもあった。結果論的ではあるが、一切自己弁護をしなかった文官廣田のそれが最後のご奉公だったのだともいえよう。

## 第十五章

（103）私はそのときはジャンセンもアメリカ国内の反日宣伝に乗せられたな、と思ったが、それ以上は言わなかった。その後ジャンセンは南京事件についてプリンストン大学で討論会があったとき、秦郁彦が中国系留学生の弥次の中できちんと客観的に説明した態度を褒めるのを聞いたことがある。南京大虐殺という東京裁判で有名になった事件について、中国の主張として三十万人などという非戦闘員の死者など誇張も甚だしい、と私は思っていたし、いまも思っている。それは私の一高時代の数学教授の岡田章が、一九三七（昭和十二）年十二月末、東京高等師範学校の卒業を翌年三月に控えた満二十二歳の学生であったが「戦場視察団」に参加して落城直後の南京を見物してきた。それで虐殺などの痕跡はまるで気がつかなかった、とその旅行談を聴かされていたからである。日本のＪＴＢ（ジャパン・ツーリスト・ビュロー）の商魂と時局便乗の商売熱心は、戦時とも思えぬほどの活発さで、いちはやく大陸へまで手を伸ばしたから、日本占領下の北京などへは教師や学生は学校の休暇中に旅行までできたのである。竹山道雄も昭和十三年夏それを利用して北京を訪ねて大同まで足を延ばしている。

（104）秦郁彦『歪められる日本現代史』ＰＨＰ研究所、二〇〇六年、五八頁。

（105）アルジェリア事変は春にディエンビエンフーでフランス軍がベトナム軍に降伏した一九五四年の秋に勃発した。フランスの社会党政権は彼らの独立志向を認めず、アルジェリアはフランスの県であり、モロッコの場合とは違う、と軍隊を派遣して弾圧につとめた。すると多くのフランス人は、アルジェリア事変が解決しないのはアラブ民族主義を唱えるエジプトが背後から独立運動を支援するからだ、と言い、ナセル大統領がスエズ運河を国有化して英仏の利権を侵害するや、エジプトに対し宣戦を布告した。戦争はフルシチョフの恫喝《どうかつ》で英仏が手を引いて終わったが、英国保守党のイーデン首相の政治生命はそれで絶たれた。フランスではドゴールがカムバックして大統領となり、アルジェリア人に対して「勇者の平和」la paix des braves を提案、反乱して再三クーデターを試みる者が出るフランス軍を抑え、いくたびか暗殺されそうになりながら、北アフリカから軍を撤収し民間人も引揚げることで平和を回復した。

昭和十年代の日本陸軍出身の政治家でドゴール将軍ほどの力量のある大人物はいなかった——テレビで国民に呼びかけるドゴールの姿を見、その声を聞いて私はそう思ったものである。

(106) 賀屋興宣は東條内閣の蔵相就任について自伝『戦前・戦後八十年』（浪曼、一九七五年、一一三頁）にこう書いている。東條に問いただすと、

当時の東條氏は開戦を決定していない。「出来得る限りは日米間の平和交渉に努力する」と私に対して誠心誠意そう言った。またどんなことがあっても、満州事変や支那事変のように統帥部が独断で戦争を開始することはさせないということも誓った。私はそのとき、東條氏はウソをついているのではない。真実にそういう意思であることと感じ、安心にはならないけれども、当時の危険な状況下としては比較的良好である。或は戦争阻止に若干の可能性もあるかもしれない。努力して見ようと判断をして入閣したような次第である。

この自伝記事が嘘だとは私は思わない。

(107) 朝日新聞法廷記者団著『東京裁判』中巻、東京裁判刊行会、一九六二年、七七九頁。

(108) 「ハル・ノート」の原案起草者は共産主義シンパのH・D・ホワイトだとする説もあるが確証はない。秦郁彦『陰謀史観』新潮新書、二〇一二年、一九〇−二〇一頁。

(109) この八月六日所感を『東條英機「わが無念」——獄中手記・日米開戦の真実』（光文社、一九九一年）や『東條英機　封印された真実』（講談社、一九九五年）に紹介した著者の佐藤早苗は、担当米弁護人としてブルーエットの名をあげているが、ブルーエットが担当したのは一九四六年八月二十九日からである。

(110) ケルゼン教授の発言はパル判決にも引用された（『共同研究　パル判決書』上巻、講談社学術文庫、一九八四年、二四〇頁）。念の為に原文も引用する。It is quite understandable that during the war the peoples who are the victims of the abominable crimes of the Axis Powers wish *to take the law in their own hands* in order to punish the criminals. But after the war will be over our minds will be open again to the consideration that criminal jurisdiction exercised by the injured states over enemy subjects is considered by the

peoples of the delinquents *as vengeance rather than justice*, and is consequently not the best means to guarantee the future peace. The punishment of war criminals should be an act of international justice, not the satisfaction of a thirst for revenge. It does not comply with the idea of international justice that only the vanquished states are obliged to surrender their own subjects to the jurisdiction of an international tribunal for the punishment of war crimes.

（111）田岡良一《終戦後ノ日本ノ法的地位》『終戦史録・別巻――終戦を問い直す』北洋社、一九八〇年、一五九―一九〇頁。

（112）ラダビノード・パール『平和の宣言』東西文明社、一九五三年、二三六頁。パル判事の感想が本当にこの言葉通りだったか、紹介の信憑性に私は多少疑問を持っている。

（113）パルの原文 *International Military Tribunal for the Far East, Dissentient Judgment of Justice Pal*（Calcutta: Sanyal & Company, 1953）が最初の英語印刷本である。

（114）東京裁判研究会編『共同研究 パル判決書』上巻、講談社学術文庫、一九八四年、二六八―二六九頁。

（115）同右、下巻、五九一頁。パルが広島の原爆慰霊碑の言葉「安らかに眠って下さい 過ちは 繰返しませぬから」に憤りを表明したのは、日本人がアメリカ軍の原爆投下という国際法違反の罪を問おうとする姿勢を示していないからであろう。

### 第十六章

（116）フランス文学研究者でその日記にお気づきの方は平川へご一報願いたい。

（117）冨士信夫『私の見た東京裁判』上巻、講談社学術文庫、一九八八年、八九―九〇頁。一九四六年五月十五日の『朝日新聞』はブレークニー発言を伝えている。また全米法律家協会もその全文を掲載している。Major Ben Bruce Blakeney, "International Military Tribunal: Argument for Motions to Dismiss.", *American Bar Association Journal*, Vol.32, August 1946, pp.475-7,523.

（118）弁護人の他にも日本人被告に好意をもって接した米国人がいた。東京裁判で憲兵隊長として被告の保護・監視の任に当たったオープリー・ケンワージー中佐である。彼は下士官出身の現役将校だが、来日以前マニラで裁判にかけられた山下将軍の保護・監視の任に当たり、その際、山下の従容《しょうよう》たる態度に深い感銘を受け、「軍人として立派に死んでいった」と感嘆の言葉を繰返した。そのような体験が、東京裁判の被告やその家族や弁護人に対する態度にあらわれたのだと思われる。註179参照。

(119)『レーリンク判事の東京裁判』新曜社、一九九六年、八八頁。

(120)第二次世界大戦以後の国際紛争で戦争犯罪人として処罰される者が出たのはボスニア・ヘルツェゴビナ紛争である。そのハーグで開かれた旧ユーゴ戦犯法廷で裁判長を務めたのがレーリングと対談したイタリア人カッセーゼである。

(121)《日本の無罪――パール博士の信念》A・M・ナイル、田中正明、竹村吉右衛門座談会、昭和五十年二月二十二日、如水会館にて、仏教振興財団『心の糧』に掲載、後にパール下中記念館で頒布、一二一―一三頁。

(122)しかし中島岳志の文章は軽く、パル讃仰者《さんごうしゃ》批判の中島の強調そのものが傾向的な論壇の党派的な都合に合わせたものという印象を与える。

(123)《日本の無罪――パール博士の信念》A・M・ナイル、田中正明、竹村吉右衛門座談会、昭和五十年二月二十二日、如水会館にて、仏教振興財団『心の糧』に掲載、後にパール下中記念館で頒布、九頁。なおこの座談会の発言そのものが必ずしも正確ではないらしく、The Times Digital Archives にあたってみたが、『パル判決書』の内容に言及した記事は見当たらなかった。

(124)パル判事は下中弥三郎らに招かれて東京裁判の後、三度来日した。第一回は一九五二年十月十六日から十一月十一日、この間に歓迎会や講演のほかA級戦争犯罪人として処刑された遺族をあるいは訪問し、あるいは面会して慰めの言葉をかけている。東條英機の未亡人や娘と世田谷区用賀の家で言葉を交わしている。第二回は一九五三年九月二十六日から十一月七日、大倉精神文化研究所で古代インドの法哲学について講義した。第三回は一九六六年清瀬一郎、岸信介らに招待され来日、日本政府により勲一等に叙せられた。

(125) 箱根まで行かずとも、全文インターネットで『東京裁判・原典・英文版　パール判決書』(国書刊行会、一九九九年)は読める由である。パルについて褒める人も貶《けな》す人も、それをまず丁寧に読むことが先決なのではあるまいか。

(126) 中里成章『パル判事――インド・ナショナリズムと東京裁判』(岩波新書、二〇一一年)はなぜインド人が判事として東京裁判に加えられ、なぜパルが任命されたかなどの経緯を調べたくだりは実証的で興味深いが、日本におけるパル讃仰熱に水を差すために書かれた新書という傾向が露骨である。「日本の右傾化」とか「東京裁判においては、いまでは歴史認識の問題と呼ばれている問題が中心的な争点となり、それに一応の結論が出されたのである」と、あたかもその結論で結着がついたかのような安直な書き方をしているが、それではたしてよいのだろうか。インドにおけるパル並びに第二次世界大戦に対する歴史的評価は *The Times of India* 一九九五年八月十六日号 Current Topics 欄の Apology for war などの記事に出ている。西洋帝国主義は断罪せず日本帝国主義のみを断罪した東京裁判はバランスを失した処置であり、そのゆえに、被告の無罪を主張したパル判事の主張は正しいと論評している。

(127) 中里成章『パル判事――インド・ナショナリズムと東京裁判』岩波新書、二〇一一年、一〇九頁。

(128) 大岡優一郎『東京裁判　フランス判事の無罪論』文春新書、二〇一二年、八一―八二頁。

(129) 三井美奈『敗戦は罪なのか――オランダ判事レーリンクの東京裁判日記』産経新聞出版、二〇二一年、一五八頁。なお三井論文については、オランダ語原資料の所在、日本語への翻訳過程についてより正確な註をつけることが望まれる。

(130) それではそのようなアメリカ主流に対して批判的なアメリカ人は知的に誠実な人々か、といえば必ずしもそうもいえない。例えば、リチャード・マイニアは反ベトナム戦争世代の人として米国の正義なるものに疑問を抱いて『勝者の裁き――戦争裁判・戦争責任とは何か』(邦訳安藤仁介、一九七二年、福村出版)を書いた。マイニアは「東京裁判が大芝居であった」と(四半世紀後)に結論されるなら、その結論は第二次世界大戦の正邪や戦後の日米関係にも影響してくる。国際関係や世界秩序についてのアメリカ式発想の前提にも影響が出るだろう、とした。日本では東京裁判史観に疑問を呈するこのマイニアに共感する向きもある。ただ残念なことにこの人は羽仁五郎、ノーマン、ダワーの系譜に属する歴史観に基づいて日本批判を繰返す程度の人だということで、平川のマイニア批判は平川祐弘『戦後の精神史』（河出書房新社、二〇一七年）第十二章に詳述してある。日本語・日本知識が皮相的だからそういう紋切型《もんきりがた》になるというのが私の判断である。丸山眞男の学問的不誠実を批判する牛村の本 Ushimura Kei, *Beyond the "Judgment of Civilization"* (Tokyo, International House of Japan, 2003) を讃える序文を書く一方、他方で丸山眞男を讃える文も書いている。

(131) それに近い解釈をした江藤淳は『閉された言語空間——占領軍の検閲と戦後日本』第二部第六章でこう書いている。

一方でCCD（Civil Censorship Detachment、民間検閲支隊）の事前検閲の拘束を受け、他方「影響力のある」ジャーナリストの一人として、「つねに」CI&E（Civil Information and Education Section、民間情報教育局）の連絡将校と接触し、「宣伝計画」の一翼を担わされていたに相違ない《天声人語》の当時の筆者が、ここで一目瞭然な〈奴隷の言葉〉を用いて語っていることは、何ら驚くにあたらない。それよりもむしろ、注目すべきことは、そのような〈奴隷の言葉〉を用いて書かれたこの《天声人語》が、なおかつ「東條は人気を取りもどしたね」という車中の声を紹介し、「一部に東條陳述共鳴の気分が隠見している」という事実を指摘している点である。

(132) 「議会は全く無視されていた」と『朝日』の社説はいうが、昭和十六年十一月十八日日本の衆議院は各派共同提案の国策完遂《かんすい》決議案を全会一致で可決し、政界の古参の島田俊雄議員が提案理由を述べ「支那事変の解決しないのは米国等の妨害による」とし、対日包囲陣を非難、「東亜諸民族が有無相通、共存共栄の平和境たる大東亜共栄圏を確立して世界平和に貢献しようとする皇国の主張のどこに侵略的意図があるか」と大演説をして政府に断のほかないことを迫ったことは本文中にもすでに引いた。

(133) 『レーリンク判事の東京裁判』新曜社、一九九六年、五一頁。

(134) 冨士信夫『私の見た東京裁判』下巻、講談社学術文庫、一九八八年、一三〇頁。なお開戦直前の東條首相の立場に言及した、米国の最高の戦争指導者間で手渡されたメモがある。キューバ危機に際し、キューバへの先制爆撃を米国軍部が主張した際、ロバート・ケネディ司法長官が兄のJ・F・ケネディ大統領に手渡した紙で、そこには「東條が先制攻撃を考えた気持が今になってわかる」と記されていた。

(135) 冨士信夫『私の見た東京裁判』下巻、講談社学術文庫、一九八八年、一三四頁。

(136) 冨士信夫『私の見た東京裁判』下巻、講談社学術文庫、一九八八年、一四〇－一四一頁。

## 第十七章

(137) 児島襄『東京裁判』下巻、中公新書、一九七一年、一二八頁。

(138) 大岡優一郎『東京裁判　フランス人判事の無罪論』文春新書、二〇一二年、一一〇頁。このアンリ・ベルナール判事についての研究は、アングロ・サクソン系の多数意見派が主導した裁判に対し「おかしな裁判」という違和感を持ち続けた判事のことが浮き彫りにされていて興味深い。ベルナールが法に携わる者としての矜持《きょうじ》を示す言葉として大岡氏はベルナールの反対判決書の提出理由を引いているが（四四頁）、ここに再掲する。

　多数意見による決定は多数の名において言渡されるものであって、本官が最後的な段階で沈黙していても、右の決定に本官が同意しているものと誤解される可能性はないと本官は考えていた。しかし、多数意見をとる裁判官は、結局その決定を単に本裁判所の名において言渡すことに決定した。これらの事情によって、被告に対して公正を期するために、本件に関連する法と事実との問題に関する本官の見解を、それが多数の見解と異なる限りにおいて、簡単に発表するのが本官の義務であると考える。

(139) 平川祐弘『米国大統領への手紙――市丸利之助中将の生涯／高村光太郎と西洋』勉誠出版、二〇一七年、一三五頁。

(140) それにしてもタイプに手間取って時間内に宣戦布告の通知を米国側に渡しそびれた日本のワシントン大使館の愚かさ加減はなんと評したらよいのだろう。ワシントンの日本大使館で何故外交関係断絶の事態をあらかじめ想定して、その際の手《て》筈《はず》をきちんと整えておかなかったのか。

(141) ハル・ノートについてパル判事は判決文にその歴史家の名前をあげずにこう書いている。「現代の歴史家でさえも、つぎのように考えることができたのである。すなわち〈今次戦争についていえば、真珠湾攻撃の直前に米国国務省が日本政府に送ったものとおなじような通牒《つうちょう》を受取った場合、モナコ公国やルクセンブルク大公国でさえも合衆国にたいして戈《ほこ》をとって起ちあがったであろう〉」。なお「現代の歴史家」とは牛村圭『「文明の裁き」をこえて――対日戦犯裁判読解の試み』(中公叢書、二〇〇一年)、第七章「こだまするハル・ノート批判」によると米国人歴史家アルバート・ノックであるという。

(142) これらの言葉はいずれも佐藤和男監修、終戦五十周年国民委員会編『世界がさばく東京裁判――85人の外国人識者が語る連合国批判』(ジュピター出版、一九九六年)に集められている。しかしこの本には日本語訳文だけで原文が印刷されていないから、信憑性《しんぴょう》に欠ける。

(143) ドナルド・キーン『二つの母国に生きて』朝日新聞出版、二〇一五年、一二五‐一二六頁。

(144) 有馬哲夫《日本を再敗北させたGHQ洗脳工作「WGIP」》『正論』二〇一五年七月号。

(145) 陸軍と海軍の間でも縦割り組織に由来する対立はあった。サイパンが落ち、東條内閣は総辞職、次の内閣は小磯国昭・米内光政の陸海軍の両大将が協力して組閣せよ、と御下命があり、新聞に「大和一致」と出た。「やまと一致」は日本が挙国一致して戦えという趣旨と思ったら、実は陸海軍は「だいわ一致」して戦えという趣旨だという。この戦争下に陸海軍の不和とは何事かと少年の私も不安を覚えた。

(146) 一九四四(昭和十九)年七月に首相の座を降りた後の東條英機を玉川用賀町の自宅に表敬訪問した東南アジアの一政治家が、東條には自動車もあてがわれておらず、本人もそれを気にして居らぬことに驚いた、と述べたのを読んだおぼえがあるが、記憶がさだかでない。当時の首相の前官礼遇とはそれが普通であったのだろう。

(147) マッカーサー自身は米国上院軍事外交合同委員会で一九五一年五月三日、日本が戦争に突入した原因について次のように証言した。「日本は絹産業以外には、固有の産物はほとんど何も無いのです。綿が無い、羊毛が無い、石油の産出が無い、錫《すず》が無い、ゴムが無い。その他実に多くの原料が欠如している、そしてそれら一切のものがアジアの海域には存在していたのです。もしこれらの原料の供給を断ち切られたら、一千万から一千二百万の失業者が発生するであろうことを彼らは恐れていました。したがって彼らが戦争に飛び込んでいった動機は、大部分が安全保障の必要に迫られてのことだったのです」。

(148) 竹山とレーリングの関係は『竹山道雄著作集』（福武書店）第一巻中の《昭和の精神史》、第二巻中の《オランダの訪問》。『竹山道雄セレクション』（藤原書店）第一巻の《昭和史と東京裁判》。平川祐弘『竹山道雄と昭和の時代』（藤原書店）第十章《東京裁判とレーリング判事》など参照。

(149) 平成年間に天皇皇后がベトナム訪問に際し関係者をねぎらわれた。フランス人でフランクリンと親しく一七七七年からアメリカ独立戦争に参加しヴァージニアで戦ったラ・ファイエット将軍（一七五七－一八三四）はフランス帰国後、人権宣言に関係した。ラ・ファイエットはフランス革命やナポレオンの登場など激しく変動する時代を、浮き沈みはあったが生き抜き、一八二四年には再渡米して大歓迎を受けた。フランス外交官は米仏関係に問題が生じると、そのたびにラ・ファイエットの名を引いて両国の親善な関係を強調するのが常のようである。

### 第十八章

(150) Sukehiro Hirakawa, *Japan's Love-Hate Relationship with the West*, Global Oriental/Brill, 2005, p.290.

(151) 佐藤賢了『東條英機と太平洋戦争』文藝春秋、一九六〇年、一頁。

(152) それに対し安倍晋三は、岸信介の孫として育った。岸は法廷にこそ曳《ひ》き出されなかったが、A級戦犯容疑者として巣鴨にいた。そんな環境で育ったからこそ、小さいときから『朝日新聞』社説などは警戒心を抱いて読んでいたに相違ない。

### 第十九章

(153) 東京裁判研究会編『共同研究 パル判決書』下巻（講談社学術文庫、一九八四年、五三七頁）の訳を若干訂正した。

(154) オランダの判事レーリングは後年カルカッタへ行き彼の私邸を訪ねたほどの交際のあった人だが、

カッセーゼとの対話でパルは日本軍とともにイギリス軍と戦ったチャンドラ・ボースのインド国民軍に属していたのではないか、と言っている。これは事実ではないだろう。一八八六年生まれという齢から言ってもあり得ない。そしてレーリングは語をついで、「パルは、最初から自分自身の意見を申し渡す決意を固めていました。……法廷に加わった時、彼は最初からどの被告人に対しても一切有罪を認めないつもりだったのです。」という私見を述べている。『レーリンク判事の東京裁判』新曜社、一九九六年、三〇頁。ここでは中公文庫版の改訳から引用した。なおそのつもりだったにせよ、パルは法廷に提出された書類に丹念に目を通し、よく考え抜かれた意見をその一つ一つについてきちんと述べている。

(155) Recommendation (Justice Radha Binod Pal of India) "The vindictive and oratorial pleas of the prosecutors in the language of emotionalized generalities did entertain rather than educate." *International Military Tribunal for the Far East, Dissentient Judgment of Justice Pal*, Calcutta: Sanyal & Company, 1953, p.701)

(156) Recommendation (Justice Radha Binod Pal of India) "We may not altogether ignore the possibility that perhaps the responsibility did not lie only with the defeated leaders. Perhaps the guilt of the leaders was only their misconception, probably founded on illusions. It may indeed be that such illusions were only egocentric. Yet we cannot overlook the fact that even as such egocentric illusions these are ingrained in human minds everywhere. It is very likely that "When time shall have softened passion and prejudice, when Reason shall have stripped the mask from misrepresentation, then justice, holding evenly her scales, will require much of past censure and praise to change places." *International Military Tribunal for the Far East, Dissentient Judgment of Justice Pal*, Calcutta: Sanyal & Company, 1953, p.701)

(157) 牛村圭《東京裁判「パル判決」：結語の謎を解く》『文藝春秋』二〇〇七(平成十九)年九月号。牛村氏は『パル判決書』に出てくるWilliam Best Hesseltine, *Civil War Prisons: A Study in War Psychology* (The Ohio State University Press, 1930) がパルが参照した書物であることを突き止めた。同書最終章に南北戦争の戦後、捕虜虐待の責を問われ、ワシントンの連邦側法廷で絞首刑に処せられたWirz捕虜収容所長の話が出てくる。ワーズが戦時プロパガンダの熱狂が生み出した報復裁判の犠牲者であり、その汚名をそそぐためにアンダーソンビル収容所跡地にワーズ大尉記念碑が建てられ、ジェファソン・デービスの言葉も刻まれた経緯も右の牛村論文に詳述されている。日本の国際法研究者がこの種の註を『パル判決書』にきちんとつけようとしないのは学問的怠慢ではあるまいか。

(158) 東京裁判研究会一又正雄の《パル博士の人となりと業績》『共同研究 パル判決書』下巻、七六二頁による。なおこの記事の同頁、また『共同研究 パル判決書』下巻、八〇四頁にある同書の刊行年一九五七年はいずれも一九五三年の誤り。なお一又が引用した「本書を読むと、他の裁判官は全部盲目のように思われてならない」という Zemanek 書評の引用は正確には「盲でみちるこの世界でパル判事ただ一人が目明きであったような気がする」と訳すべきであろう。原ドイツ文は本文二九九-三〇〇頁に引用した。

(159) カール・ツェマネク Karl Zemanek は一九五八年から一九九八年までウィーン大学法学部で国際法ならびに国際組織の教授をつとめ、後に名誉教授となる。オーストリア外務省の法律顧問として国際連合やユネスコの会議にしばしば出席し、国際連合の各種委員会委員を務めた。一九九七年にはハーグの国際法アカデミーで、《国際システムの法的基盤》について講演している。戦後オーストリアの国際法学界主流の学者で、書評掲載の『オーストリア公法雑誌』にもきわめて多く寄稿をしている。ツェマネクは *International Military Tribunal for the Far East: Dissentient Judgment of Justice R. B. Pal*, XVII. 701. に対する書評をフェアドロス教授編『オーストリア公法雑誌』*Österreichische Zeitschrift für öffentliches Recht* 第九巻第一号（一九五八年五月）一一九-一二二頁に掲載した。

(160) 私が日本国憲法に国軍をきちんと規定せよ、と主張するのは、万一交戦状態が発生し、自衛隊の一員が敵兵を射殺した際、国軍の兵士でないからとして殺人罪などに問われたら大変だと思うからである。

(161) 『レーリンク判事の東京裁判』新曜社、一九九六年、八〇頁。「東京の空は文書を焼却する煙で暗くなったという報告」、同七九頁、は大袈裟《おおげさ》な作り話もいいところである。私の父なども終戦となるやすぐその足で海軍省に行き、顔見知りの職員に海軍省嘱託などの肩書などが外に出ぬよう公文書の焼却を依頼したと聞いているが。

(162) 賀屋興宣自伝『戦前・戦後八十年』浪曼、一九七五年、一二四頁。

(163) 賀屋興宣自伝『戦前・戦後八十年』浪曼、一九七五年、一八〇頁。

## 第二十章

(164) 大東亜会議に際しては通訳として浜本正勝を用いた。東條は大東亜会議に先立ち一九四三（昭和十八）年六月首相として南方軍政諸地域をまわったとき、マニラでフィリピン軍の将校捕虜収容所長代行をしていたハワイ育ちでハーヴァード大学へ進んだ浜本に目をつけ、南方諸地域訪問に随行させたのみか、大東亜会議に際しては東京に呼び戻し、総理秘書官付内閣嘱託として大東亜会議における総理専属通訳となった。

(165) 守山義雄（一九一〇–一九六四）は大阪外国語学校ドイツ語部を卒業、大阪朝日新聞社に入社、一九三七年の南京陥落、一九四〇年のパリ陥落、一九四五年のドイツ敗北の現場にいずれも居合わせた。昭和十二年十二月十七日の『朝日新聞』には《朝日新聞支那特派員大座談会》（『WiLL』二〇〇七年十二月号に再録）が掲載されているが、そこで最後に、南京軍士官学校横の敵砲兵陣地にあった十五センチの大砲四門が昭和二年大阪工廠製であった、という気の利いた観察で、南京の臨時通信本部の座談会を締めくくっている。なお出席者氏名に盛山義雄とあるがミスプリントだろう。一九三九年ベルリン特派員となり《パリ入城記》などの名文で知られた。六度の冬を過ごした後、一九四五年に日本に帰国した。ドイツからの通信は少年の私も読んだ。守山が派遣された年、私の父はドイツに長期滞在していた。ませた少年であった私は級友が伯林をベルリンと読めないことに驚いたことがある。

(166) 佐藤和男監修、終戦五十周年国民委員会編『世界がさばく東京裁判――85人の外国人識者が語る連合国批判』ジュピター出版、一九九六年、九八頁。

(167) 朝日新聞社政治部記者の佐山高雄も正義漢の一人だった。東京裁判を傍聴見聞した佐山らの朝日新聞法廷記者団著『東京裁判』（東京裁判刊行会、一九六二年、後に朝日文庫）は三巻本となっている。

(168) Haru Matsukata Reischauer, *Samurai and Silk*, Belknap Press, 1986, p.311. 江藤淳がワシントンで調べ確かめたアメリカ占領軍の検閲にまつわる事実は、日本の論壇では半ば黙殺された形になったが、米国は立派なものである。元米国駐日大使夫人がアメリカ占領軍の検閲の非を平気で認めている。

(169) 竹山昭子《占領下の放送――「真相はこうだ」》(南博、社会心理研究所編『続・昭和文化 1945～1989』勁草書房、一九九〇年に所収)に放送時間の詳細が出ている。日本放送出版協会発行の一九四六年三・四月合併号に「野蛮な軍国主義や、極端な国家主義を、この国土から追放しなければならぬことは勿論であるが、惨ましい敗戦を誇らかに喜ぶのは国民の感情ではない。にもかかわらずこの劇的解説の主役のエキスプレッションは、動もするとそのような傾向を帯びているかに解せられた。〈真相は知りたいが、あの放送を聞くと何か悪寒を覚える。この解説者は果してわれわれと手をつないで日本の再建のために起ち上がる同胞であろうか〉とはわれわれの周囲の大多数の者の見解であった」。

(170) その代表例である本多勝一朝日新聞記者の手になる刺戟的な日本軍残酷物語について、山本七平は小松真一の『虜人日記』を紹介した『日本はなぜ敗れるのか――敗因21カ条』(角川書店、二〇〇四年)に付した解説の中で、戦争中の悲愴な愛国殉国物語の裏返しにしか過ぎない、と見ている。

(171) しかし一部弁護人の英語の発音が悪くて通じなかったというのは笑いごとでなく、事実だった。

(172) 当時、日本人で米軍の監督下で検閲の実務に当たった人は多い。しかしその仕事に従事したことを恥じてであろうか、その体験を書物にまとめた人は少ない。甲斐弦《かいゆずる》だけではあるまいか。

(173) 羽仁五郎や羽仁がチューターを務めたE・H・ノーマンの講座派史観はいまなお日本のみか北米でも引き継がれている。その様については平川祐弘『戦後の精神史――渡邊一夫、竹山道雄、E・H・ノーマン』(河出書房新社、二〇一七年)を参照。

(174) ドナルド・キーンは一九八三年五月二十七日、次のように書いた(ドナルド・キーン『二つの母国に生きて』朝日新聞出版、二〇一五年、一二九頁)。「最近アメリカでは、ルーズヴェルト大統領が日本軍による真珠湾攻撃を望んでいたのであり、日本軍の攻撃を挑発したという新しい説が持ち出された。本当だとすれば、ルーズヴェルトは超A級戦犯だったと言うほかなかろう。私は、この新しい説をどうしても信じられない。まず、少年のころ、ルーズヴェルト大統領は私の偶像であった。言いようもない重苦しい不況の暗闇に、彼の演説が希望の光を放った。そして彼はいつも弱者、圧迫を受けた人々の味方であり、ファシズムへの抵抗をやめぬ人に見えた。彼も戦争犯罪者だったのだろうか。」若き日のキーンが意外にナイーヴであったことがうかがわれるが、最晩年に『フーヴァー大統領回顧録』などを読む機会はなかったのであろうか。

(175) 米国人に誤った歴史認識を与えた歴史書に、岩波書店から訳が出た米国左翼の日本学者ジョン・ダワーの『敗北を抱きしめて——第二次大戦後の日本人』John Dower, *Embracing Defeat: Japan in the Wake of World War II*, W. W. Norton & Company / The New Press, 1999. があげられる。この本は日本占領についての優れた研究書——私はそうは思わないが——として米国の軍の学校の教科書ともなった。ダワーはその中で、米国占領軍の「上からの革命」に日本の民衆が力強く呼応したかのような記述をした。このような記述をすれば、米国の大統領及びその周辺がイラクでも旧指導層を倒せば「アラブの春」に花が咲くと思ったとしても無理はない。ジョージ・ブッシュ大統領は二〇〇七年、退役軍人大会で、戦時中の日本軍をアルカイダにたとえ、それを打ち破ったことで日本の民主化に成功したかのような演説をした。そのような解釈はこの種の自己満悦的な歴史書を信じたからこそ生まれた誤解である。

(176) ローレンス・テイラー『将軍の裁判——マッカーサーの復讐』立風書房、一九八二年、原題は*A Trial of Generals*。日本語版の裏表紙にあるライシャワーの言葉。

## 第二十一章

(177) そればかりではない。比較研究の有効性が立証された分野から振返って見直すと、対象を文学者や芸術家に限定した学会系統のいわゆる比較文学研究なるものが、逆にきわめて些末主義的な研究にすぎないことが判然としてくることがある。

(178) 竹山道雄が八十歳近くに書いた《昭和史と東京裁判》について牛村は、竹山の物言いははっきりしているが、五十代前半に書いた『昭和の精神史』の「醒めた、穏やかな、そして筋の通った書きぶり、冗長とは無縁な文末の処理」の筆致の魅力は失せたと『竹山道雄セレクションI　昭和の精神史』（藤原書店、二〇一六年）のあとがきに書いている。人間八十代になれば筆を擱《お》く方がよいのかもしれない。しかし私は《昭和史と東京裁判》の後記に寄せた竹山の意見は齢にもかかわらず依然として的を射ていると感じる。同感なので、その後記を引かせていただく。

私は昭和史をただ法理論でわりきることはできないものだったと感じている。「世界史は戦争否定にむかっている。ことに第二次大戦以後は戦争防止のためにこれこれの努力がされている。それであるのに第二次大戦をはじめた国はまちがっていた」というのは理屈としてはおかしいと思う。

東京裁判に積極的に意味を付与しようとする内外の法理論の学者を私は必ずしも信用しない。それというのは東京裁判については、国際社会の意見がまとまらない段階で国際裁判を強行しても、不公正な裁判しかできない、ということが初めから見えていたにもかかわらず強行された裁判だったからである。それなのにあたかも法的貢献があったとするかのような見方は、東京裁判の意味を否定したくないから、そう言っているのと疑われても止むを得ないのではあるまいか。東大法学部の国際法担当だった故大沼保昭教授は、研究会でしばしば同席した知己ではあったが、大沼には人柄の甘さというか、それとも狡《ずる》さゆえか、「進歩的」で時流に迎合する面があった。慰安婦問題で結局、韓国の挺対協《ていたいきょう》に苦い目に遭わされたのも、そうした大沼の体質と無縁ではなかった気がする。大沼が最晩年に挺対協を痛烈に批判したことがせめてもの救いであった。大沼の東京裁判解説もその点では感心しない。二人のレーリング本の解説者のうち、粟屋憲太郎教授はレーリングを語る際に竹山道雄にふれていない疎漏《そろう》を書評で指摘されるや解説を訂正している。なお新曜社編集部の渦岡謙一氏によると粟屋教授の申し入れで新曜社版『レーリンク判事の東京裁判』は絶版にした由である。

東京裁判について最良質の研究の一つは、牛村圭『「文明の裁き」をこえて――対日戦犯裁判読解の試み』（中公叢書、二〇〇一年）であろうが、牛村は東大法学部のカリスマ的存在に奉られていた丸山眞男をきちんと批評している。牛村が法学部とは無縁の人だから出来たのだろうか。牛村博士はかつて私の学生であった。それに比べると、私は自分が不肖の教師の感を禁じ得ない。それでも日本の比較文化史家としての私の最後の務めの一つが、敗北して裁かれた日本の歴史をあらためて見直すことにもあるように感じられ、あえて本稿を執筆した次第だ。牛村氏にはこのペーパーの最初の読者《リーダー》になっていただいた。

(179) 三井美奈《オランダ判事レーリンクが見た戦後》第四回（『正論』二〇一九年十月号。単行本は三井美奈『敗戦は罪なのか――オランダ判事レーリンクの東京裁判日記』産経新聞出版、二〇二一年、一一〇-一一二頁）にはレーリングが一九四六年八月三日のパーティーでケンワージーと談笑したことがこう出ている。「ケンワージーは山下、本間の裁判について話した。彼はこの男たちに大きな敬意を払っている。特に山下への思いは強い。山下が絞首刑に処せられた罪状は不当だと思っている。山下は処刑の前に、ただ一つ頼み事をした。天皇への拝礼だ。山下は許しを得て、東京の方角を尋ね、深くお辞儀をした。その後、静かに絞首刑に処せられた。ケンワージーは先週、山下の妻と昼食を共にした。妻は夫の形見にと、山下が授かった最高の勲章をケンワージーに贈った。二人で着席する前、妻はケンワージーの傍らに寄り、「夫は雄々しく死んだでしょうか」と尋ねた。不思議な人たち、不思議な縁だ。山下を逮捕し、処刑まで護衛した男が、今では、その家族とつながっている。ケンワージーは希有な男なのだろう」。これは山下奉文が立派な日本軍人としてこの憲兵中佐を魅了したのだ。山下夫人も立派である。

ケンワージーはまた東條英機の家族にたいしても配慮を示した。終戦の日に自決した古賀秀正少佐と次女満喜枝の間に生まれた東條の孫古賀邦正を東條の妻かつ子が抱いて東條に面会に行ったとき、まったく何気ない振舞でケンワージーは、かつ子の手から邦正をひょいと抱き上げ、金網の向こうに回って東條の膝の上に抱かせた。その話を後年大学生になったときの古賀邦正に話したときの「おばあちゃんは嬉《うれ》しかった。何時も金網の向こう側にいるおじいちゃんの、手や顔や、皮膚にふれてみたかったけど出来なかった。それが邦正の手を通しておばあちゃんが、おじいちゃんにふれているような気分で、とっても嬉しかったんだよ」という回想は印象深い。佐藤早苗『東條勝子の生涯――〝A級戦犯〟の妻として』時事通信社、一九八七年、一八一頁。敗軍の将の妻である東條勝子は勝の漢字を避け、ひらがなでかつ子と書いたのであろう。

(180) 私の僻目《ひがめ》のせいか、偏向した人は、東京裁判史観を固守する歴史学界関係者にも結構多くいたし、いまもいるように見受けられる。しかしその派の人たちが歴史学会に君臨し得たのは、必ずしも学問的業績によるものではなかったらしい。キャンパス・レフトが、旧社会主義諸国や日本や北米でも学会を牛耳《ぎゅうじ》ることを得たのは、教職ポストについての人事権や推薦権、歴史教科書執筆権、共通試験の問題作成権を握るなどのことと関係したからではないか。私の見るところ業績の少ない教授の中に学内政治や学会政治に熱心な人は存外多い。その種の偏向はそれだから長く続いたし、今後もまた続くだろう。そんな風潮の中で「受験派史学」の関係者によって書かれた歴史が正史としてまかり通るようになるのは健康ではないだろう。言論自由のわが国である。さまざまな外史もあっていいはずだ。大学入学試験の模範解答だけが歴史の正解であるはずはない。なお中国や韓国で使われている歴史教科書であの戦争や東京裁判がどのように記述されているかはチェックするに値する問題点であろう。

(181) また中には「無難に裁判を終え帰国したい」という程度の法廷関係者も結構いたらしいことは、レーリングの一九四六年六月二十一日の日記などに見える。

(182) Joseph Roggendorf, *Between Different Cultures: a memoir*, Global Oriental, 2004, p62. ヨゼフ・ロゲンドルフ『異文化のはざまで』文藝春秋、一九八三年、九〇頁。なお日本語訳には平川が修正をほどこした箇所がある。ちなみに右の批判を下したロゲンドルフ神父は、戦後、上智大学に比較文化論の講座を開いた人である。

(183) 二〇二一年の日本の新聞は「今こそ国会へ」と米国民衆を煽動したトランプを非難した。そこは常識ある態度と思うが、六十年前の一九六〇年には「今こそ国会へ」と国会突入を図る安保粉砕を叫ぶ日本のデモ隊を政治面はともかく、社会面では煽動した。日本のマスメディア関係者にはその矛盾についての反省はないのだろうか。

本書は月刊「正論」二〇二〇年二月号から二〇二一年八月号まで、十六回にわたり連載された「昭和の大戦とあの東京裁判——同時代を生きた比較史家が振り返る」をもとに、加筆・改稿の上、単行本化したものです。

# 平川祐弘（ひらかわ・すけひろ）

一九三一年、東京生まれ。東京大学名誉教授。比較文化史家。
フランス・イタリア・ドイツに留学し、北米・フランス・中国・台湾などで教壇に立つ。
『小泉八雲 西洋脱出の夢』『東の橘 西のオレンジ』でサントリー学芸賞、
マンゾーニ『いいなづけ』の翻訳で読売文学賞、
『ラフカディオ・ハーン 植民地化・キリスト教化・文明開化』で和辻哲郎文化賞、
『アーサー・ウェイリー 『源氏物語』の翻訳者』で日本エッセイスト・クラブ賞、
『西洋人の神道観 日本人のアイデンティティーを求めて』で蓮如賞を受賞。
著書に『和魂洋才の系譜』『ダンテ『神曲』講義』『日本人に生まれて、まあよかった』
『内と外からの夏目漱石』『竹山道雄と昭和の時代』
『戦後の精神史 渡邊一夫、竹山道雄、E・H・ノーマン』、
*Japan's Love-Hate Relationship with the West* 他。
訳書に、ダンテ『神曲』『新生』、ボッカッチョ『デカメロン』、マンゾーニ『いいなづけ』、
個人完訳小泉八雲コレクション『骨董・怪談』『心』他。

# 昭和《しょうわ》の大戦《たいせん》とあの東京裁判《とうきょうさいばん》


二〇二二年三月二〇日　初版印刷
二〇二二年三月三〇日　初版発行

著者　平川祐弘《ひらかわすけひろ》
発行者　小野寺優
発行所　株式会社河出書房新社
〒一五一-〇〇五一　東京都渋谷区千駄ヶ谷二-三二-二
電話　〇三-三四〇四-一二〇一（営業）
〇三-三四〇四-八六一一（編集）
https://www.kawade.co.jp/

装幀　水戸部功
本文組版　株式会社キャップス
印刷　株式会社亨有堂印刷所
製本　小泉製本株式会社





Printed in Japan　ISBN978-4-309-03029-6

# 戦後の精神史

渡邊一夫、竹山道雄、E・H・ノーマン

平川祐弘

戦後、日本は内外でどのように捉えられてきたか？
戦後の代表的知識人、渡邊一夫と竹山道雄の二人を中心に、
欧米の知日派知識人の動向も交えながら、比較文化史の泰斗が解く。

ISBN978-4-309-02621-3

河出書房新社